주자의 사서학과
다산 정약용의 비판

논어의 인, 대학의 덕, 중용의 천명, 맹자의 심성에 대한 논쟁

주자의 사서학과
다산 정약용의 비판

— 논어의 인, 대학의 덕, 중용의 천명, 맹자의 심성에 대한 논쟁

2020년 2월 28일 초판 1쇄 발행
2020년 10월 15일 초판 2쇄 인쇄

지은이 | 임헌규
펴낸이 | 김태화
펴낸곳 | 파라아카데미(파라북스)
기획 · 편집 | 전지영
일러스트 | 김영민
디자인 | 김현제

등록번호 | 제313−2004−000003호
등록일자 | 2004년 1월 7일
주소 | 서울 특별시 마포구 와우산로 29가길 83 (서교동)
전화 | 02) 322−5353   팩스 | 070) 4103−5353

ISBN 979−11−88509−32−4 (93150)

© 임헌규, 2020

* 이 도서의 국립중앙도서관 출판예정도서목록(CIP)은 서지정보유통지원시스템 홈페
이지(http://seoji.nl.go.kr)와 국가자료종합목록 구축시스템(http://kolis-net.nl.go.kr)에
서 이용하실 수 있습니다. (CIP제어번호 : CIP2020007928)

* 파라아카데미는 파라북스의 학술 관련 전문 브랜드입니다.

* 값은 표지 뒷면에 있습니다.

논어의 인, 대학의 덕, 중용의 천명, 맹자의 심성에 대한 논쟁

주자의 사서학과
다산 정약용의 비판

임헌규 지음

유교의 대표 경전인 사서 가운데 『논어』가 유학을 창도한 공자의
언행을 기록한 원 사료라고 한다면, 『대학』은 공자가 창도한 학문
의 이념과 방법을 제시한 유학의 강령집이며, 『중용』은 그 강령에
따라 인간이 실천·완성해 나가야 할 도덕윤리(계율·율법)를 정
립한 저작이며, 『맹자』는 다른 학파의 도전으로부터 유교의 교의를
증명·옹호한 논서라 할 수 있다.

仁 論語
德 大學 中庸
天命
心 性 孟子

파라아카데미

머리말 _

유교의 대표 경전인 사서四書 가운데 『논어』가 유학을 창도한 공자의 언행을 기록한 원 사료라고 한다면, 『대학』은 공자가 창도한 학문의 이념과 방법을 제시한 유학의 강령집이며, 『중용』은 그 강령에 따라 인간이 실천·완성해 나가야 할 도덕윤리(계율·율법)를 정립한 저작이며, 『맹자』는 다른 학파의 도전으로부터 유교의 교의를 증명·옹호한 논서라 할 수 있다. 이 책에 수록된 글들은 이러한 사서에 대한 역사상 가장 영향력 있는 주석가인 주자朱子의 기본 관점과 해설을 제시하고, 그에 대한 다산 정약용의 비판적 대안을 살피는 것으로 구성되어 있다.

먼저 들어가는 글(서장)에서는 사서의 기본 관점(세계관, 인생관, 도덕·윤리 등)을 주요 개념(천명, 덕, 성, 군자, 충서, 정명)에 대한 해설을 통해 개괄적인 서술을 시도하였다. 사서는 천명과 덕을 외재적 명령이 아니라 본성의 자각으로 전환했으며, 따라서 군자를 신분이 아니라 도덕의 실천자로 정립하였다. 또한 인간 본성의 문제를 제기하면서, 금수와 구별되는 인간의, 인간에 의해, 인간을 위한 인본·인문주의 시대를 열었다고 할 수 있다.

　제1부 『논어』에서는 먼저 일평생 일촌광음도 헛되어 보내지 않으면서 학문에 정진했던 주자가 40여 년간의 불굴의 노력으로 끊임없이 사서학 정립에 매진했던 과정을 추적했다. 그리고 주자의 사서에 대한 관점 및 『논어』의 가장 중요한 개념인 인(仁)에 대한 정의를 제시하고, 그에 대한 다산 정약용의 비판적 대안을 살폈다. 주자는 인을 우리 마음이 얻어 지니고 태어난 덕이자 사랑이라는 이치(仁者 心之德而愛之理)로 정의했다. 이에 비해 다산은 인이란 인간의 내재적 본성이 아니라, 철저히 관계상황(仁＝人＋二)에서 실천되어야 한다는 것을 강조했다.

　제2부 『대학』에서는 이 저작의 형성과정을 살피고, 이 책에 대한 주자와 다산의 기본관점과 주석과정을 대비적으로 살폈다. 그리고 대학의 의미, 삼강령─팔조목(격치·육조목)에 대한 해석, 「격물보전」의 필요성과 오자설 등에 대한 주요 논쟁을 정리했다. 『대학』의 해석에서 주자는 내재적 덕 개념(明明德)과 주지주의(先知後行)적인 입장에서 주석했다. 이에 비해 다산 정약용은 행사중심의 관점에서 덕이란 효제자(孝悌慈)라고 하는 인륜의 실천일 따름이며, 따라서 주지주의적 관점에서 나온 격물보전은 불필요하다고 주장했다. 그리고 주자는 『대학』에는 궐문과 오자 등이 있다고 주장하면서 체제를 재구성하고, 대학삼

오자설(親 當作新 등)을 주장하면서 당시 사대부들의 새로운 이념 정립에 매진했다. 이에 대해 다산은 "경에 의해 경의 주석을 증명한다(以經證經)"는 조심스런 입장에서 『대학』에는 오자나 궐문은 없으며, 따라서 『고본대학』으로 되돌아가야 한다고 역설했다.

제3부 『중용』에서는 이 책의 체제와 성격, 그리고 주요 개념·어구에 대한 논점을 비교하였다. 특히 고유의 이기론과 도통론의 관점에서 『중용』을 주석한 주자와 당시의 이기 및 음양오행설에 의해 왜곡된 해석을 비판하면서 본래 정신(밝게 상제를 섬기는 학, 昭事上帝之學)의 회복을 시도한 다산의 해석을 대비적으로 고찰했다. 즉 주자는 천天·명命·성性 등과 같은 모든 형이상학적 개념들을 '이치(理)'라는 하나의 글자로 환원하고, 성리학적인 이일분수의 세계관에 입각하여 『중용』을 주석하고 체계를 정립했다. 이에 대해 다산은 이理·기氣·음양오행과 같은 글자들의 원의를 계보학적으로 분석하고, 이러한 개념들이 전통적인 경전에 나오는 천天·상제上帝 개념을 대신할 수 없다는 점에 근거하여, 『중용』의 본래 정신의 회복에 주력했다.

제4부 『맹자』에서는 주로 심성론의 관점에서 주자와 다산의 해석을 대비했다. 주자는 전통 성리학의 관점(성즉리性卽理, 본연·기질지성, 심통성정心統性情說)에서 내재적 본성의 존양·성찰을 중시했다. 이에 비해 다산은 성이란 내재적 실체가 아니라 마음의 기호라는 입장(성기호설)에서, 생득적 덕 개념을 부정하고 행사를 통한 인간의 자기완성을 중시했다. 요컨대 다산에 따르면 우리 인간은 내재적 본성으로

인의예지라고 하는 덕을 생득적 지니고 태어난 것이 아니라, 인의예지를 실천할 수 있는 능력을 지니고 태어났다는 것이다. 즉 인간 마음은 자주의 권형(自主之權)을 지니고 있기 때문에 여타 동물과 구별되며, 따라서 도덕적 존재로 자기를 완성할 수 있다는 진보적 인간관을 개진한 것이 다산의 입장이라고 하겠다.

파라아카데미에서 지난 2권의 책, 『유교 인문학의 이념과 방법』과 『공자에서 다산 정약용까지』에 이어 세 번째 책을 낸다. 어설플 뿐만 아니라 상업성 또한 없는 이 글들을 아담한 책자가 되도록 꾸며 주신 호의에 다시 한 번 감사드린다.

2020년 2월 22일
임헌규 손모음

차례 _

3부 중용 中庸

4부 맹자 孟子

서

장

1장

—

사서四書의
패러다임 전환

이 글은 유교의 주요 텍스트인 사서四書; 『논어』·『대학』·『중용』·『맹자』에 나타난 세계관·인간관·인간관계론 등을 제시하는 것을 목적으로 한다.

전근대적 전통사회에서는 "만물의 근원이 되는 궁극자 혹은 신성한 법칙divine law이 존재하여, 그것이 인간을 포함한 만물에게 덕德을 부여하고, 특히 인간 및 인간 간의 관계의 질서에 토대를 제공했다"[1]고 말해진다. 바로 이 점에서 전통 사회에서 우주론(형이상학)과 인성론 및 윤리학은 상호 공속관계에 있었다고 할 수 있다. 따라서 사서를 중심으로 공자 이전과 공자 이후의 이 문제와 연관한 패러다임 전환을 기술하려는 우리는 우선 중국인이 말하는 궁극자인 천天 개념이 사서

---

1. K. McLeish(eds), 「religion」, Key Ideas in Human Thought, Prima Publishing, 1995, 626쪽 참조.

에서 어떻게 도덕적인 개념으로 정립되었는지, 그리고 도덕적 천天 개념이 정립됨에 따라 유교적 인간관은 어떻게 변모하였는지를 살펴보고자 한다.

먼저 공자 이전의 『서경』과 『시경』에서 궁극 존재天, 上帝의 용례와 그 의미를 살펴보고, 궁극 존재와 인간을 매개하는 덕의 성격에 대해 고찰하고자 한다. 그 이전의 천과 덕 개념을 공자와 맹자는 어떻게 의미 전환을 시도하여 유교를 문명의 기축시대의 한 축으로 정립했는지를 살펴본다. 이 점을 ① 우주론적 관점에서 도덕(윤리)의 형이상학 구축, ② 인간 주체의 관점에서 덕의 재정립, ③ 덕과 인간의 자기정립의 관점에서 그 의미를 탐구할 것이다.

하늘과 인간에 대한 관점을 살펴본 다음, 사서에 나타난 유교적 인간 행위의 표준과 이상이 무엇인지를 제시하고자 한다. 여기서는 우선 자연주의적 무성론無性論 및 현대 실증주의적 메타 윤리학과 연관하여 유가 윤리가 지니는 의미를 기술하고자 한다. 이 문제와 연관하여 우리는 특히 맹자의 이른바 '유자입정孺子入井의 비유'에 주목한다. 다음으로 전통 서양의 실체주의적 사고방식과 연관하여 유교의 관계 윤리학의 의미를 살펴볼 것이다. 그리고 유가 윤리는 존재하는 만물이 덕을 매개로 상호 감응한다는 세계관을 배경으로 한다는 점을 살피고, 이 감응론을 배경으로 정명론正名論이 제기되었으며, 나아가 정명론은 체용론적으로 해석되어야 한다는 점을 살피고자 한다.

1. 천명과 덕

전근대적 동아시아 사회에서 궁극자는 '천天; 上帝'으로 표기했다. '천天'이란 글자는 갑골문에서 머리가 돌출된 사람의 형상을 나타내는 것에서 출발하여 점차 그 의미가 확장되었다.[1]

사람의 몸에서 가장 높은 윗부분이 바로 머리이기 때문에 머리를 형상화하는 것에서 '높음(高)'의 의미가 먼저 나왔고, 다음에 '넓음(廣과 大)'의 의미로 확장되고, 그 다음 가치의 의미가 첨가되어 존경과 외경의 대상으로 확장되어 만물의 주재자인 신神과 인간의 통치자인 군君 등의 의미로 확장되었다. 금문金文에서 천天자는 상제上帝라는 의미 이외에 천

---

1. 이택룡, 「중국 先秦시대 命論연구 – 맹자와 장자를 중심으로」, 성균관대 박사청구논문 중간발표문, 2011,14−64쪽 참조.

자天子, 천명天命, 천실天室 등의 합성어 형태로 쓰였다.[2]

학자들은 이러한 '천天' 개념을 물질천物質天, 자연천自然天, 주재천主宰天, 운명천運命天, 의리천義理天, 조생천造生天, 재행천載行之, 계시천啟示天, 심판천審判天 등으로 다양하게 구분하기도 한다.[3] 여기서 살피려고 하는 천은 주로 공자가 제기한 도덕의 근원으로서 천과 만물, 특히 인간과의 관계, 즉 천명과 인간 본성의 덕의 문제이다.

천명과 인간 본성과 연관한 덕 문제에 관해서는 공자 이전의 문헌에서 그 기원을 찾을 수 있다. 『시경』과 『서경』 등에서 나타난 천天 개념은 유대-기독교적인 의미의 '창조주'와는 다소 의미상 변별되지만, '만물을 조화 발육하는 근원천'이라는 의미를 명백히 지니고 있었다. 이러한 '근원천'과 인간 및 만물의 관계를 연결시켜 주는 것이 바로 덕 개념이다.

덕이란 용어는 천명의 규범에 대한 일관된 태도를 나타낸다. 이상적인 경우에 덕은 천명의 규범과 일치하는 규칙적인 행위 속에서 스스로 드러난다. 천명에 대한 일관된 태도는 개인과 하늘 간의 교섭을 형성하는 데에 기여한다. 따라서 덕은 그 본성상 종교적이다. 결국 주대周代에 덕은 인군의 은택(더 단순히 말하면 자애로움)이라는 파생된 의

---

2. 최영찬 외, 『동양철학과 문자학』, 아카넷, 2003, 196쪽. 이택룡, 앞의 발표문, 15
   쪽에서 재인용.
3. 풍우란(박성규 역), 『중국철학사』, 까치, 1999, 61쪽 등 참조.

미로 발전하였는데, 왜냐하면 이러한 행위가 하늘의 주요 명령과 일치한다고 믿었기 때문이다. 이런 의미에서 덕은 자연스럽게 백성들의 마음에서 자애와 충성을, 그리고 백성들로 하여금 천명을 실천하게 하는 것이 되었다.[4]

공자 이전의 문헌에서 만물을 화생하는 천은 덕의 구현 여부에 따라 인간에게 화복禍福을 부여하는 '화복의 주재자'로 나타난다.[5] 그런데 『서경』에서 '천'은 오직 천자인 군주 1인과 제한적으로 교섭하기 때문에, 그 '덕'은 하늘이 군주에게 요구하는 것이었으며, 바로 여기에 내성외왕內聖外王적 사고의 연원이 있다.[6]

하늘이 하민들을 도와 군주를 만들고 스승을 만듦은 능히 상제를 도와 사방을 사랑하고 편안하게 하신 것이다.

덕은 오직 정사를 잘하는 것이고, 정사는 백성을 잘 양육함에 달려 있다.

너희들은 능히 사심을 버려 실제 덕을 백성들에게 베풀어, 인척과 친구들에게까지 이르고서야 너는 비로소 감히 크게 말하기를 '내가 덕을 쌓

4. D. J. Munro, The Concept of Man in Early China, Stanford Univ Press, 1969, p. 185.

5. 『書經』 「商書, 湯誥」, 天道福善禍淫. 降災于夏 以彰厥罪. 「商書, 伊訓」, 惟上帝不常 作善 降之百祥, 作不善 降之百殃. 「周書, 召誥」, 嗚呼. 皇天上帝 改厥元子 玆大國殷之命. 「周書. 泰誓上」, 今商王受, 弗敬上天, 降災下民. …… 皇天震怒, 命我文考, 肅將天威. 등 참조.

6. 이택용, 앞의 발표문, 20–22쪽 참조.

음이 있다'고 하라.[7]

은대殷代에서 주대周代에로 혹은 『서경』에서 『시경』의 「대아」와 「송」, 그리고 「국풍」과 「소아」가 출현했던 시기로 넘어가면서 인간의 지혜가 발전하여 천과 이와 관련된 세계관에 많은 변화를 겪는다. 즉 은대의 초월적 상제가 지배하던 종교 혹은 신본神本시대를 지나면서, 주대에서는 인간의 자발성이나 내면의 문제에 관심을 두기 시작한 것이다.[8] 이렇게 신화/관습에 따르는 자연적 종교로부터 인간 본성/이성에 관심을 두는 철학의 시대로 진입한 것은 기축시대 세계 문명의 발생지에서 일어난 공통된 현상이라고 할 수 있다. 나아가 이제 진술자는 단순히 통치자에게만 한정되지 않고, 피통치자 또한 적극적인 언명을 하게 되면서 세계관의 갈등과 대립을 드러내게 된다. 그 결과 천은 인간의 덕에 상응하여 복을 내리는 주체이기도 하지만, 일반 민중들의 원망의 대상이 되기도 한다.[9]

주대에 성립된 『시경』에서 우리가 다루려고 하는 공자의 천개념과 연관하여 주목하고자 하는 것은 만물을 조화 · 생성하는 존재의 근원으로서 천은 이제 도덕의 근원으로 정립되고, 인간을 포함한 만물은

---

7. 『書經』「周書, 泰誓上, 天佑下民 作之君 作之師 惟其克相上帝, 寵綏四方. 「禹書, 大禹謨」 德惟善政, 政在養民. 「商書, 盤庚上」 汝克黜乃心 施實德于民 至于婚友 丕乃敢大言 汝有積德.

8. 이택용, 앞의 발표문, 23쪽 참조.

9. 『詩經』「小雅 · 巧言」 悠悠昊天 曰父母且, 無罪無辜 亂如此憮. 昊天已威 予愼無罪, 昊天泰憮 予愼無辜 등 참조.

모두 근원천으로부터 본성의 덕을 부여받고 태어났다는 것이다. 『시경』「대아, 증민」편에 나오는 다음 구절에 대해 공자는 천과 도의 인식에서 결정적으로 중요한 언명으로 간주했다고 맹자는 증언한다.

『시경』에서 이르기를, 하늘이 뭇 백성을 내시니, 사물이 있으면 법칙이 있도다. 사람들이 이 떳떳한 본성을 가지고 있는지, 이 아름다운 덕을 좋아한다." 공자께서 말씀하시길, "이 시를 지은 사람은 도를 알 것이다. 그러므로 사물이 있으면 반드시 법칙이 있으며, 백성이 떳떳한 본성을 갖고 있는지라, 그러므로 이 아름다운 덕을 좋아한다.[10]

이 구절과 많은 관련이 있고, 그 의미상 조화를 이루는 것은 『논어』에 나타난 공자의 다음 언명들이다.

"나는 말을 하지 않으려고 한다. … 하늘이 무슨 말을 하던가? 사시가 운행되고 온갖 만물이 생장하는데, 하늘이 무슨 말을 하던가?"[11]
"하늘이 나에게 덕을 주셨다."[12]
"쉰에 천명을 알았다."[13]

---

10. 『孟子』5下:6. 詩曰天生蒸民 有物有則 民之秉夷 好是懿德 孔子曰 爲此詩者 其知道乎 故有物必有則 民之秉夷也 故好是懿德.

11. 『論語』17:19. 子曰 予欲無言 …天何言哉 四時行焉 百物生焉 天何言哉.

12. 『論語』7:22. 子曰 天生德於予.

13. 『論語』2:4. 五十而知天命.

"천명을 알지 못하면 군자가 되지 못한다." [14]

"나를 아는 자는 없을 것이다. … 하늘을 원망하지 않고, 남을 탓하지 않고, 아래로 인사를 배워 위로 하늘과 통했으니, 나를 아는 자는 하늘 일 것이다." [15]

이 구절과 짝을 이루는 것이 바로 "천명을 성性이라고 하고, 성에 따르는 것을 도라고 하고, 도를 닦는 것을 교라고 한다" [16]는 『중용』 수장에 나타난 유교의 근본 교의와 "대학의 길은 밝은 덕을 밝게 드러내는 데에 있다" [17]는 『대학』 경1장이다. 이렇게 『논어』, 『대학』 그리고 『중용』의 핵심 언명에 나타난 유가의 궁극자인 천은 만물을 조화발육하는 존재근거이면서 윤리적 도덕의 원천이다. 만물의 존재 근원인 하늘이 만물, 특히 인간에게 법칙과 본성을 그 존재근거로 부여했으며, 이렇게 인간과 만물이 천명으로 부여받고 태어난 본성의 덕(德＝得)이 마땅히 구현해야 할 당위규범이다. 이 본성에 따라 가는 삶이 바로 우리 인간의 길(人道)이며, 이 인간의 길을 닦아 놓은 것이 바로 예악형정禮樂刑政과 같은 성인의 가르침敎이다. 맹자의 다음 언명은 이러한 진술들의 최종적인 종합이라고 할 수 있다.

---

14. 『論語』20:3. 子曰 不知命 無以爲君子也.
15. 『論語』14:37. 子曰 莫我知也夫 子貢曰 何爲其莫知子也 子曰 不怨天 不尤人 下學而上達 知我者 其天乎.
16. 『中庸』1장. 天命之謂性 率性之謂道 修道之謂敎.
17. 『大學』경1장. 大學之道 在明明德.

그 마음을 온전히 실현하는 자는 그 본성을 알고 그 본성을 아는 자는 하늘을 안다. 그 마음을 보존하고 본성을 양성하면 천을 섬기는 방법이 된다.[18]

여기서 맹자가 말하는 '마음'이란 인간의 본성에 근거를 두고 자발적으로 드러난 마음을 말하는데, 이 마음은 인간 본성의 덕(仁義禮智)이 무엇인지를 알게 해 주는 단서이기 때문에 사단四端; 惻隱之心, 羞惡之心, 辭讓之心, 是非之心이라고 말한다. 이 사단을 실마리로 삼고 확충·실현함으로써 본성의 덕에 의한 인간의 자기정립 및 자기실현이 가능해진다.

이 본성의 덕은 궁극자인 하늘에서 유래했다. 그러므로 인간 본성의 단서가 되는 사단을 온전히 실현하면 인간 본성의 덕이 무엇인지를 알고, 이 인간 본성의 덕을 알면 그 덕의 원천인 하늘을 아는 것이 된다. 나아가 인간이 하늘을 섬길 수 있는 방법은 하늘이 부여한 인간 본성의 덕을 양육하여 실현하고, 그 본성의 단서인 순선한 사단을 보존·확충하는 방법밖에 없다고 하겠다. 요컨대 우리 자신에게서 우선적으로 살펴보면, 우리 마음에 나타난 순수하게 선한 사단의 감정을 통해 추론을 통해 인간본성의 덕인 사덕四德을 확인할 수 있고, 사단의 확충을 통해 사덕을 온전히 실현할 수 있으며, 나아가 이 사덕이 인간의 본성으로 부여되어 있다는 사실을 통해 우리는 궁극자를 확인할 수 있다. 혹은 원리상 먼저인 것으로 본다면, 궁극자인 하늘의 소여로

18.『孟子』7상:1. 孟子曰 盡其心者 知其性也 知其性 則知天矣 存其心 養其性 所以 事天也."

서 우리는 본성의 덕을 지니고 태어났으며, 이 본성의 덕은 인간의 순선한 감정인 사단의 확충에 의해 실현 가능하다고 할 수 있다.

요컨대 춘하추동春夏秋冬을 운행하는 원형리정元亨利貞은 궁극 존재의 덕이며, 측은-수오-사양-시비의 보편적인 단서를 드러내는 인의예지는 궁극 존재에서 유래하여 인간이 온전히 지니고 태어난 덕이다. 그렇다면 궁극자(天)와 인간 사이에는 어떠한 간극도 없으며, 인간이 일상에서 순선한 감정인 사단을 확충하여 인간 본성의 덕을 실현하는 것이 곧 궁극 존재의 조화발육의 역운에 동참하는 것이 된다. 이러한 진술들의 의미를 우리는 ① 우주론적 관점에서 도덕(윤리) 형이상학의 구축, ② 인간 주체의 관점에 의한 덕의 정립, ③ 덕의 실현 방법이라는 관점에서 살펴봄으로써 공자에서 맹자에 이르기까지 이른바 사서로 말미암아 정립된 궁극자와 덕, 그리고 덕의 실현과 연관된 유교 철학의 의미를 탐색하고자 한다.

먼저, 우주론적 관점에서 도덕(윤리)의 형이상학 구축에 대해 살펴보자. 그런데 '도덕(윤리) 형이상학의 구축'이란 인간의 도덕 원리 및 행위 규범(人道)을 궁극자인 형이상자에 토대를 두고 연역적으로 구성하는 방식으로 도덕이론을 정당화하는 것을 말한다. 우리가 알기에, '도덕의 형이상학'이라는 말은 칸트가 최초로 사용한 말이다.[19] 그러나 "만물을 지배하는 '신성한 법칙divine law'이 있고, 이 법칙이 인간의 도덕과 그 관계에 토대를 제공한다"는 도덕의 형이상학은 각각의 시

---

19. 백종현 역, 『도덕(윤리)형이상학 정초Grundlegung zur Metaphysik der Sitten』 아카넷, 2005. 최재희 역, 『도덕철학서설』, 『실천이성비판』, 박영사, 2003(2판).

대와 장소 및 문화에 따라 그 양상을 달리하고 있지만 전근대적 세계관 일반이 공유하고 있던 사유방식이라고 말할 수도 있다. 예컨대 플라톤이 '선의 이데아'로서 태양을 "가시적 세계에는 빛과 주인을 주고, 예지적 세계에는 그 자신이 주인이 되어 우리가 진리를 통찰할 수 있도록 이끌어 주는 인식과 진리의 기원"이며, "모든 면에서 가장 선한 자로서 무질서를 질서 짓고" "단순히 만물 중의 하나의 사물이 아니라, 장엄함과 힘에 있어서 모든 존재자를 초월한다"[20]고 말한 것은 존재론과 윤리학을 통일하는 도덕 형이상학의 전형이라고 하겠다. 나아가 동양의 『노자』에서 "형이상학적, 존재론적, 우주론적인 도가 군자나 성인이 마땅히 행해야만 하는 인도를 함의하고 있으며", 따라서 "노자의 도는 말하자면 '존재론적 윤리학'이며 칸트의 이른바 '도덕의 형이상학'에 비유할 수 있는 성질의 것이다"[21]고 정당하게 말할 수 있다. 요컨대 유교의 궁극자인 하늘은 스스로 길을 트며(道自道也), 결(理)을 내며, 만물을 조화발육한다(成物). 시간성으로서 하늘은 공간성으로서 땅과 짝을 이루어 춘-하-추-동으로 운행되면서 만물을 원-형-리-정의 덕으로 만물을 조화발육하는데, 그 자체 선하고 중#이다. 모든 만물은 하늘이 부여한 고유한 본성의 덕을 실현함으로써 우주적 조화를 이루어, 천지가 만물을 화육하는 역사에 능참할 수 있다.[22] 요

---

20. Politeia 517c, Politeia, 508e, Timaios, 30a, Politeia, 509b.

21. 신오현, 「절대와 자유 : 노자와 하이데거의 비교 연구」, 『절대의 철학』, 문학과 지성, 1993, 176쪽.

22. 『中庸』 1:4. 喜怒哀樂之未發 謂之中 發而皆中節 謂之和 中也者 天下之大本也 和也者 天下之達道也 致中和 天地位焉 萬物育焉 참조.

컨대 유교는 천명에서 인간 본성의 근원을 찾고, 이 인간 본성을 인간이 가야 할 길(人道)로 정립함으로써 '도덕의 형이상학'을 구축했다.

둘째, 인간 주체의 관점에서 덕을 재정립했다는 것을 살펴보자. 『서경』과 『시경』에서의 덕은 주로 군주가 백성에게 은택을 베푸는 것을 의미했다. 하늘은 군주의 덕에 비례해서 복과 화를 내려 주는 화복의 주재자로 인식했다. 이른바 '천명미상天命靡常'(덕 있는 군주에게 천명이 주어지지만, 군주가 덕을 잃으면 그 명을 철회한다)이란 말은 바로 여기에서 유래하여, 유교의 정치서인 『대학』에 신민의 이념으로 반영되어 후세의 군주를 계몽하는 지침이 되었다. 그런데 공자, 특히 『중용』의 수장에서부터 '천명'이란 하늘이 유덕자를 새 왕조의 군주로 임명한다는 뜻이 아니라, 모든 인간이 태어날 때부터 지닌 인간 본성의 덕을 말한다(天命之謂性).

여기서 우리는 아주 중대한 덕 개념 패러다임의 전환을 보게 된다. 즉 공자 이전의 덕이란 치자가 베푸는 백성에 대한 은택이라는 외현적 성격을 지니고 있었다면, 이제 공자로부터 덕은 인간 및 만물이 고유하게 부여받고 태어난 내재적 본성으로 전환된다. 이는 유가의 가장 중요한 덕목인 인仁 개념에서도 나타난다. 인仁 개념은 공자 이전의 『시경』, 『서경』에서는 아주 드물게 나타났을 뿐만 아니라, 치자들의 은덕을 칭송하는 여러 덕목들 중의 하나에 불과했다.[23] 공자는 이러한

---

23. 상세한 논구로는 다음을 참조. Wing-tsit Chan, 「The Evolution of the Confucian Concept Jen」, Neo-Confucianism, Etc.: Essays, Oriental Society, 1969, p. 2.

인 개념을 확장, 심화시켜 유학의 중심개념으로 정착시켰다. "선생님께서는 리利, 명命, 그리고 인仁에 대해서는 말씀을 많이 하지 않으셨다"[24]는 기록이 말해주듯이, 공자는 형이상학적인 개념에 대한 발언보다 일상적 궁행에 힘썼던 것으로 알려져 있지만, 『논어』에서 인仁은 도합 109회(58/499장) 출현하여 예악禮樂과 같은 여러 덕목들에 우선하는 보편적인 인간의 덕으로 정립되었다. 이 또한 기축시대의 위대한 이론가들이 시도했던 보편적인 패러다임 전환 중의 하나라고 할 수 있다.[25]

셋째, 덕의 실현과 인간의 자기정립의 방법이라는 관점에서 그 의미를 탐구해 보자. 앞서 우리는 공자로부터 덕의 개념이 군주의 백성에 대한 시혜로서의 은택이 아니라, 인간 일반이 지닌 보편적인 내재적 본성으로 전환되었다고 말했다. 공자가 덕의 개념을 이렇게 전환함에 따라 유덕자에 대한 관점과 초점 또한 전환되었다. 즉 『서경』과 『시경』 시대에서는 군주의 은덕이 중심이었다면, 이제 공자로부터는 이상적 인격인 군자의 자기정립과 그 실현이 중요하게 되었다.

---

24. 『論語』 9:1. 子罕言利與命與仁.
25. 벤자민 슈워츠(나성 역), 『중국고대사상의 세계』, 살림, 1996, 25-26쪽 참조. "인도에서 우파니샤드, 불교와 자이나교, 성서적 유대교의 흥기, 그리스 철학의 대두, 또는 중국에서 유가, 도가, 묵가의 출현들 가운데 어느 것을 보건, 우리는 이들 속에서 삶을 관조하고 조망하며, 그 의미에 대해 반성적 의문을 제기하는 모종의 태도들과 함께 삶에 대한 새롭고 적극적인 견해와 비전의 출현을 발견하게 된다. 이러한 창조적 '소수들'은 자신들의 문화가 갖고 있던 기존의 법칙들을 단순히 옹호하고 변호하는 '문화적 전문가들'은 결코 아니었다. 기존의 법칙들을 승인하는 경우에 있어서도, 이들은 이것들을 전혀 새로운 각도에서 이해했다."

여기서 우리는 우선 군자君子의 개념 또한 공자로부터 그 의미가 혁명적으로 변했다는 사실을 지적하고자 한다. 『논어』에서 '군자'라는 말은 '인仁'만큼이나 많은 85절에서 걸쳐 107번 나타났다(현인 24번, 성인聖人 8번, 대인大人이 1번, 성인成人 1번)는 사실로 미루어 보면, 우리는 공자가 이 개념의 정립에 얼마나 열중하였는지를 알 수 있다. 일반적으로 '군君'자는 벼슬이름으로 다스린다는 의미를 지니는 '윤尹' 자에서 비롯되었으며, '구口(입)'으로 명령을 하달하여 백성을 통치한다는 의미에서 윤尹과 구口가 만나서 형성된 회의문자이다.[26] 그리고 '윤尹'(다스리다, 바로잡다, 벼슬이름)은 '곤ㅣ + 차乀'로 구성되어 있는데, '곤ㅣ'은 신장神杖으로 성직자가 손에 잡는 물건을, 그리고 '차乀'는 손을 나타낸다. 따라서 '군君'이란 신장을 손에 든 성직자로서 의례를 행하거나 정사를 맡아보는 사람을 뜻한다. 따라서 군자 또한 정치적 의미가 부여된 군의 연장선상에서 생각할 수 있다. 공자 이전 문헌의 용례를 보면, 군자는 최고통치자인 천자天子로부터 '정치하는 귀족계급 일반'을 지칭하는 지위 또는 신분을 나타내었다."[27] 그런데 『논어』의 거의 대부분에서 '군자'는 '도덕적 인격을 갖춘 사람'과 관계된다. 김승혜는 격언을 등을 이용하여 사회적 신분을 나타낸 9차례를 제외하면 거의 대부분 '도덕적 인격'을 가리키고 있다고 말했다.[28] 일반적으로 『논어』에서 군자는 좁은

---

26. 湯可敬 撰, 『說文解字今釋』, 岳麓書社, 2005, 188쪽, '君'部.

27. 장현근, 「君子와 世界市民」, 『유럽연구』 5, 1997 봄, 355-357쪽 참조.

28. 김승혜는 격언을 등을 이용하여 사회적 신분을 나타낸 9차례를 제외하면 거의 대부분 '도덕적 인격'을 가리키고 있다고 말했다. 김승혜, 『원시유학』, 민음사, 1994, 94쪽, 각주 20.

의미의 성인聖人과 인자仁者의 아래 위치하는 이상적인 인격의 세 번째 단계를 나타낸다. 그리고 넓은 의미로 쓰일 때는 '이상적 인격 일반'의 명칭으로 위로는 성인을 포괄하고, 아래로는 인자 및 거기에 도달하려고 노력하는 군자를 포함한다. 이렇게 군자는 넓은 의미로 쓰일 수 있기 때문에 공자가 생각한 이상적 인격의 대표적인 명칭이라고 할 수도 있다.[29] 그런데 우리는 공자가 좁은 의미의 군자, 즉 인격의 완성형인 성인이 아니라, 성인을 희구하여 끊임없이 노력하는 군자에 관심을 집중했다고 생각한다. 왜냐하면 '인간'이란 '기성의 어떤 존재자'가 아니라, 완전한 존재를 향해 끊임없이 나아가는 가능성의 존재이며,[30] 나아가 완전한 정신을 향한 불완전한 정신의 귀향편력이 바로 철학의 본령이라고 판단하기 때문이다.

그런데 공자는 "천명의 인식 여부에 따라 군자와 소인이 나누어진다(不知命無以爲君子)"고 말했다.

군자는 세 가지 두려워하는 것이 있다. 천명을 두려워하고, 대인을 두려워하고, 성인의 말씀을 두려워한다. 소인은 천명을 알지 못하여 두려워하지 않는다. 대인에게 버릇없이 굴고, 성인의 말씀을 업신여긴다.[31]

---

29. 陳大齊(안종수 역), 앞의 책, 345–346쪽.

30. 『論語』2:12. 君子 不器也.

31. 『論語』16:8. 孔子曰 君子 有三畏 畏天命 畏大人 畏聖人之言 小人不知天命而不畏也 狎大人 侮聖人之言.

어쨌든 여기서 덕의 실현과 인간의 자기정립과 연관하여 말하고자 하는 것은 공자와 그 후예들의 공헌에 힘입어 "모든 인간은 천명으로 주어진 본성의 덕을 자각함으로써 인간의 이상인 군자가 될 수 있는 가능성이 열렸다"는 것이다. 공자가 나이 쉰에 자각한 천명이란 바로 인간본성의 덕을 의미하며, 공자가 이상적 인간으로 제시한 군자란 바로 본성의 덕을 자각하여 자기정립 및 자기실현을 이루는 자를 말한다. 따라서 이제 군주 1인의 덕의 구현이 문제가 아니라, 인간 일반의 보편적 자기 본성의 자각과 실현에 의한 자기 정립이 중요한 관건이 되었다.

2. 덕과 윤리

앞서 인용한 공자 등의 언명에 따르면, 궁극자인 하늘은 인간에게 본성의 덕을 내려주었으며, 인간은 이 본성의 덕을 인식할 때(知天命) 비로소 군자로서 자기 정립이 가능하며, 이 본성의 덕에 따라 인간의 길을 가는 것이 바로 천명에 순응하는 방법이다. 그렇다면 공자를 비롯한 유가들은 ① 하늘이 부여한 인의예지의 덕을 인간 본성으로 규정하며, ② (불은 뜨겁고, 물은 습하듯이) 인의예지로 대표되는 인간 본성의 덕은 천명에 의해 선천적으로 주어졌으며, ③ 그 본성은 하늘로부터 주어졌다고 주장한다는 점에서 인성론은 당시의 우주론(형이상학)과 연관하여 정립했다. 요컨대 궁극자(천)와 인간은 명령을 부여하고 성품을 부여받는 관계에 있다. 주자가 '천명'의 '명'을 '명령'으로 해석한 것[1]은 다음과 같은 사실에 기초해 있다.

---

1. 『中庸集註』1장에 대한 朱子註. …命猶命令也….

갑골문과 금문에서 명命은 령令과 같은 의미로 쓰였다. 목탁을 흔들면서 명령을 전달했다는 사실에 기초한 목탁의 형상 'Δ'과 꿇어앉아 명령을 듣는 사람의 형상 'ㅏ'을 합하여 표시한 것이 갑골문의 '령令' 자이다. '명命'은 허신의 『설문해자』에 의하면 '구口'와 '령令'을 합하여 만든 글자이다. 입을 열어 호령하는 모양으로 '시킨다(使)'는 뜻이다. 명命과 령令 두 글자 모두 상하 위계를 전제로 명령과 복종의 뜻을 함축하므로, '거역할 수 없음'의 의미를 내포한다.[2]

"전근대 사회에서는 만물을 지배하는 궁극 존재와 신성한 법칙이 있어 모든 생명체에게 의미를 부여한다고 믿었기 때문에, 신성한 법칙이 도덕성과 모든 인간관계에 대해 토대를 제공했다."고 했듯이, 전근대적 사유방식에 따르면 궁극자는 만물, 특히 인간에게 도덕적 혹은 윤리적 행위를 할 것을 명령한다. 기독교의 『성서』 「창세기」에 따르면, 하나님은 당신의 형상imago Dei대로 인간을 창조하여 만물의 영장으로 살아갈 것을 명령했다.

하나님이 이르시되, 우리의 형상을 따라 우리의 모양대로 우리가 사람을 만들고 그들로 바다의 물고기와 하늘의 새와 가축과 온 땅과 땅에 기는 모든 것을 다스리게 하자 하시고. 하나님이 자기 형상 곧 하나님의 형상대로 사람을 창조하시되 남자와 여자를 창조하시고, 하나님이 그들에게 복을 주시며 하나님이 그들에게 이르시되 생육하고 번성하여

---

2. 이동철 외 2인 엮음, 『21세기의 동양철학』, 을유문화사, 2009, 79쪽.

땅에 충만하라! 땅을 정복하라! 바다의 물고기와 하늘의 새와 땅에 움직이는 모든 생물을 다스리라 하시니라.[3]

공자를 비롯한 유교가 인간에게 선천적인 덕이 있으며, 그 덕에 따르는 것이 도덕적 혹은 윤리적 삶이라고 말하는 것의 몇 가지 중요한 의미를 살펴보자.

먼저, 무성론無性論과 연관하여 그 의미를 살펴보자. 일반적으로 무성론자들은 우주의 궁극존재를 단지 물리적 자연(蒼蒼有形之天)으로 제한하며, 인간 또한 '물리적 자연계'의 일부로 간주하면서, 물리적인 것과 구별되는 인간의 고유 본성을 부정한다. 이들은 존재를 단지 그 뇌腦기능에 의해서만 변별하고 물리적 수와 양으로 계량화한다. 존재를 이렇게 그 기능에 의해 평가하거나 수량으로 계량화하는 관점에서는 주로 공리주의적 윤리이론을 주창하고(義利也), 인간의 본성에 근거한 자발적 동의가 아니라 법과 같은 외적 강제력에 호소하는 정체政體를 지지하는 경향이 강하다. 성악설을 주장했던 순자荀子의 후예들 중에서 법가法家를 제창한 학자들이 출현한 것은 이 점을 방증한다. 현대의 주도적인 메타 윤리학 등도 인간 본성에 근거를 두고 윤리학을 구성하지 않는다. 이들은 실증주의적 검증가능성의 원리에 의해 전래의 전통 윤리학의 무의미성을 비판하고 그 한계를 지적해 오고 있다. 그렇다면 과연 이러한 실증주의 혹은 과학주의 시대에서 인간의 본성에 토대를 두고 윤리이론을 구성한 유가의 윤리적 언명들은 어떻게 정당

---

3. 『성서』「창세기」 1:26-28.

화될 수 있을 것인가?

이 점과 연관하여 맹자의 이른바 '유자입정의 비유'[4]에 다시 주목하게 된다. 맹자는 '유자입정'의 경우를 통해 '측은지심(不忍人之心)'이라고 하는 무조건적·자발적으로 우러나오는 수수하게 선한 감정이 우리에게 있다는 사실을 확인하고, 이를 단서로 우리의 본성이 인仁하다는 것을 논증했다. 요컨대 맹자에 따르면, 잔인殘忍한 금수와는 달리 인간은 그 본성에 의해 자발적으로 동류同類의 불행에 대해 측은해 할 줄 알고, 도덕적 과오를 판단할 줄 알아 부끄러워하고 미워할 줄 알며, 사양하고 겸양할 줄 안다. 만일 맹자의 이 논증이 성공적이라면, 유교의 인간 본성론에 기반한 윤리이론은 현대 윤리의 위기 혹은 위기의 윤리를 극복하는 중대한 단서를 제공한다고 할 수 있다. 어쨌든 유교는 인간의 선천적인 고유 본성과 그 본성에서 자발적으로 드러나는 자연스런 마음에 근거를 두고 윤리규범을 정립했으며, 따라서 이 윤리 규범은 자발적으로 준수되는 것이라고 말했다.[5] 그리고 유가에서 가족이 강조되는 것은 바로 이러한 배경에서이다. 즉 가족 간의 사랑은 인간의 가장 자연스런 감정이기 때문에, 자식의 부모에 대한 윤리인 효孝와 부모의 자식에 대한 사랑인 자애, 그리고 형제간의 공경과 우애를 기초를 두고 윤리 규범을 정립하여, 사회와 국가에 확장 실현하려고 했다.[6]

---

4. 『孟子』 2상:6 참조.

5. 『論語』 2:3. 子曰 道之以政 齊之以刑 民免而無恥 道之以德 齊之以禮 有恥且格.

6. 『論語』 1:2. 君子務本 本立而道生 孝弟也者 其爲仁之本與.

다음으로 전통 서양의 실체주의적 사고방식과 연관하여 유교 윤리의 의미를 살펴보자. '실체론'이란 서구의 플라톤-아리스토텔레스적 전통에서 유래하여 중세 및 근세의 합리주의자들의 존재에 대한 입장을 말한다. 이들은 '변화로부터의 논증argument from change'을 통해 사물의 본질은 감관에 의해 확인된 인상이나 관념에 있는 것이 아니라, 그것의 근간이 되는 불변하는 실체substance; 그것이 존재하지 위하여 다른 어떤 것도 필요로 하지 않는 독립적 실재에 있다고 주장했다. 맹자 당시에 양주楊朱가 개인적인 생生/성性에 절대적인 의미를 부여하고 인간의 공동체적 삶을 무시하면서 위아주의爲我主義를 피력하였는데, 양주의 입장은 개인 실체론으로 볼 수 있을 것이다. 양주의 위아주의를 지양하려고 했던 맹자는 일견 "천하의 근본은 국가에 있고, 국가의 근본은 가족에 있고, 가족의 근본은 우리 자신에게 있다"[7]고 말한다는 점에서 개인주의자들처럼 개인을 주체로 정립한다. 그러나 유교가 말하는 주체는 원리적으로 고립되거나 절연絶緣된 주체가 아니라, 다른 사람과 공동체적-유적 삶을 함께 영위하는 관계적 존재이다. 그런데 관계적·공동체적 존재인 인간에게서는 자기정립으로 모든 문제가 끝나지 않고, 타자정립(親民) 및 상호인정의 과정을 겪는다. 유교가 제시하는 타자정립과 상호인정에 작용하는 원리는 '서恕'이다. '서'의 원리는 다음과 같이 표현된다.

---

7. 『孟子』4상 7:7. 孟子曰 人有恆言, 皆曰 天下國家 天下之本在國, 國之本在家, 家之本在身.

자공이 묻기를, "종신토록 행해야 할 한 마디 말이 있습니까?" 공자께서 대답하시기를, "서恕일 것이다. 자기가 욕망하지 않는 것을 남에게 베풀지 말아야 한다."[8]

대저 인仁한 사람은 자기를 정립하고자 하면 남을 정립시켜 주고, 자기가 통달하고자 하면 남을 통달시켜 주는데, 능히 가까운 데에서 비유를 취하면 인을 실천하는 방법이라고 할 수 있다.[9]

상호인정의 원리로서의 서恕는 상대에게 위해를 가하지 않는 소극적인 방법 이외에, 상대방의 긍정적 욕구를 적극 실현해 주는 인仁의 실천으로서, 이른바 '역지사지易地思之'의 역전환성의 원리(絜矩之道)를 함축한다. 물론 이러한 상호승인의 원리는 근현대 자유주의의 지저를 형성한다고 말할 수도 있다. 그러나 개인 실체론을 이론적 배경으로 형성된 자유주의에서는 완결된 원자적 개인이 주체가 되어 타인의 방해나 강제 없이(소극적 자유) 소유권을 거래하고 계약을 맺는다. 이와 대비되게 인간을 철저히 유적·공동체적 존재로 정립하는 유가의 주체는 하늘이 부여한 본성의 덕(仁)으로 자신을 정립하여 그 본성을 실현하는 존재이기 때문에 상대방에 대한 사랑(愛人)의 의무를 지닌 존재라고 할 수 있다.

---

8. 『論語』15:23. "子貢問曰 有一言而可以終身行之者乎 子曰 其恕乎 其所不欲 勿施於人."
9. 『論語』6:28. 夫仁者 己欲立而立人 己欲達而達人 能近取譬 可謂仁之方也已.

동양의 불교 또한 중도론中道論을 피력하면서, 흄적인 경험주의를 단멸론斷滅論이라고 비판한 동시에 실체론을 상주론常住論이라고 비판해왔다. 불교에서 말하는 중도란 "존재를 상주불변하는 본질이라고 생각하는 상주론과 존재를 현상의 다발로 환원하는 경험주의자들의 단멸론적 입장을 지양한 절대의 진실" 즉 연기緣起의 세계를 말한다. 불교의 세계관에 따르면, '자성自性'이란 '다른 것에 의해 만들어지지 않은 것(非所作)'과 '다른 것과 어떠한 연緣을 맺지 않은 것'을 말한다. 그런데 대상세계의 모든 존재자들은 다른 존재자들과 연을 맺고 생기한다는 점에서, 자성이 없다. 따라서 "모든 존재는 자성이 없으며, 자아 또한 없다(諸法無我)." 모든 존재는 인연의 소생이라는 연기법은 "이것이 있으니 저것이 있고, 이것이 일어나니 저것이 일어난다"고 표현된다. 불교의 이러한 연기법과 유사하게 유교는 "모든 존재는 상호 감응感應한다"는 세계관을 그 배경으로 한다. 즉 바람직한 만물, 특히 인간관계는 "모든 존재가 자신에게 주어진 본성의 도를 온전히 실현하면, 만물이 조화를 이루어 서로 감응하면 비로소 형통해진다"[10]는 것이 유교의 입장이다.

무릇 군신과 상하로부터 만물에 이르기 까지 모두가 서로 감응하는 도리가 있으며, 사물이 서로 감응하면 형통하게 되는 이치가 있다. 군신이 서로 감응하면 군신의 도리가 통하며, 상하가 서로 감응하면 상하의

---

10. 『中庸』1:4. 中也者 天下之大本也 和也者 天下之達道也 致中和 天地位焉 萬物
育焉.

뜻이 통한다. 부자, 부부, 친척, 붕우에 이르기까지 모두 정의情意가 서로 감응하면 화순和順하게 되어 형통하다. 사물이 모두 그러하다.[11]

이러한 감응론적 세계관을 존재하는 인간들 간에 올바른 관계로 정립한 것이 바로 『논어』의 핵심을 형성하는 정명론正名論이다.[12] 이는 곧 궁극자인 하늘이 인간 및 만물에게 거역할 수 없는 명령으로 본성의 덕을 주었는데, 그 본성의 덕에 따라 삶을 영위하는 것이 올바른 삶이며, 모두가 올바른 삶을 살면 모든 존재가 형통하다는 논리이다. 인간 본성의 덕에 따라 인간적인 삶을 영위하는 것이 인간의 바른 길(人之正道)이며, 이것이 바로 '사람들의 모임(倫=人+侖)'에서 서로 감응하여 질서와 결(理)을 이루어 형통하는 길이다. 인간의 결(理)과 질서는 인간 본성의 덕인 인의예지를 실현하는 인간적인 삶을 의미하고, 인륜의 이념은 인간이 모여 함께 더불어 사는 제 관계에서 부여된 직책(名)에 요구되는 합당한 도리를 온전히 다함으로써 형통하게 된다. 공자는 정명의 도가 필요한 이유를 다음과 같이 설명했다.

자로가 말하기를, "위나라 임금이 선생님을 기다려 정치를 하면, 선생님께서는 장차 무엇을 먼저 하시겠습니까?" 공자께서 말씀하시길, "반

---

11. 『周易』. 咸卦 卦辭 程傳. 凡天地上下 以至萬物 皆有相感之道 物之相感則有亨通之理 君臣能相感 則君臣之道通 上下能相感 則上下之志通 以至夫子夫婦親戚朋友 皆情意相感 則和順而亨通 事物 皆然.

12. 이상익, 「유교적 공동체: 이상, 양상, 전망」, 『사회과학논총』, 2007봄, 38, 22-23쪽 참조.

드시 정명正名할 것이다." 자로가 말하길, "이렇습니까? 선생님의 우원하심이여. 어떻게 정명할 것입니까?" 공자께서 말씀하시길, "비루하구나, 자로야. 군자는 알지 못하는 것에는 침묵해야 한다. 이름이 바로 서지 않으면, 말이 순조롭지 못하고, 말이 순조롭지 못하면 일이 성립되지 않고, 일이 성립되지 않으면 예악이 일어나지 않고, 예악이 일어나지 않으면 형벌이 알맞지 않고, 형벌이 알맞지 않으면 백성이 손과 발을 둘 곳이 없게 된다." [13]

이렇게 공자는 정명이 이루어질 때 '말이 순조롭고(言順)', 말이 순조로우면 '일이 성립되고(事成)', 일이 성립되어야 '예악이 일어나고(禮樂興)', 예악이 일어날 때 비로소 '형벌이 알맞게 이루어져(刑罰中)' '백성들에게 행위규범을 제시할 수 있다(民有所措手足)'고 말했다. 여기서 우리는 공자의 정명론이 천명과 윤리의 일치를 지향한다는 것을 확인할 수 있다. 요컨대 모든 인간은 천명의 본성을 타고 났는데, 그 본성을 알았을 때 비로소 진정한 인간, 즉 군자가 될 수 있는 근거를 확보한다.[14] 사람됨의 근거를 알고 그 근거에 부합하는 길을 갈 때 명실이 상부한 인간이 된다(正名). 그리고 이 사람됨의 근거에 부합하는 길을 가도록 가르쳐주는 수단이 바로 성인이 만든 예악형정이다. 예악형정이

---

13. 『論語』13:3. 子路曰衛君 待子而爲政 子將奚先 子曰 必也正名乎 子路曰 有是哉 子之迂也 奚其正 子曰 野哉 由也 君子於其所不知 蓋闕如也 名不正則言不順 言不順則事不成 事不成則禮樂不興 禮樂不興則刑罰不中 刑罰不中則民無所措手足.
14. 『論語』20:3. 子曰 不知命 無以爲君子也.

올바로 시행될 때 왕도가 완비되고 치도가 형성되어 백성들은 인간다운 삶을 영위할 수 있다.

공자는 정명의 도를 이른바 '군군君君, 신신臣臣, 부부父父, 자자子子'[15]로 인구에 회자되는 말로 제시했다. 이 정명의 도는 "모든 이름(名; 일반명사)에는 고유한 덕 혹은 몫(分數)이 있는데, 모든 존재는 이 이름에 주어진 고유한 덕과 분수를 구현하는 것이 바로 천명에 합치하는 바른(正 = 一 + 止; 하늘로 나아가 머물러 있음, 천명과 합치함) 삶이다"는 윤리적 명령을 함축한다. 요컨대 '정명론'이란 각자에게 부여된 직책에서 자신의 본성의 덕과 본분을 다함으로써 조화로운 인간관계를 창출하여 서로 감응할 때 비로소 모든 존재가 형통해진다는 것이다. 그런데 모든 구성원은 부여된 직책에 요구되는 도리를 충실히 다해야 한다는 윤리적 명령을 표현하는 정명의 형식적 표현이 "임금은 임금답게(君君), 신하는 신하답게(臣臣)"라는 형식이라고 한다면, 여기에는 구체적으로 구현해야 할 내용(~다움)이 담겨 있다. 곧 모든 인간은 이념적으로 인간으로 존재하는 한 인간다운 덕(仁義禮智)을 구현해야 하며, 현실적으로는 사회적 관계에서 부여된 다양한 직책과 그 명칭에 부합하는 도리(책임과 의무)를 다해야 한다는 것이다. 주자朱子는 이를 다음과 같이 분명히 해석한다.

대개 하늘이 뭇 백성을 낳으심에 사물이 있으면 법칙이 있다. 그러므로 만물과 서사庶事는 모두 각각 '마땅히 머물러야 할 곳'을 지니는 것이다.

---

15. 『論語』12:11. 齊景公問政於孔子 孔子對曰 君君臣臣父父子子 公曰 善哉 信如君不君 臣不臣 父不父 子不子 雖有粟 吾得而食諸.

다만 '처한 지위'가 다르면 '머물러야 할 선善'도 다르다. 그러므로 군주가 되면 마땅히 머물러야 할 곳이 인仁에 있고, 신하가 되면 마땅히 머물러야 할 곳이 경敬에 있으며, 자식이 되면 마땅히 머물러야 할 곳이 효에 있고, 부모가 되면 마땅히 머물러야 할 곳이 자慈에 있으며, 나라 사람들과 사귀면 마땅히 머물러야 할 곳이 신信에 있으니, 이는 모두 천리와 인륜의 극치로서 사람의 마음이 그만둘 수 없는 곳에서 나온 것이다.[16]

여기서 주자는 정명론에 대해 체용론에 입각한 중요한 해석을 했다. 그것은 첫째, 인간을 포함한 모든 만물은 하늘이 부여한 법칙, 즉 본성의 덕을 지니고 있는데, 이 본성의 덕을 구현함으로써 그 자신의 정체성을 정립할 수 있다는 것이다. 둘째, 자신의 본성의 덕을 구현하는 각각의 존재는 시공적 제약으로 말미암아 처지를 달리하기 때문에, 그 처하는 위치에 따라 구현해야 할 선(좋음)의 내용 또한 다르다는 것이다. 선(좋음)이란 모든 존재, 특히 이성적-윤리적 존재인 인간이 추구해야 할 궁극 목적으로 간주된다. 그래서 서양 윤리학의 최고 고전인 아리스토텔레스의 『니코마코스 윤리학』은 "모든 기예와 탐구, 그리고 모든 행위와 선택 또한 어떤 선(좋음)을 목표로 하고 있는 것으로 생각된다. 그렇기 때문은 사람들은 선을 모든 것이 추구하는 것이라고 옳게 규정해 왔다"[17]고 하는 유명한 언명으로 시작되어 있다. 맹

---

16. 『朱子大全』 卷15 項15-6. 「經筵講義」

17. Nichomachean Ethics, 1094a. 번역본으로 다음을 참조. 이창우 외역, 『니코마코스 윤리학』, 이제이북스, 2006.

자가 제시한 오륜五倫은 구체적 관계적 상황에서 정명을 통해 각각의 선을 구현하여, 마침내 지선의 공동체를 구현하기 위하여, 인간이 처할 수 있는 관계 상황을 최소한으로 압축하고 그 덕목을 제시한 것이다.

후직이 백성들에게 농사짓는 법을 가르쳐서 오곡을 심고 가꾸게 하였는데, 오곡이 익어 백성이 양육되니 사람에게 도리가 있게 되었다. 그런데 배부르고 따뜻한데도 가르치지 않으니 (사람이) 금수에 가까웠다. 성인이 그것을 걱정하여 설을 사도로 삼아 인륜을 가르치게 했다. 부자 간에는 친함이 있고(父子有親), 군신 간에는 의리가 있고(君臣有義), 부부 간에는 구별이 있고(夫婦有別), 어른과 어린이 사이에는 차서가 있고(長幼有序), 벗들 간에는 믿음이 있다(朋友有信)는 것이다.[18]

이렇게 '부모는 자애하고 자식은 효도하여(父慈子孝)' 부자간의 친함을 이루고, '군주는 의리가 있고 신하는 충성을 다함으로(君義臣忠)' 군신간의 의리를 이루고, '남편은 온화하고 아내는 순종(夫和婦順)'하여 부부 간의 구별됨을 이루고, '형은 우애롭고 아우는 공손한(兄友弟恭)' 것처럼 어른과 어린이 사이에는 차서가 있고, 어짊으로 도와줌으로써(以友輔仁)' 벗들 간에는 신뢰를 얻고 미루어 확장함으로써 모든 구체적 관계적 상황에서 정명正名을 구현하여, 마침내 형통한 지선의 공동체를

---

18. 『孟子』3상 :4. 后稷教民稼穡 樹藝五穀 五穀熟而民人育 人之有道也 飽食煖衣 逸居而無教 則近於禽獸 聖人有憂之 使契爲司徒 教以人倫 父子有親 君臣有義 夫婦有別 長幼有序 朋友有信.

이루는 것이 유교 윤리의 목표이다.

결론적으로 유가 윤리의 핵심을 형성하는 정명론에 대해 다음과 같이 말할 수 있다. 우리가 인간으로 태어나 명실상부한 인간으로 살아가려면 고유한 덕(仁義禮智)을 종신토록 구현해야 한다(體). 그러나 관계적—사회적 존재인 인간은 시공적인 상대적 상황과 처지 속에 놓일 수밖에 없고, 여기서도 또한 정명正名의 원리에 입각하여 현실의 시공간적 지위(名)에서 요구되는 의무와 도리를 온전히 다하는 방식으로 보편적인 덕을 구체적으로 실현할 수밖에 없다. 정명의 윤리는 체용론적으로 해석하면, 이중적인 의미를 지니면서도 하나의 통일적 목표를 지향한다. 먼저 인간이 명실상부한 진정한 인간으로서 존재하기 위해서는 보편적인 인간의 덕을 구현하는 삶을 영위해야 한다는 인간일반의 이념으로서 정명이 있다. 그리고 현실에서 관계적 존재로서 삶을 영위하는 인간은 항상 상대적인 시공간적인 상황과 처지에 놓여 있기 마련인데, 그 구체적인 상황과 처지에서 부여된 직책(名)에 요구되는 도리를 다해야 한다는 현실적 역할수행으로서의 정명이 있다. 인간일반이 구현해야 할 보편적 이념으로서의 정명은 후자, 즉 관계적 상황에서 부여된 직책에 요구되는 도리에 부합하는 행위를 온전히 다하는 구체적 현실적 역할수행으로서의 정명에 의존하여 현실화된다. 나아가 구체적 현실적 역할수행으로서의 정명은 인간 일반이 구현해야 할 이념이 제시하는 목표와 원칙에 부합할 때에 비로소 그 정당성을 보증 받을 수 있다. 정명론은 이렇게 이념과 현실의 이중적 괴리를 통일적으로 합체시켰을 때, 비로소 그 이념적 타당성과 현실적 적실성을 동시에 확보한다고 하겠다.

3. 사서, 천명의 도덕 · 윤리

　사서에서는 천명과 윤리의 관계를 ① 군주 1인으로부터 모든 도덕 주체인 군자로 확장시켰으며, ② 천명과 인간을 매개하는 덕 개념 또한 군주가 베푸는 은택에서 인간의 보편적 덕으로 정립했다. 그리고 인간 본성의 보편적 덕에 기초하여 인간의 도덕 행위를 정립한 유가의 윤리이론은 자연주의적 무성론無性論과 형이상학적 실체론의 중도적 지향이며, 그 배경이 되는 정명론으로 귀결시켰다. 이제 사서의 '천명의 윤리론'이 지니는 의의를 제시하면서 글을 맺도록 하겠다.

　모든 물음은 '인간에 의해' 제기되어, 궁극적으로 '인간을 위해' 제시된다는 점에서 "인간이란 무엇인가?" 하는 질문은 가장 중요한 물음으로 간주되어 왔다. 이 물음은 또한 서양 근세 철학자들에 의해 지적되었듯이, 다른 제반 학문의 토대이자 방법과 한계를 결정한다. 특히 "우리는 마땅히 무엇을 행해야 하는가?" 하는 도덕규범을 묻는 윤리학과 "어떤 사회가 정의로운 사회인가?"라고 묻는 질문 등은 '인간의' 행위 규범 및 '인간 사회의' 구성에 관한 것이기 때문에 인간 조건에 대한 이해를 선결적인 문제로 요구한다. 그런데 "인간이란 무엇인가?" 하는 근본 물음은 일반적으로 ① 도대체 무엇을 인간 본성으로 규정할 것이며, ② 그 인간 본성은 선천적으로 주어진 것인가, 아니면 후천적으로 습득되는 것인가 하는 문제와 연관되어 있다. 인간 본성의 생득성에 관한 질문은 곧 당시의 보편적 자연 질서에 대한 물음인 우주론 혹은 형이상학과 불가분의 관계에 있다. 고전적인 학파들은 이러한 우주론과 인성론에 기반을 두고 정당한 인간 행위 및 정체政體에 대한 문제를 탐구했다. 우리는 유가의 인간 본성과 연관하여 다음과 같은 몇 가지 점을 지적할 수 있을 것이다.

일반적으로 '인간'의 행위는 목적지향의 '의도적 행위'라고 말한다. 즉 마음을 지닌 지향적—의식적 존재로서 인간은 목적을 인식하고, 목표에 도달하기 위해 행위한다. 여기서 의도를 자발적 선택으로 간주하면 우리는 '의지자유론'의 편에 서게 되고, 그 반대로 인과적 연쇄관계의 계열로 설정하면 '의지결정론'을 지지하게 된다. 공자는 인간이 천명의 본성을 인식하여, 그 본성의 덕에 의해 자기정립이 가능하다고 말했다. 그리고 『대학』은 수신修身의 선결조건으로 몸의 주인인 '마음을 올바르게 정립하는 것'(正心), 그리고 정심正心은 마음의 주재자인 의지를 성실히 하는 데에서 성립한다고 말할 뿐만 아니라, 그와 동시에 지적 탐구로서 격물치지格物致知를 요구했다. 여기서 의지자유가 전제되지 않는다면, 성의誠意란 불가능하며, 성의가 불가능하다면, 정심과 수신, 그리고 수신의 확장으로서 제가, 치국, 평천하 또한 불가능하다고 할 수 있다. 요컨대 『대학』의 팔조목八條目은 사물에 대한 인간의 인식가능성과 자유의지에 의한 의지의 성실성을 전제하고, 그것을 요체로 한다. 『중용』 또한 천명으로 인간의 본성이 주어졌다고 말하면서, 그 본성에 따르는 것이 인간의 길이라고 명시했다는 점에서, 암묵적으로 의지자유론을 전제했다. 그리고 맹자는 무조건적·자발적으로 드러난 사단이라는 인간 마음이 있다는 사실에 주목하여 우리의 본성 사덕이 있음을 증명했다는 점에서 적극적인 의지자유론을 피력했다고 할 수 있다.

나아가 공자 이래 유가는 인간 본성의 덕을 사물적인 사실의 영역이 아니라, 형이상학적인 천명에서 찾았다. 그렇다면 유가에서는 이제 '만물 중의 단순한 하나의 사물'이 아니라, 형이상자의 논리에서 당위의 논리, 즉 윤리의 본질을 이해하여야 한다. 그래서 공자 이래 유가는 형이상자에 대한 인식(知天命, 上達)을 통한 군자의 자기정립을 가장 중요한 학문의 요체로 삼고 있다. 인간은 사물이 아니기 때문에 사물을 다루는 방식으로 통제, 조작, 지배되는 존재자가 아니다. 스스로 결과 길을 트는 천명에 순응·화동하여 살아가는 인간의 길은 통제나 조작이 아니라, 자유의지에 기반한 인간의 자유의 길이자, 이 자유의 길을 가는 것이 인간의 당위를 형성한다. 천명의 운행에 동참하여 천지와 더불어 우주의 삼재三才가 되는 것이 인간의 당위이며, 인간 자유의 실현이다.

윤리ethics의 그리스 어원은 단순히 해석하면 '익숙해진 장소' '관습' '관행'을 의미하지만, 존재 사유의 지평에서 보면 '존재의 진리 속에 들어가 있음' 또는 '존재의 진리 속에 동거함'을 뜻한다. 본래적, 본원적, 본심적, 본질적, 자성적, 천성적, 자연적으로 거처하는 인간의 본

향이 다름 아닌 '에토스_{ethos}'이다.[1]

따라서 인간의 본향을 인이라 하고(居仁), 그 외현으로 인간의 올바른 길(人之正路)인 의를 인간이 마땅히 가야 할 길(當行之路)로 제시한 유가는 전형적인 윤리학 혹은 윤리학의 전형이라고 할 수 있다. 이 점에서 유가는 존재론과 윤리학을 통합하여, 도덕의 형이상학을 제일철학으로 제시했다고 할 수 있다.

그런데 "천명이 곧 인간본성의 덕이며, 이 인간본성이 인간이 마땅히 구현해야 할 인간의 길이다"다고 주장하는 도덕의 형이상학에는 다음과 같은 난제를 내포하고 있다. 즉 개인은 천명에 따라서 인간의 보편성을 실현하는 데에 최선을 다해야 한다는 '존재론적 절대주의'는 그 근본 전제에 있어 이미 위압적인 전체주의적인 요소를 다분히 내포하고 있다는 것이다. 나아가 인식론적인 차원에서도 엘리트주의적인 요소를 다분히 함의하고 있다. 인간의 본성이 형이상자인 천명에 의해 주어진다면, 이러한 본성을 인식하는 일 또한 완전한 인간, 즉 성인의 관점에 의해서만 가능한 것이 될 것이다. 따라서 '나는 무엇인가', '나의 본성은 무엇인가' 하는 것은 오직 신(神)적인 경지에 도달한 성인만이 대답할 수 있을 성질의 질문이 될 수도 있다. 이렇게 "인간의 본성을 규정하려는 여러 시도가 그처럼 쉽게 성인이나 신성과 같은 관념 속으로 빠져든다는 사실은 인간성 개념 자체가 의심스러운 것임을 시사한다"[2]고 할 것이다.

---

1. 신오현, 「철학적 인식의 수행적 성격」, 『철학의 철학』 문학과지성, 1988, 220쪽.
2. Hnanah Arendt, The Human Condition, Chicago Univ, 1958, 신오현, 『자아의

형이상학적인 인간성이라는 개념은 실증될 수 없는 것이기 때문에, 인간의 자유와 자발성의 원리에 기반하여, 인간들 간에 서로 사랑(仁; 愛人)하고, 일은 마땅함(義宜也)에 준거를 두고 처리하며, 공경과 겸양의 마음으로 서로 대하며(禮; 恭敬, 辭讓), 옳음과 그름을 구별할 줄 아는 지혜의 원리에 근거하여 행위함으로써 (잔인殘忍한 금수禽獸와 구별되는) 지선의 인륜공동체를 구현하려고 했던 유가의 당위규범은 국가 이데올로기로 자리매김하면서 현실적인 관습이나 관례에 의해 대체되었고, 사회적 강제에 의해 그 정당성과 실효성을 획득하게 되는가 하면, 자발적 도덕법칙에 따르는 것이 아니라 처세의 방법으로 전락하게 되는 운명을 이미 그 자체 안에 상당히 배태하고 있었다. 왜냐하면 공자의 언명대로 하늘은 오직 사시를 운행하고 만물을 생장하게 할 뿐 아무런 말을 하지 않으며(無言), 일반 백성이 그 이치를 탐구하는 것은 거의 불가능하며, 따라서 자유의 원리에 의해 자발적으로 실천되어야 할 인간 본성의 덕과 윤리는 현실에서는 강제에 의해 위압으로 행해질 수밖에 없는 역리를 내포하고 있었기 때문이다.[3]

요컨대 인간의 본성을 형이하의 사물로 정립하면 그 즉시 인간 또한 다른 만물과 마찬가지로 또 하나의 사물로 물화되고 만다. 그리고 인간의 본성을 오로지 소리도 냄새도 형적도 없는 형이상학적인 원리로만 정립하면 그 본성은 인식할 수 있는 경지에 도달하기 전에는 계속

철학』, 1986, 152쪽에서 재인용.

3. 『論語』 8:9. 子曰 民 可使由之 不可使知之. 이에 대한 朱子註 참조. 可使之由於 是理之當然 而不能使之知其所以然也.

해서 의심스러운 것으로 남아 있을 수밖에 없다. 공자 이래 유교, 특히 주자학은 인간을 하나의 사물로 정립하는 전자의 입장을 비판하고, 후자의 입장을 견지하는 윤리이념을 강하게 견지하려고 했다. 그러나 근현대 서양의 윤리 이론은 인간의 이념성을 버리고, 주로 전자의 입장에 서는가 하면, 전자의 입장을 약간 변형시켜 상대적인 윤리를 구성하는 약정론적 입장을 내세우고 있다. 그런데 우리가 '인간으로서' 삶을 영위하려고 하는 한 '인간의 이념' 혹은 '이념으로서 인간' 개념을 과연 포기하거나 방기할 수 있을 것인가? 만일 인간이란 개념 자체가 '인간의 이념' 혹은 '이념의 인간'을 포기할 수 없는 것이라고 한다면, 이념으로서 인간을 지향한 유교 윤리는 영구철학적인 의미를 지니며, 따라서 우리는 현대 철학에서 인식 — 존재론이 아니라 존재 — 윤리학을 제일철학으로 다시 부흥시키고자 하는 철학 이념과 맞닿아 있다고 할 것이다.

1부

논어

2장

주자의 『논어집주』와
인仁 개념 주석

주자朱子, 1130~1200의 논어학論語學 연구과정을 추적하여, 그의 『논어집주』가 어떤 배경과 문제의식에서 탄생에서 탄생되었으며, 가장 중요한 주도개념인 '인仁'이 어떻게 주석되어 있는지 살펴보려고 한다.

이를 위해서 먼저 주자가 초년기에 어떤 배경과 과정을 통해 『논어』를 접하게 되었고, 어떤 문제의식을 지니고 그 연구를 진척시켜 나갔는지를 살펴볼 것이다(『논어집해』). 그리고 중년기의 주자는 어떤 사사師事관계를 통해 가르침을 얻고, 자신의 고유한 문제의식을 발전시켜 이학理學 건립에 매진하게 되었는지를 살펴보겠다(『논어요의』 혹은 『어맹정의』). 마지막으로 그의 40여 년간 논어학 연구 결과의 최대 걸작인 『논어집주』의 완성과정과 의의를 살펴보겠다.

그런데 주자는 "『논어』란 책은 단지 인仁에 관해 설했다"[1]고 말했다

---

1. 『주자어류』, 권19, 5조. "論語只説仁."

는 점에 착안하여, 『논어집주』에서 인仁 개념은 어떻게 주석되어 있는 지를 살펴보도록 하겠다. 『논어집주』에 나타난 인 개념을 우리는 진순 陳淳의 해설에 따라, ① 이치(理), ② 마음가짐(心), ③ 사업(事), 그리고 ④ 공부(실천)방법의 맥락에서 분류하고, 여기서 제시된 주자의 주석 을 그 이전의 고주古注와 대비적으로 고찰하면서, 주자 주석의 특징과 의의를 제시하고자 한다.[2]

---

2. 주자의 생애에 대해서는 『朱子大全』의 부록의 「行狀」을 참고하기 바란다. 그리고 다음의 전기를 참조했다. 미유라 쿠니오(김영식 · 이승연 역), 『인간주자』, 창작과 비평사, 1996. 수징난(김태완 역), 『주자평전』, 역사와비평사, 2015. 또한 선행 연 구로 다음을 참조하라. 전병욱, 「朱子 『論語集註』의 수양론적 해석학」, 『동양철학 연구』 59, 2009. 이영호, 「『論語集註』의 成書過程을 통해서 본 주자 경학의 특징」, 『한문학보』 9, 2003. 이영호, 「『論語集註』의 註釋方式과 그 經學史的 繼承樣相」, 『동양학』 35, 2004. 주희(임헌규 역), 『인설』, 책세상, 2003. 주자에 仁 개념에 대 한 선행연구는 많다. 그런데 『論語集註』에 나타난 仁 개념을 陳淳의 기준에 따라 체계적으로 분류하여, 고주와 직접 그 구절을 비교하여 제시한 것은 아직 찾아보 지 못했다.

1. 주자의 논어학 연구

주자는 10대 초에 당시 학계를 주도하던 정문程門의 삼전三傳 제자인 부친위재(韋齋) 주송(朱松), 1097~1143으로부터 『논어』를 배우기 시작하여, 부친이 돌아가자(14세 때) 천거한 무이武夷의 세 선생인 호헌胡憲; 적계(籍溪), 1086~1162, 유면지劉勉之; 백수(白水), 1091~1149, 유자휘劉子翬; 병산(屏山), 1101~1147으로부터도 전수받았다. 그 가운데 호헌이 전수한 『논어회의論語會義』는 이정二程의 해설을 근간으로 하면서 학자 수십 명의 학설을 모으고 거기에 자신의 견해를 덧붙여 한 권의 책으로 만든 것으로, 주자에게 많은 영향을 끼쳤다. 호헌의 영향은 주자로 하여금 『논어』를 중심으로 경학을 건립했던 호상학파湖相學派의 사량좌謝良佐가 저술한 『논어해論語解』에 관심을 갖도록 이끌었는데, 그의 초년 논어학은 여기서 형성된다. 즉 주자가 무이의 세 선생을 사사할 때 저술한 첫 번째의 책인 『논어집해』는 호헌의 『논어회의』를 남본藍本으로 하면서 호상학의 영향으로 기술된 것이라고 하겠다. 그것은 모든 학설을 두루 구비한 전체적인 것이었으며, 도교와 불교의 학설까지 포함한 잡다한 것이었다. 그런데 과거급제(19세) 이후, 주부主簿로서 초기 관료생활을 하던 동안同安 시절부터 주자는 점점 불학과 도학이 아니라, 이학理學이야말로 남송의 쇠퇴한 세상을 구제할 수 있는 정신적 역량이자 윤리적 지주라고 생각하게 된다. 그런데 주자는 남송의 인심이 무너지고 풍기가 타락한 것은 사람들이 공자의 위기爲己의 인학仁學을 알지 못했기 때문이 아니라, 단지 송습만 하고 실천하지 않는 데에 있다는 생각했다. 그래서 그는 『예』의 중시를 통해 『논어』를 보충함으로써 유가가 상실한 실천이성을 보완하여 일종의 실천적 유가의 인학을 건립하려고 했는데, 이른바 이학적 인간학이었다.[1] 이런 가운데 주자는 최초의 깨달음을 얻는다(1156). 바로 이일理一에 대한 것이었다. 그는 공무로 덕화德化에 출장을 갔다가 극두포劇頭鋪사원에 머문 추운 밤 두견의 울음을 들으며 『논어』를 숙독하며 밤새 사색하다가 홀연 「자하지문인소자」장에 대한 정호程顥의 해설에서 깨달음을 얻게 되었다.

내가 예전에 의리를 사색하다가 투철하게 깨닫지 못하면 곧바로 잠들지 못했다. 처음 자하의 「선전후권先傳後倦」장을 보고 사나흘 밤을 날이 밝도록 궁구하였는데, 밤새 두견이 우는 소리가 들렸다.[2]

---

1. 『朱子文集』권74, 「講禮記序說」참조.
2. 『朱子語類』권104. 조5, 某舊年思量義理未透, 直是不能睡. 初看子夏"先傳後倦"一章, 凡三四夜, 窮究到明, 徹夜聞杜鵑聲.

그렇지만 그는 「논어요의목록서論語要義目錄序」에서 자신의 첫 저서를 다음과 같이 평가한다.

고금의 여러 유학자의 설을 두루 구해서 합쳐 책으로 엮었다. 오랫동안 송습하였지만, 의미가 더욱더 희미하고 어두워졌다. 만년에 도를 지닌 분(延平 李侗)을 가까이하여 저의기 들은 바가 있은 연후에야, 천착하여 지엽으로 벗어난 학설들은 진정 취하기에 부족하다는 것을 알게 되었다.[3]

요컨대 주자는 초년의 자신의 『논어』에 관한 첫 번째의 책인 도체道體의 친절처親切處를 아직 견식하지 못했다고 생각했다.[4] 이후 주자(24세)는 스승 연평延平 이통李侗, 1093~1163을 만나고, 10여 년간 가르침을 받으면서 이정二程의 학문을 본격적으로 접하고, 논어학에 대해 토론한다. 이통은 주자에게 "『논어』 한 부는 문하의 제자들에게 인仁을 추구하는 방법을 말했을 뿐이다"고 했다. "이일理一을 통찰하는 것이 인을 행하는 방법이고, 분수分殊를 깨닫는 것이 의義를 통찰하는 방법이다"는 양시의 가르침을 체득함으로써 비로소 체용을 함께 갖추는 데 도달할 수 있다고 여긴 것이다. 이 관점은 주자가 『논어』에 관한 두 번

---

3. 『朱子大全』 권75, 「論語要義目錄序」. 於是徧求古今諸儒之說, 合而編之. 誦習旣久, 益以迷眩. 晚親有道, 竊有所聞, 然後知其穿鑿支離者固無足取.
4. 『朱子大全』 권39, 「答許順之」. 熹論語說方了第十三篇 小小疑悟時有之 但終未見道體親切處.

째 저술을 할 때 전체를 관통하는 지도적 사상이자 가장 기본적인 요의가 되었다.[5]

이렇게 주자는 이일분수(특히 「忠恕一貫」장에 잘 나타나 있다)를 체득하여 새로이 전문적으로 정밀한 뜻(精義)을 밝히는 논어학 저작을 써서 종래 견해를 뛰어넘는 『논어요의論語要義』(1163)를 편집했다. 이 책은 이전 저작에 비해 훈고에서 의리로 전향하였으며, 고원하고 오묘한 데에서 평범하고 쉬운 데로 득입得入함으로써 후의 『논어집주』의 의리적 측면의 기반이 되었다. 『논어요의』와 함께 주자는 이전 저작에서 잘라낸 자구의 훈고를 취합하여 동몽들의 습독의 교재로 『논어훈몽구의論語訓蒙口義』를 편찬하였는데, 이 또한 후의 『논어집주』에 반영되었다. 주자(34세)는 이렇게 이미 훈고와 의리를 포괄하는 종합적인 『논어』 주석을 시도하고 있었다. 『논어요의』는 주자가 선禪에서 벗어나 유가儒家로 돌아오는 길에 주오主悟의 심학心學에서 주정主靜의 이학理學으로 전환했음을 보여준다. 그러나 일에 즉하여 이치를 궁구한다(卽事窮理)는 입장을 표방한 『논어요의』가 주자의 마지막 귀결점은 아니었다.

이통이 죽은 바로 다음 해(1164)에, 주자는 이른바 불학논전佛學論戰을 통해 선禪에서 벗어나 유가로 돌아오는 길에서 두 번째 이학의 비약을 감행한다. 즉 불학논전을 통해 주자는 묵좌증심黙坐澄心의 가르침을 설한 이통의 주정主靜에 문제가 있다고 생각하고, 그 후 6년간 중화설中和說을 탐구한다. 이 과정에서 구인求仁의 방법으로 경敬을 제시했던(持敬主一) 호상학파의 장식張栻, 1133~1180과의 만남(1167)은 주자가 주정主

---

5. 수징난(김태완 역), 『주자평전』 상, 역사와비평사, 2015, 403쪽.

靜에서 주경主敬으로, 중화구설中和舊說에서 중화신설中和新說로 넘어가는 가교 역할을 했다. 그러나 주자는 끝내 호상학의 구인求仁방법인 선찰식先察識—후존양後存養에 만족할 수 없었다. 주자는 호상학의 극복을 위해 이정의 저서를 전부「유서」・「외서」・「문집」・「경설」・「역전」 열람하고, 손수 교정하는 수고를 마다하지 않았다(1167~1169). 이 과정에서 주자는 마침내 "함양은 모름지기 경으로써 하고(涵養須用敬), 진학은 치지에 있다(進學則在致知)"는 정호의 말을 인용하고, 중화신설 정립을 위한 마지막 영감과 돈오를 증득한다(己丑之悟, 1169).

경敬과 지知의 겸수兼修를 특징으로 하는 주자의 이 방법은 지경持敬의 함양과 치지致知의 찰식察識을 통일한 것이며, 도덕의 수양과 인식방법의 통일이라고 할 수 있다. 나아가 주정主靜에 치우쳐 찰식察識 공부가 부족했던 이통 관점의 극복이자 동動에 치우쳐 함양공부가 결여되었던 호상학의 극복이라고 할 수 있다.[6] 주자는 이 관점을 평생 학문의 대지大旨로 확정하여 『유서』의 서문(「遺書序」)에 기술한다. 그리고 「중화구설서中和舊說序」(1172)를 통해 이 논변을 총결하고, 동시에 중화구설로부터 중화신설로의 사상역정을 총결하고, 나아가 자신의 파란만장한 사상의 변이 과정이 종결되었음을 선언한다.

주자가 「인설仁說」을 써서, 인仁에 대한 자신의 관점을 총결하고, 다른 모든 관점을 비정한 것도 바로 이 해였다. 이 과정에서 주자(43세)는 이전의 『논어요의』를 넘어서, 10년 만에 『논어정의論語精義』(1173)를 펴낸다(후에 토론을 거쳐 수정하여, 『맹자집해』와 합하여 『논맹정의論孟

---

6. 수징난(김태완 역), 『주자평전』상, 574쪽.

精義』로 정식 출간된다). 이 책에서 그는 이정자二程子의 설을 수집하여 원문 아래에 붙이고, 그 아래에 이전 9가(장횡거, 범조우, 여대림과 여본중, 사량좌, 유작, 양시, 후중량, 윤돈 등)의 설을 취합·대조하여, 가장 신뢰할 만한 주석을 제시했다.[7] 또한 그는 "한위漢魏의 여러 유학자들은 음독을 바로 잡고 훈고를 통하게 하였으며, 제도를 상고하고 명물名物을 변별하였으니, 그 공이 크다"고 평가한다. 주자는 이 저작을 통해 이정二程이 공맹의 도통을 계승했음을 천명하고, 자신의 경학은 그 맥락에서 나왔다고 말했다.[8] 그래서 그는 후에 『논어집주』와 『맹자집주』를 완성하였지만 『논맹정의』를 폐기하지 않고, 계속해서 후에 나온 "『집주』는 이전의 『정의』의 정수이다" 혹은 "모름지기 『정의』를 빌려서 계단을 삼아 찾고 구해야만 장래에 『집주』의 도리가 저절로 드러날 것"[9]이라고 했다.

그러나 당시 이정의 학은 세상에서 유일한 전문專門의 지위를 누리지 못하였고, 주자의 사서학은 아직 전면적으로 건립되지는 못했다. 그것은 극히 미숙하고 정형화되지 않은 과도기적 집해集解의 성격을 지니고 있었다. 『집주』의 체계로 살펴본다면, 아직 여러 학자들의 설들을 잡다하게 수집하는 데에 중점을 둔 것으로 독창적인 설을 만들지 못하고 있었다. 그것은 아직 불완전한 단편성만 드러내면서 탐색의 과정에 있는 것으로 아직 일관성이 결여되어 있었다. 완결되지 못

---

7. 『朱子大全』 권75, 「語孟集義序」 참조.
8. 『朱子文集』 권75, 「語孟集義序」 참조.
9. 『朱子語類』 권19 「語孟綱領」 참조.

한 개방적 경학 체계이며, 특유의 끊임없는 비판 정신으로 가득 차 있었다. 따라서 번다한 것에서 간략한 것으로, 범박한 데에서 요약하는 곳으로 나아가서, 전체를 아우르는 일이관지의 경학으로 나아갈 필요가 있었다. 주자는 고금의 학자들을 종합 · 융해 · 관통하여 이른바 가법家法 · 사법師法도 없이, 전통 경학에 얽매이지 않는 새로운 완성으로 나아갈 결심을 하게 된다.[10] 이 가운데 주자는 여조겸과의 한천寒泉의 회합(1175.2), 육구연 형제와의 아호鵝湖의 회합(1175.5), 그리고 삼구三衢의 회합(1176) 등을 통해 그 학문이 일취월장하는 계기를 마련한다.

1177년 주자는 드디어 『사서집주』의 서문을 처음 확정하여 전반기 학문을 총결하고, 이른바 『집해』에서 『집주』의 시기로 이행함으로써 독자적인 경학 세계로 진입하게 된다. 이전의 『논맹정의』에서 정확하고 순수한 내용을 고르고, 범박한 곳에서 요약하는 곳으로 돌이켜 정수를 취하여, 제가를 융합하되 독자적으로 일이관지함으로써 탄생한 것이 바로 그의 기념비적인 걸작 『논어집주』(와 『맹자집주』)이다. 그는 『집주』를 구성하면서 논변할 때 취하고 버렸던 뜻을 문답으로 구성하여 『혹문』을 편찬한다. 따라서 『집주』와 『혹문』은 상호 보완 · 인증하는 역할을 한다. 『집주』에서 주자는 장구章句를 배제하면서 현묘한 담설을 늘어놓거나, 문구의 뜻을 설명하지 않으면서 자기의 뜻으로 입론하거나, 혹은 지리 · 번쇄하게 해석하는 방법 등을 최대한 지양한다. 그는 장구와 의리를 함께 고려해야 한다는 원칙에 입각하여, 모름지기 먼저 자의字義를 해석하고, 다음으로 문의文義를 해설하고, 나아

---

10. 수징난(김태완 역), 『주자평전』 상, 647~8쪽 참조.

가 경經의 뜻을 근본까지 추론하되 모름지기 경에 나아가 간략하게 글의 뜻과 명물名物을 해석함으로써 학자들로 하여금 스스로 그 취지를 구하도록 인도한다는 입장에서 『집주』를 구성했다.

이 책은 또한 이정 이래 당시 역사적 추세에 따라 발생한 논어학에 대한 역사적 총결이었다. 주자는 이 책에서 한·위·수·당의 주석가들의 설을 극히 제한적으로 인용하고, 이정 이래 이학가들의 설을 대부분 인용하면서 이정의 설을 인용할 때는 정자程子라 하고, 정문程門의 제자들을 인용할 때는 씨氏로, 그리고 그 이외의 학자들을 인용할 때는 성명姓名을 함께 병기함으로써 이정 이후 논어학의 연구 성과를 널리 흡수·융합·관통했다는 것을 분명히 했다. 따라서 이 책은 정주학파程朱學派의 논어학의 총결산이며, 주자 자신의 이학사상의 정점이라고 할 수 있다.

이후 주자는 수차례에 걸쳐 전면적으로 혹은 부분적으로(1182, 1185, 1186, 1188, 1192, 1199년 등) 『집주』의 개정改正을 시도한다. 그러나 『혹문』에 대해서는 "대체로 바꿀 수 없는 논의로 힘을 다해 변설하지만 오히려 다할 수 없는 것이기 때문에 출간하지 않는 것이 낫다"[11]는 장식의 견해를 받아들여 더 이상 수정·보완하지 않았다. 그래서 주자는 "『논어집주』에서는 확정되지 않은 내용을 여러 차례 수정하였기 때문에, 도리어 『논어혹문』과 앞뒤가 서로 대응하지 않는다"[12]라고 말했다. 주자는 1186년의 수정 후 「서문」을 다시 확정하고, 당시 간행한 판본(靜江

---

11. 『南軒先生文集』권24, 「與朱元晦」참조. 786쪽에서 재인용.
12. 『朱子文集』권75, 「答潘瑞叔」書二 참조.

本 및 成都本)을 정본으로 생각했다(2차 학문의 총결). 그러나 끊임없이 정진했던 주자는 1192년에 또다시 일부 수정하고, 남강에서 증보본을 출간한다. 이것이 바로 주자의 생에서 가장 잘 알려진 것으로 경원慶元년간에 당권자에게 의해 금지당한 판본이다. 주자는 만년에 또다시 남강본을 대대적으로 수정하고, 마지막 정본(1199, 建陽本)을 내놓고 몇 달 후 세상을 떠났다.

주자 스스로는 40여 년간 끊임없는 절차탁마로 완성한 『논어집주』에 대해 "한 글자도 보탤 것이 없고(모자라지 않는다) 한 글자도 뺄 것이 없다(많지 않다)" 혹은 "저울에 단다고 하더라도 차이가 없으니, 높지도 낮지도 않다"[13]고 자부했다. 그리고 이 책은 역사상 가장 정밀한(最精) 『논어』 주석서로 공인받고 있다.

---

13. 『朱子語類』 권75, 59조. 語吳仁父曰. 某語孟集注 添一字不得 減一字不得 公子 細看 又曰 不多一箇字 不少一箇字.

2. 주자의 『논어』인 개념 주석

주자는 사람들에게 먼저 『대학』을 읽어 그 규모를 정한 다음 『논어』를 읽어 그 근본을 세우고, 다음으로 『맹자』를 읽어 그 발산한 점을 보고, 그 다음으로 『중용』을 읽어 옛사람의 미묘한 뜻을 추구해야 한다고 당부했다.[1]

주자는 사서주석의 통해 본성회복을 근본 지귀로 하는 이학체계를 건립했다. 주자에 따르면, 사서 가운데 『대학』은 오로지 덕을 말하고, 『논어』는 오로지 인을 말하고(論語只說仁), 『맹자』는 오로지 심心을 말하고, 『중용』은 오로지 이理를 말하는데, 근본으로 돌아가면 모두 천리로 복귀하는 사상체계이다. 즉 『논어』의 주제는 인仁이며, 하나같이 예를 회복하여 인으로 돌아가는 것(復禮歸仁)을 말하면서 모두가 본성의 인

---

1. 『朱子語類』 권14, 3조. 某要人先讀大學, 以定其規模; 次讀論語, 以立其根本; 次讀孟子, 以觀其發越; 次讀中庸, 以求古人之微妙處.

을 조존·함양하는 요령을 제시했다.[2]

주자의 지적대로 『논어』에서 '인'은 전체 약 498장 중 약 59장에 걸쳐 대략 109회 내외로 가장 빈번하게 나타난 주도개념이다. 여기서는 『논어』의 주제인 인에 대해 역사상 가장 영향력이 있는 주석인 『논어집주』에서 어떻게 해석되어 있지를 살펴보고자 한다. 『논어집주』에서 주자가 인을 주석한 방식을 다양하게 분류할 수 있겠지만, 그 맥락상 ① 이치(理), ② 마음가짐(心), ③ 사업(事), 그리고 ④ 공부(실천)방법의 맥락에서 주석한 것으로[3] 대별하여 살펴보도록 하겠다.

이치의 맥락에서 주석

『논어』에서 인(仁)이란 용어가 가장 먼저 제시되는 구절(1:2)을 주석하면서, 주자는 우선 "인이란 우리 마음의 덕이자 사랑의 이치이다(仁者 心之德而愛之理)"라고 정의한다. 마치 습한 것은 물의 덕이고 뜨거운 것은 불의 덕이라고 말하듯이[4] 인간 마음은 선천적으로 인의 덕을 지

---

2. 『朱子語類』권19, 「語孟綱領」참조.

3. 이에 대해서는 다음을 참조. 陳淳(김영민 역), 『北溪字義』「仁義禮智信」, 예문서원, 1993, 134~5쪽. "仁有以理言者, 有以心言者, 有以事言者。…若以用功言…" 이 구분은 물론 절대적인 구분은 아니다. 실제로 주자는 이 네 가지를 서로 혼용하여 『論語』에서 仁 개념이 나오는 구절을 해석하는 경우가 허다하다. 특히 12:1(安淵問仁)의 경우에는 이 네 가지 정의가 모두 나타난다.

4. 『朱子大全』권60, 18조. "濕者 水之德 燥者 火之德."

니며, 그 덕은 사랑의 감정이 발현하는 근거(사랑의 이치)라는 것이다. 주자가 인을 '마음의 덕(本心之全德)'라고 직접 정의하고 있는 구절은 1:2, 1:3, 6:5, 7:6, 7:29, 7:33, 8:7, 12:1, 12:2, 15:8, 18:1 등 10여 회이다. 그리고 인을 '사랑의 이치(愛之理)'라고 정의한 구절은 1:2, 18:1 등 2회이고, 또한 같은 의미로 "사람을 사랑하는 것은 인의 시행이다(愛人 仁之施; 12:22)"고 정의하기도 한다. 따라서 주자는『논어』의 인이란 용어가 출현한 59장 중 대략 13장을 이치의 맥락에서 주석하고 있는 셈이다. 주자의 주석을 이전의 고주古注와 대비하여, 몇 구절 살펴보자.

먼저 1:2(君子務本, 本立而道生。孝弟也者, 其爲仁之本與)의 주석에서 고주는 "군자는 기본(本=基)에 힘쓰니, 기본이 서면 도덕이 생긴다. 부모에게 효도하고 형장兄長에게 공경하는 것은 아마도 인의 기본일 것이리라!"라고 해석했다.[5] 그런데『논어』에서 인仁이란 용어가 처음 나온 이 구절에서 고주의 주석은 ① 인에 대한 구체적인 정의가 결여되어 있고, ② 효제가 인의 기본基本; 초(礎)이라고 한다면 효제와 인간에는 필연적인 연관성이 없게 된다. 그래서 주자는 우선 건축물의 토대(基=土+其; 土臺)가 아니라 유기체인 나무의 뿌리(本=根)에 비유하여, 근본-말단의 한 몸(一元 혹은 無間) 관계로 주석한다.[6] 그런 다음 주자는 "인이란 사

5. 정태현 · 이성민 공역,『역주논어주소』, 전통문화연구회, 2014.
6. 이는 다산 정약용의 해석이다. 그는 다음 같이 말했다. "하안이 말했다. 본本은 기초(基)이다. 이논박하여 말하면, 그릇되었다. 본말은 한 몸이지만 기초는 이와 상관없는 듯하다. 그러므로 朱子가 고쳤다." 정약용(이지형 역주),『論語古今註』 1-5, 사암, 2010.

랑의 이치이자 마음의 덕이다"고 정의하고, 이러한 인은 가장 일차적인 가족관계에서 요구되는 도리인 효제에 근본을 두고 확충·실행된다고 해석했다.

다음으로 7:29(子曰 : "仁遠乎哉? 我欲仁, 斯仁至矣)에 대해 살펴보자. 이에 대해 고주는 "인의 도는 멀지 않으니(仁道不遠) 이 길을 가는 것이 바로 인이다(行之卽是)"라고 주석하면서, "나는 인을 행하려고 하면(我欲行仁), 곧 (외부에 있는) 이 인이 나에게 이른다(卽斯仁至矣)"[7]라고 해석한다. 여기서도 고주는 인이 대한 구체적인 정의 없이, 단순히 인도仁道로 치환시켜 "외적인 인도仁道가 멀지 않으니, 내가 인을 행하려고 하면, 인이 나에게 이른다"라고 해석했다. 이에 대해 주자는 "인이란 마음의 덕이니, 밖에 있는 것이 아니다(非在外). 놓아버리고 구하지 않기 때문에 멀리 있다고 여긴다. 돌이켜 구하면 바로 여기에 있으니, 어찌 멀겠는가?"[8]라고 말하여, 인에 대한 정의에 입각하여 주석한다. 즉 "인이란 우리 마음이 부여받고 태어난 덕이기 때문에 멀리 밖에 있지 않고, 바로 나의 이 마음 안에 있으니, 내가 인을 욕망하면, 이에 곧 인이 이른다"라고 주석했다. 이렇게 고주는 여기서도 인에 대한 구체적인 정의 없이 단순히 인仁을 인도仁道 및 행인行仁으로 해석하였지만, 주자는 이치의 맥락에서 정의하여 "인은 마음에 선천적으로 내재하는 덕이기 때문에, 인이 멀지 않고, 내가 인을 행하고자 하면 인이 이른다"라고 주석한다.

---

7. 정태현·이성민 공역, 『역주논어주소』, 7:29.
8. 『論語集註』 7:29에 대한 朱子註.

8:7(曾子曰 : "士不可以不弘毅, 任重而道遠。仁以爲己任, 不亦重乎？死而後已, 不亦遠乎？")의 주석을 살펴보자. 고주는 여기서도 "증자가 말하길, 선비는 크고(弘=大) 굳세어 과단하지(毅=强而能斷) 않을 수 없으니, (홍의弘毅한 연후에) 무거운 짐을 지고 먼 길을 간다(負重任致遠路). (가장 무거워서 다른 사람들은 거의 들지 못하는) 인의 실행(莫重於行仁)을 자신의 임무로 삼으니 또한 무겁지 않겠는가? (다른 사람은 하루나 한 달에 한 번 인을 이루지만, 선비는) 죽은 이후에야 그치니, 또한 멀지 않겠는가(=가장 멀다)?"[9]라고 주석하여, 인에 대한 직접적인 정의는 하지 않으면서, 인仁을 단지 행인行仁으로 치환했다. 이에 대해 주자는 우선 "인이란 사람 마음의 온전한 덕이다(仁者人心之全德)"고 정의하고, 전덕全德이기 때문에 "인은 몸소 체득하고 힘써 행하려고 하니 무거우며, 조금의 나태함도 용납하지 않으니, 멀다고 할 수 있다"[10]라고 주석했다. 요컨대, 주자는 인이 왜 무겁고 멀다고 말하는 지에 대한 근거를 그 정의에 입각하여 명백하게 제시하면서 주석했다고 하겠다.

12:1(顔淵問仁. 子曰 : "克己復禮爲仁. 一日克己復禮, 天下歸仁焉. 爲仁由己, 而由人乎哉?")에 대해 고주에서는 "극기克己를 약신約身 혹은 책기責己"로 주석하면서, "안연이 인을 묻자 공자께서 말씀하셨다. '자기 몸을 단속하여(克己=約身, 責己) 선왕의 예로 돌아오는 것(復=反)이 인이 된다. (임금이) 하루라도 자기 몸을 검약하여 예로 돌아가면 천하가 (모두) 어진 임금에게 귀의함을 보게 될 것인데 (하물며 종신토록 한다면)! 인(=善)을

---

9. 정태현 · 이성민 공역, 『역주논어주소』, 8:7.
10. 『논어집주』 8:7에 대한 朱子註.

행하는 것은 자신에게 달려 있지(=行善在己) 남에게 달려 있겠는가?"[11]
라고 해석했다. 여기서도 고주는 인仁에 대한 구체적인 정의 없이, 단순히 행선行善으로 치환했다. 그렇지만 주자는 "인이란 본심의 완전한 덕(本心之全德)이다. 극은 이김(勝)이다. 기己는 몸의 사욕(身之私欲)을 말한다. 복復은 돌아옴(反)이다. 예禮란 천리의 절도와 문식(天理之節文)이다. 인을 행한다(爲仁)란 그 마음의 덕을 온전히 하는 방법이다. 대개 마음의 온전한 덕은 천리가 아님이 없지만, 또한 인욕에서 무너지지 않을 수 없다. 인을 행하는 것은 반드시 사욕을 이기고 예로 돌아옴이 있게 되면, 일은 모두 천리가 되고, 본심의 덕은 나에게 다시 온전해진다"[12]라고 주석했다. 즉 여기서도 주자는 우선 인을 본심지전덕이라고 명시적으로 정의하고, 그 정의에 입각하여 그 방법론(본심의 덕을 온전히 하기 위해서는 자기 몸의 사욕을 이기고 예로 돌아와야 한다)을 분명히 설명해 주는 주석을 했다.

15:35(子曰 : "當仁不讓於師")에 대하여, 고주의 공안국은 "인을 행하는 일에 당해서는(當行仁之事) 다시 스승에게도 양보하지 않는다는 것이니(不復讓於師), 인을 행함이 급하다는 말이다(言行仁急)"[13]라고 주석했다. 여기서도 고주는 인이 무엇인지에 대해서는 구체적의 정의 없이, 단순히 인을 행인行仁으로 치환했다. 이에 대해 주자는 "당인當仁이란 인을 자신의 임무로 삼는 것이다(當은 擔當의 當이다). 비록 스승이라도 또한

---

11. 정태현·이성민 공역, 『역주논어주소』, 12:1.

12. 『論語集註』 12:1에 대한 朱子註.

13. 정태현·이성민 공역, 『역주논어주소』, 15:35.

양보함이 없다는 것은 마땅히 용감하게 나아가 반드시 행해야 한다는 말씀이다. 대개 인이란 사람이 본래 지니고 스스로 행하는 것(所自有而自爲之)으로 경쟁하는 것이 아니니, 무슨 사양이 있으리오"[14]라고 해석한다. 즉 고주는 인仁을 행인行人으로 해석하면서 인의 실천의 급박성을 기술했다고 말했지만, 주자는 "인이란 우리 인간이 본래 지니고 태어난 것으로 스스로 행하는 것이기 때문에 타자와의 경쟁의 대상이 아니라는 뜻이다"고 완전히 다르게 주석했다.

12:22(樊遲問仁. 子曰 : "愛人" 問知. 子曰 : "知人")에 대해 고주는 단순히 『논어』의 본문 그대로 단순히 "인을 사람을 사랑하는 것(愛人)으로, 지를 사람을 알아보아 아는 것(知人)으로" 해석했다. 그런데 주자는 "사람을 사랑하는 것(愛人)은 인을 베푸는 것(仁之施)이다. 사람을 아는 것(知人)은 지를 쓰는 것(知之務)이다"라고 주석하면서 "곧은 이를 천거하고, 굽은 이를 버리는 것은 지이고, 굽은 이를 곧게 하는 것은 인이다. 이와 같이 한다면, 두 가지는 서로 어긋나지 않을 뿐만 아니라 도리어 서로 쓰이게 된다. 번지는 공자의 말씀을 오로지 지자의 일로만 여겼고, 또한 굽은 이를 곧게 할 수 있는 이치를 아직 통달하지 못했다"[15]라고 주석했다. 요컨대 주자는 인을 사랑의 이치(愛之理)로 정의하고, 이 정의에 근거하여 애인이란 인의 작용(仁之用)이라고 주석했다. 즉 주자에 따르면, 인이란 사랑의 감정을 가능하게 근거(愛之理)이기 때문에 사람을 사랑하는 것(愛人)이란 사랑의 이치로서의 인을 시행하지는 것(仁之施)

---

14. 『論語集註』15:35에 대한 朱子註.

15. 『論語集註』12:22에 대한 朱子註.

이며, 따라서 인의 작용(仁之用)이다. 주자는 인을 사랑愛이라는 감정과 곧바로 동일시하지 않고, 타인에 대한 사랑愛人을 인의 시행(仁之施)으로 해석했다.

이렇게 주자는 인仁을 우리 마음이 선천적으로 지니고 태어난 고유한 덕德으로 해석하면서, 그것은 본체이기 때문에 작용으로서 사랑이라는 감정을 일으키는 근거라는 것을 명확히 했다.

마음가짐(心)의 맥락에서 주석

주자는 『논어』의 인仁이 나오는 구절을 인자仁者의 마음 상태와 연관하여 주석했다. 진순陳淳은 이를 마음으로 말하면 "인이란 이 마음이 순전히 천리의 공의로움(天理之公)이며, 한 터럭만큼의 인욕의 사사로움(人欲之私)도 절대 끼어들지 않는 것이다"[16]라고 해설했다. 주자는 인자의 마음을 이렇게 규정하면서, 이를 토대로 인仁·불인자不仁者를 판단하는 기준으로 삼고, 『논어』에 인이 나타난 구절에 해석했는데, 그 대략을 살펴보면 다음과 같다.

- 4:2. 불인한 사람은 그 본마음을 잃었다(不仁之人 失其本心).
- 5:5. 인의 도는 지극히 커서, 마음의 본체를 온전히 하여 쉬지 않는

---

16. 陳淳(김영민 역), 『北溪字義』, 「仁義禮智信」 "以心言, 則知此心純是天理之公, 而絕無一毫人慾之私以間之也。"

자가 아니라면 감당할 수 없다(仁道至大 非全體而不息者 不足以當之).

- 5:7. 자로는 인仁에 있어서 그 마음이 대개 하루나 한 달에 한 번 정도 이르는 사람으로, 혹 있기도 하고 혹 없기도 하기 때문에 '있다'·'없다'라고 단정할 수 없다(子路之於仁 蓋日月至焉者 或在或亡 不能必其有無).

- 5:18. 그 모두가 천리에서 나와서 인욕의 사사로움이 없다는 것을 알지 못했기 때문에 공자께서 단지 그 충은 허여하셨지만, 그 인은 허여하지 않으셨다(未知其皆出於天理而無人欲之私也 是以夫子但許其忠 而未許其仁也).

- 6:6. 마음이 인을 어기지 않는 자는 사욕이 없고 인의 덕이 있다(心不違仁者 無私欲而有其德也).

- 14:2. 인하다면 그 마음이 천리가 혼연하다(仁則天理渾然).

- 14:4. 인한 사람은 마음에 사사로이 쌓인 것이 없어, 의를 보면 반드시 행한다(仁者 心無私累 見義必爲).

- 15:18. 인한 사람은 덕을 이룬 사람이다. 이치상 마땅히 죽어야 하는데도 삶을 구하면 그 마음에 불안함이 있는데, 이는 그 마음의 덕을 해치는 것이다(仁人, 則成德之人也. 理當死而求生, 則於其心有不安矣 是害其心之德也).

- 17:6. (자장이 인을 묻자) 이 다섯 가지(恭·寬·信·敏·惠)를 행하면 마음이 보존되고 이치를 얻는다(行是五者, 則心存而理得矣).

주자가 "인이란 그 마음이 천리의 공의로움이자 절대 한 터럭만큼의 인욕의 사사로움도 간여하지 않는 것(心純是天理之公, 而絶無一毫人慾之私以

聞之也)으로 정의한 것은 맹자의 "인은 인심人心이다"[17]는 말을 계승하고, 이를 이학理學의 체계로 변용·해석한 것이라고 할 수 있다. 주자 이전의 고주古註와 주자의 해석을 비교하여 살펴보면 이를 잘 알 수 있다.

4:2(子曰 : "不仁者, 不可以久處約, 不可以長處樂。仁者安仁, 知者利仁.")에 대해 고주의 포함包咸은 "오직 성품이 인한 사람만이 자연히 (인을) 체득하는 까닭에 인에 편안하다."고 해석하였고, 형병 또한 "천성이 인한 사람은 이해에 구애됨이 없어 자연이 인을 체득한다"라고 해석했다.[18] 이에 대해 주자는 "리利는 탐貪과 같으니, 대개 깊이 알고 돈독하게 좋아하여 반드시 인을 얻고자 하는 것이다. 어질지 못한 사람은 그 본마음을 잃어, 오래도록 곤궁하면 반드시 넘치고, 오래도록 즐거우면 반드시 방탕해진다. 오직 어진 사람이라야 그 인을 편안하게 여겨 어디를 가더라도 인하지 않음이 없으며, 외물에 휘둘리지 않는다"[19]라고 주석했다. 요컨대 인자仁者의 안인安仁의 문제를 고주는 성품으로 해석했다면, 주자는 본 마음의 득실여부로 해석했다.

다음으로 5:5(或曰 : "雍也仁而不佞" 子曰 : "焉用佞? 禦人以口給, 屢憎於人. 不知其仁, 焉用佞?")에 대한 주석을 살펴보자. 고주의 형병은 "『좌전』에서 과인불녕寡人不佞(복건은 말했다. 녕佞은 재주이다)이라고 했으니, 녕佞은 말재주가 민첩함을 말하는 것이고, 본래 선악에 대한 말이 아니었

---

17. 『孟子』 만장5상:11. "孟子曰 仁 人心也."
18. 정태현·이성민 공역, 『역주논어주소』, 4:2.
19. 『論語集註』 4:2에 대한 朱子註.

다. 다만 녕佞을 하는 (목적에는) 선악이 있으니, 선녕善佞은 축타의 녕이 그것이고, 악녕惡佞에는 영인을 멀리하라(遠佞人)가 그것이다. 그러나 군자는 말에는 굼뜨고 행동에는 민첩하고자 하니, 가령 말이 많다면 진정을 혹 믿을 수 없기 때문에 말재주를 어디에 쓰겠는가라고 한 것이다"[20]라고 주석했다. 요컨대, 고주는 "말을 잘하는 사람은 자주 남의 미움을 받으니, 그렇다면 옹이 인덕仁德을 가진 사람인지는 모르겠으나, 그 말재주를 다시 어디에 쓰겠느냐는 말이다"라고 해석했다. 이렇게 고주는 옹이 왜 인덕仁德을 가진 사람인지 모르겠다고 말한 것에 대해 어떠한 근거도 제시하고 있지 않다. 이에 대해 주자는 "인의 도(仁道)는 지극히 커서 마음의 본체를 온전히 하여 잠시도 쉼이 없는 자(全體不息者)가 아니라면, 인을 감당하기에 부족하다. 안자와 같은 아성조차도 3개월 후에 인을 떠나지 않을 수 없었다(6:7). 더욱이 중궁이 비록 현명하였지만 안자에 미치지 못하였으니, 성인께서 진실로 가볍게 인하다고 허여하지 않으신 것이다"라고 주석했다. 즉 "지극히 큰 인도仁道는 전체불식자全體不息者자가 아니라면 감당할 수 없기 때문에 중궁이 인한지는 알지 못하겠지만, 말재주를 어디에 쓰겠는가?"[21]라고 말했다는 것이다. 여기서도 주자는 인에 대한 정의에 입각한 근거로『논어』구절을 주석했다. 이 구절에 대한 주자의 인 개념 주석은 다음 해석이 그 뜻을 잘 설명해준다.

20. 정태현 · 이성민 공역, 『역주논어주소』, 5:5.
21. 『論語集註』5:5에 대한 朱子註.

채씨가 말했다. 본체를 온전히 하는 것(全體)이란 천리가 혼연하여 한 터럭만큼의 잡스러움이 없는 것이고, 잠시도 쉼이 없는 것(不息)이란 천리가 유행하여 한순간도 쉼이 없는 것이다. (仁이란) 사랑의 이치이고 마음의 덕이다(愛之理 心之德)이라는 여섯 글자는 인의 뜻을 새긴 것으로 매우 절실하다. 본체를 온전히 하고 잠시도 쉬지 않는다(全體不息)는 네 글자는 인의 도를 다하는 방법(所以盡仁之道)으로 매우 크다. 단지 이 열 글자로 요약되어 있지만, 여러 유학자들이 누천년 동안 했던 천백마디 말도 다할 수 없을 뿐만 아니라, 앞뒤의 성현들이 인仁 자를 논한 넓고도 정심精深한 천 가지 조항과 만 가지 단서가 열 글자 가운데 총회總會 되지 않는 것이 없다.[22]

사업(事)의 맥락에서 주석,

현실에서의 인仁의 실천, 즉 사업의 맥락에서 정의하면, 그것은 이치에 합당하고 사사로운 마음이 전혀 없는 것을 말한다.[23] 주자는 다음과 같이 말했다.

---

22. 김동인 · 지정민 · 여영기 역, 『세주완역논어집주대전』, 한울아카데미, 2009. 5:5 의 細注.

23. 以事言, 則只是當理而無私心之謂. 如夷齊求仁而得仁, 殷有三仁, 及子文之忠, 文子之淸, 皆 "未知, 焉得仁" 等類是也.

내가 스승(이통)께 들으니, 이치에 합당하고 사사로운 마음이 없는 것이 인이다(當理而無私心則仁矣)라고 말씀했다. 지금 이 말로 두 사람(영윤자문과 진문자)의 일을 살펴보면, 비록 그들의 절제 있는 행동의 고상함(制行之高)은 미칠 수 없는 것 같지만, 그 모든 행동이 반드시 이치에 합당하고 진실로 사심이 없었다는 것을 보여주지는 못한다.[24]

주자는 "우리 마음은 신령스러워 앎이 있지 않음이 없고, 모든 사물과 사태는 이치(理)를 지니지 않음이 없다"고 단정하면서, 이른바 격물치지란 끊임없는 이치탐구를 통해 마침내 사사물물의 이치에 활연관통豁然貫通하여 "우리 마음의 전체대용全體大用이 이치에 밝지 않음이 없고 뭇 사물의 표리정조表裏精粗가 이르지 않는 경지에 도달하는 것"을 목표로 한다고 말한 바 있다.[25] 주자의 인식론적인 이 말을 윤리적 언명으로 치환하면, "인자는 어떠한 사사로운 욕심이 없으면서, 모든 일을 처리함에 있어서는 그 이치에 합당하게 행한다"고 말할 수 있다. 주자가 이렇게 사업(事)을 함에 있어 인을 이치에 합당하면서 사사로운 마음이 없다는 의미로 풀이하는데, 고주와 대비하여 살펴보자.

먼저 4:3(子曰 : "惟仁者, 能好人, 能惡人")에 대해 고주의 공안국은 "오직 인한 사람이라야 능히 다른 사람의 좋아하고 미워할 것을 상세히 살

24. 『論語集註』 5:18에 대한 朱子註.
25. 『大學章句』 「格物補忘章」 참조.

펴 알 수 있다(能審人之所好惡)"²⁶라고 해석했다. 이에 대해 주자는 "대개 사사로운 마음(私心)이 없어야 비로소 호오가 이치에 합당할 수 있으니(當於理), 정자가 말한 바, '공정함을 얻었다'는 것이 그것이다"²⁷라고 주석했다. 고주에 비해 주자는 인자는 사사로운 마음이 없어, 그 일처리가 이치에 합당할 수 있다고 분명히 말하여, 주석의 근거를 제시했다.

그리고 4:4(子曰 : "苟志於仁矣, 無惡也")에 대해 고주는 "진실로 인에 뜻을 둘 수 있으면, 그 나머지에서는 끝내 악이 없다는 말이다(言誠能志於仁則其餘終無惡)"라고 주석했다.²⁸ 이에 대해 주자는 "지志는 마음이 가는 곳(心之所之也)이다. 그 마음이 진실로 인에 있으면, (과오나 착오는 없을 수는 없지만, 사사로운 마음이 없기 때문에, 이치에 어긋나게) 필시 악을 행하는 일은 없을 것이다(必無爲惡之事矣)"²⁹라고 말하여, 고주와 분명히 대비되게 해석한다.

6:25(宰我問曰 : "仁者, 雖告之曰 : '井有仁焉.' 其從之也?" 子曰 : "何爲其然也? 君子可逝也, 不可陷也 ; 可欺也, 不可罔也.")에 대해 고주의 공안국은 "서逝는 가다(往)이니, 군자로 하여금 우물로 가서 보게 할 수 있을 뿐, 빠진 사람을 건지기 위해 직접 우물로 뛰어 들어가게 할 수는 없다는 말이다"³⁰라고

---

26. 정태현 · 이성민 공역, 『역주논어주소』, 4:3.

27. 『論語集註』 4:3에 대한 朱子註.

28. 정태현 · 이성민 공역, 『역주논어주소』, 4:4.

29. 『論語集註』 4:4에 대한 朱子註.

30. 정태현 · 이성민 공역, 『역주논어주소』, 6:25.

해석했다. 이에 대해 주자는 "기欺는 이치에 있는 것으로써 속이는 것(誑之以理之所有)이고, 망罔은 이치에 없는 것으로써 현혹하는 것(昧之以理之所無)을 말한다. …인자仁者는 비록 사람을 구하는 데에 절실하여 그 자신을 사사롭게 여기지 않을지라도, 응당 이와 같이 어리석지는 않다"[31]라고 주석했다. 즉 주자는 고주와는 다르게 인자仁者는 그 자신을 사사롭게 여기지 않으면서(不私身), 일을 처리함에 있어서는 이치에 합당하게 행한다는 점을 분명히 했다.

그리고 7:14("伯夷·叔齊, 何人也?" 曰 : "古之賢人也." 曰 : "怨乎?" 曰 : "求仁而得仁, 又何怨?")에 대해서도 주자는 "백이는 아버지의 명을 받들었고, 숙제는 천륜을 중시했으니, 그들이 나라를 양보한 것은 모두 천리의 올바름에 부합했고, 인심의 편안함에 나아가기를 추구하여(皆求所以合乎天理之正, 而卽乎人心之安) 각각 그 뜻을 얻었다"[32]라고 주석하여 백이숙제가 나라를 양보한 일이 천리의 올바름에 부합하고 사람 마음의 편안함에 나아간 것이 인仁을 구하여 인仁을 얻은 근거가 된다고 말했다. 또한 주자는 "관중이 비록 인인仁人은 아니지만 인의 공(仁之功)이 있다"고 주석한 14:16(대개 관중은 비록 인인이라고 할 수는 없지만, 사람들에게 이익과 은택을 미쳤으니 인의 공로가 있다; 蓋管仲雖未得爲仁人, 而其利澤及人, 則有仁之功矣) 역시 일에 합당함과 사사로운 마음이 없음에 입각하여 인仁을 해석한 것이다. 나아가 14:17에서 "관중이 주군을 따라 죽지 않고 오히려 환공을 도운 것은 비인非仁이 아닌가?"라는

---

31. 『論語集註』 6:25에 대한 朱子註.
32. 『論語集註』 7:14에 대한 朱子註.

자공의 질문을 해석하면서 "내가 볼 때, 관중은 공은 있지만 죄는 없기 때문에 성인께서 유독 그의 인의 공로가 있다고 칭찬하셨다(愚謂管仲有功而無罪, 故聖人獨稱其功)[33]고 주석한 것 역시 사업(事)의 맥락에서 인을 주석한 것이다.

공부(실천)방법의 맥락에서 주석

『논어』에는 공자가 제자들이 인에 대해 청문했을 때에 그 근기와 처지에 맞추어 상대적으로 대답하고 있는 구절이 있는데, 이것이 바로 공부(실천)방법의 맥락에서 인仁을 주석한 것이다. 이러한 구절들을 해석하면서 주자는 "인욕을 제거하고, 천리를 회복하여 그 본심의 덕을 회복하는 것이 인이다"는 방식으로 주석했다.[34] 이른바 "천리를 보존하고 인욕을 막는다(存天理遏人欲)"고 하는 이기심성론理氣心性論에 입각하여 인의 공부(실천)방법을 제시했다. 먼저 고주와 특별히 대비되는 주자의 해석 몇 가지를 살펴보자.

먼저 1:3(子曰 : "巧言令色, 鮮矣仁")에 대해 고주는 "교언巧言은 그 언어를 좋게 함이고, 영색令色은 그 안색을 좋게 꾸밈이니, 모두 남으로 하

---

33. 『論語集註』14:16~7에 대한 朱子註.
34. 陳淳(김영민 역), 『北溪字義』「仁義禮智信」, 예문서원, 1993, 134~135쪽의 다음 구절 참조. "若以用功言, 只是去人慾, 復天理, 以全其本心之德而已矣. 如夫子當時答群子問仁, 雖各隨其才質病痛之不同, 而其旨意所歸, 大概不越乎此."

여금 자기를 열복하게 하고자 함이니, 능히 인을 지님이 적다"[35]라고 해석했다. 이에 대해 주자는 "그 말을 좋게 하고 그 안색을 잘하여, 겉을 치장하고 남을 기쁘게 하는 데 힘쓰면, 인욕이 방자해지고 본심의 덕이 없어진다(人欲肆而本心之德亡矣). 성인께서 말씀을 박절하게 하지 않아 단지 드물다고 하였지만, 절대로 없음(絶無)을 알 수 있다"[36]고 주석했다. 여기서 주자는 "인욕이 방사放肆하면 인함이 절대 없다"고 하는 천리의 공의로움과 인욕의 사사로움(天理之公-人欲之私)의 대립관계에서 인의 실천 혹은 공부의 맥락에서 해석했다.

　6:21(樊遲問知… 問仁. 曰："仁者先難而後獲, 可謂仁矣")에 대해 고주의 공안국은 "수고롭고 괴로운 일을 먼저 하고(先勞苦), 공적을 얻는 것을 뒤로 하는 것(後得功), 이것이 仁을 행하는 방법이다"[37]라고 주석했다. 이에 대해 주자는 "그 일의 어려운 바(공의로움)를 먼저 하고, 그 공효로서 얻는 것(사사로움)을 나중으로 하는 것이 인자의 마음이다(仁者之心也). 이는 필시 번지의 과실에 근거하여 일러주신 것이다"[38]라고 주석했다. 여기서도 주자는 공의로움과 사사로움을 대립시켜, 공의로운 것을 먼저 하는 것이 인자의 마음이라고 말하고, 그런 다음 번지를 계도하기 위한 공부의 맥락에서 인에 대해 말한 것으로 해석했다.

　12:2(仲弓問仁. 子曰："出門如見大賓, 使民如承大祭. 己所不欲, 勿施於人. 在邦無

---

35. 정태현·이성민 공역, 『역주논어주소』, 1:3.

36. 『論語集註』1:3에 대한 朱子註.

37. 정태현·이성민 공역, 『역주논어주소』, 6:21.

38. 『論語集註』6:21에 대한 朱子註.

怨, 在家無怨.")에 대해 고주에서는 "이것은 인을 행하는 방법에는 경敬보다 더한 것이 없음을 말했다. … 이것은 인자는 반드시 서恕함을 말한 것이다. 자기가 원하지 않는 일을 남에게 강요하지 않는 것은 다른 사람도 원하지 않기 때문이다"[39]라고 주석했다. 그런데 주자는 "경敬으로 자기를 유지하고, 서恕로써 다른 사람에게 미치면, 사사로운 의지가 용납될 곳이 없어져서 마음의 덕이 온전해진다(敬以持己 恕以及物 則 私意無所容而心德全矣)"라고 주석했다. 즉 고주는 이 구절을 "문을 나서면 큰손님(大賓=공후의 빈)을 맞이하듯 하고, 백성을 부림에는 큰제사(大祭=禘·郊 등)를 받들듯이 하며(仁을 행하는 것은 敬보다 큰 것이 없다), 자기가 하고자 않은 바를 남에게 베풀지 말 것이니(仁이란 반드시 恕를 말한다), (그리하면) 제후가 되어도(在邦=爲諸侯) 원망이 없고, 경대부가 되어도(在家=爲卿大夫) 원망이 없을 것이다"[40]라고 해석했다. 이에 대해 주자는 "문을 나서면 큰 손님을 맞이하듯 하고 백성을 부림은 큰 제사를 받들 듯이 하고(敬으로 자기를 유지하는 것이다), 자기가 하고자 하는 않은 바를 남에게 베풀지 말 것이니(恕로써 남에게 미치는 것이다). (그리하면 사사로운 뜻이 용납될 곳이 없고 마음의 덕이 완전해져) 나라에 있을 때도 원망이 없고, 가정에 있을 때도 원망이 없어질 것이다(효과를 말씀하신 것이다)"라고 해석했다. 여기서도 주자는 "사사로운 의지가 용납될 곳이 없어져서 마음의 덕이 온전해진다(私意無所容而心德全矣)"[41]고 말하여, 사사로운 의지(私

---

39. 정태현·이성민 공역, 『역주논어주소』, 12:2.

40. 정태현·이성민 공역, 『역주논어주소』, 12:2.

41. 『論語集註』 12:2에 대한 朱子註.

意)와 공적인 의로움(公義)의 대립이라는 공부 혹은 실천의 맥락에서 인을 해석했다.

또한 12:3(司馬牛問仁. 子曰 : "仁者, 其言也訒" 曰 : "其言也訒, 斯謂之仁矣乎?" 子曰 : "爲之難, 言之得無訒乎?")에 대해 고주의 공안국은 "인을 행하는 것이 어려우니, 인을 말하는 것 또한 어렵지 않을 수 없다(孔曰 : "行仁難, 言仁亦不得不難)[42]라고 하는 일반적인 관점에서 인을 주석했다. 이에 대해 주자는 "사마우의 사람됨이 이와 같았으니, 만약 그의 병통의 절실한 것으로 일러주지 않고, 인을 행하는 대개로써 범범하게 말해 주었다면 그의 조급함으로 인해 틀림없이 깊이 생각하지 못하여 그 병폐를 제거하지 못하여, 끝내 스스로 덕에 진입할 수 없을 것이다. 그러므로 이처럼 일러 주셨다"[43]라고 주석했다. 즉 고주는 이 구절을 "인을 말하는 것 또한 어렵다"고 주석하여, 인에 대한 일반적인 기술이라고 주석했지만, 주자는 "그 배우는 자의 몸에 절실하여 모두 덕으로 들어가는 요체가 되도록" 인에 대해 그 배우는 대상에 따라 상대적인 맥락에서 기술했다고 주석했다.

다음의 언명들은 대개 주자가 성인 공자가 질문자의 근기에 맞추어, 묻는 자가 인을 단계적으로 절실하게 익힐 수 있도록 상대적으로 인에 대해 말한 구절이라고 간주하면서 주석한 것들이다.

· 6:29. 자기가 바라는 것을 미루어서 타인에게 미루어 나아가는 것이

---

42. 정태현 · 이성민 공역, 『역주논어주소』, 12:3.
43. 『論語集註』12:3에 대한 朱子註.

곧 서恕의 일이고 인을 실천하는 방법이다. 이것에 힘쓰면, 인욕의 사사로움을 이기고 천리의 공의로움을 온전히 할 수 있다(推其所欲以及於人, 則恕之事而仁之術也. 於此勉焉, 則有以勝其人欲之私, 而全其天理之公矣).

- 9:27. (인자는) 이치(의 공의로움)로 (인욕의) 사사로움을 이길 수 있기 때문에 근심이 없다(理足以勝私故不憂).

- 12:1. 날마다 극복해 나가 어렵게 여기지 않게 되면 사욕이 정화되어 없어지고, 천리가 유행하여 인은 이루 다 쓸 수 없다(日日克之, 不以爲難, 則私欲淨盡, 天理流行, 而仁不可勝用矣).

- 15:9. 공자께서는 일찍이 자공에게 자기만 못한 사람을 좋아한다고 평한 적이 있다. 그러므로 이 말씀을 알려주시어서 자공이 조심하고 삼가고 갈고 닦는 것이 있어 인의 덕을 이루게 하고자 하신 것이다(夫子嘗謂子貢悅不若己者, 故以是告之. 欲其有所嚴憚切磋以成其德也).

- 15:32. 학문을 하여 인에 이르면 선이 자신에게 있어 큰 근본이 선 것이다. … 그러므로 공자께서 단계별로 말씀하셔서, 덕이 더욱 완전할수록 더욱 갖추기를 요구하시고, 작은 절차라도 소홀히 할 수 없다는 것을 알게 하셨다(愚謂學至於仁, 則善有諸己而大本立矣. 故夫子歷言之, 使知德愈全則責愈備, 不可以爲小節而忽之也).

- 17:6. 이 다섯 가지를 행하면 마음이 보존되어 이치를 얻는다. 다섯 항목은 대개 자장의 부족한 점이기 때문에 말씀하신 것일 뿐이다(行是五者, 則心存而理得矣. … 五者之目, 蓋因子張所不足而言耳).

- 17:8 공자께서 자로를 깨우쳐 주심에, 다시 앉게 하고 일러주셨다. 한갓 좋아만 하고 배워서 그 이치를 밝히지 않으면 각각 가려짐이 있다(孔子論子路, 使還坐而告之. 然徒好之而不學以明其理, 則各有所蔽).

• 19:6. 네 가지는 모두 배우고·묻고·생각하고·분별하는 일일 뿐이니, 힘써 실천하여 인을 행함에는 미치지 못한다. 그러나 이런 것들에 종사하면 마음이 밖으로 내달리지 않고 보존된 것이 자연히 성숙해지기 때문에 인이 그 가운데 있다고 한 것이다(四者皆學問思辨之事耳. 未及乎力行而爲仁也. 然從事於此, 則心不外馳, 而所存自熟, 故曰仁在其中矣).

3. 맺는 말

공자는 그 이전에 『시경』과 『서경』에서 주도적이지 않았던 인仁 개념을 인간의 보편 덕으로 정립하여 유가를 다른 학파와 구분하게 하는 결정적인 역할을 했다. 그런데 『논어』에서 인 개념은 가장 많이 출현하지만, 그 의미는 명료하게 제시되어 있지 않다. 공자 이후 인 개념은 맹자에 의해 인간 본성의 덕으로 증명되고(유자입정의 비유) 인심人心 혹은 사람의 본성이라는 점에서 '사람의 편안한 집(人之安宅)'으로 묘사되었다. 또한 한대漢代에 인은 자애로움으로 다른 사람을 편안하게 해주는 것(以仁安人:동중서), 생명을 베풀고 사람을 사랑하는 것(施生愛人:『백호통의』), 친애한다는 의미로 두 사람에서 유래(仁 親愛也 由人由二 會意:『설문해자』), 博愛(韓愈) 등으로 해석되었다. 그리고 송대에서는 인을 만물일체(不仁=痲痺:程顥, 楊時), 지각(사량좌) 등으로 제시하기도 했다. 이런 상황에서 주자는 ① 인 개념에 대한 혼란을 비정하고, ② 그 유래(天地生物之心)를 정립하고, ③ 체용·본말이 분리되는 것이 아니라는 관점에서 인 개념을 정의(心之德而愛之理)했다.

앞서 고찰했듯이, 주자는 인이란 ① 이치의 맥락에서 보면 마음의 덕이자 사랑의 이치이며, ② 마음가짐의 맥락에서 보면 순전히 천리의 공의로움이며, 한 터럭만큼의 인욕의 사사로움도 절대 끼어들지 않는 것이고, ③ 사업(事)의 맥락에서 정의하면 이치에 합당하고 사사로운 마음이 전혀 없는 것이며, ④ 공부(실천)의 맥락에서 보면 인욕을 제거하고, 천리를 회복하여 그 본래 마음의 덕을 회복하는 것이다. 주자는 바로 이러한 정의에 입각하여 『논어』에 인이 나오는 구절 전체를 근거를 제시하면서 수미일관하여 해석했다. 비로 이 점에서 진영첩은 주자의 인에 대한 정의는 유가 역사상 인 개념의 정점이라고 말했다.[1]

그러나 주자의 이러한 인 개념은 한국의 경학가 다산 정약용에 의해 통렬한 비판을 받게 된다. 다산은 『논어고금주』에서 총35번에 걸쳐 인의 개념을 재천명하면서, ① 마음에는 본래 덕이 없기 때문에 인은 마음의 덕이 아니며, ② 공자가 인은 애인愛人이라고 했듯이 인이란 다른 사람을 향한 사랑(嚮人之愛也)이지 사랑의 이치 혹은 천리가 아니며, ③

---

1. Wing-tsit Chan, The Evolution of the Confucian Concept Jen" "Neo-Confucianism, Etc. : Essays by Wing-tsit Chan, Oriental Society, 1969. 및 Wing-tsit Chan," Chinese and Western interpretation of Jen(Humanity), Journal of Chinese Philosophy 2, D. Reidel Publishing Company, 1978. 이 두 논문에서 陳榮捷은 유가의 仁 개념이 ① 보편적인 덕(孔子) ② 惻隱之心(孟子, 說文) ③ 博愛(韓愈) ④ 仁 = 理 = 性의 理一分殊論적 전개(孟子 → 張載, 二程, 朱熹) ⑤ 萬物一體(정호) ⑥ 生生 혹은 穀種(二程) ⑦ 心之德이자 愛之理(朱熹)로 전개되었다고 기술하면서 朱熹가 仁 개념의 頂點이었음을 논증했다.

인仁은 두 사람(二人)으로 관계적 상황에서 실현되는 것이며, ④ 따라서 행사 이후에 인의 명칭이 성립되며, ⑤ 효제가 인이며, 단만 인은 총명이고 효제는 전명專名일 뿐이라는 것이다. 이에 대해서는 다음 장에서 상론하고자 한다.

3장

—

다산의 『논어고금주』와
인仁 개념 주석

유가儒家는 그 명칭이 시사하듯, 역사상 그 어느 학파보다도 인간에게 필수적인 것(儒＝人＋需＝須)을 배우고(學) 가르치는 것(教)을 중시한 학파라고 할 수 있다. 유가가 제시한 인간이 갖추어야 할 필수 덕목은 '인仁'이다. 유가의 창시자인 공자의 언행을 기록한『논어』에서 인은 전체 498장 중 59장에서 109회 정도 출현하는 바, 가장 빈번히 주도 개념의 위치를 차지했다. 공자는 이전의 단순히 치자의 공덕을 칭송하는 외적 형식미였던 인을 도덕의 길로 나아가기를 추구하는 군자의 보편 덕으로 정립했다. 그리고 맹자는 공자의 말을 인용하여 "인륜의 도는 오직 인仁·불인不仁일 뿐이다"[1]라고 말하였고, 역사상『논어』에 대한 가장 정밀한(最精) 주석서를 내놓은 주자 또한 "『논어』란 책이 설

---

1. 『孟子』이루4상:2. "孔子曰 道二 仁與不仁而已矣.

파한 것은 단지 인에 불과하다"[2]고 말했다.

역사적으로 공자에 의해 보편 덕으로 정립된 인 개념은 맹자에 의해 측은지심(不忍人之心)으로 증명되고(孺子入井의 比喩), 그 후 한당대漢唐代의 여러 유학자들에 의해 안인安人·은혜恩惠·시생애인施生愛人·박애博愛 등으로 해석되고, 나아가 송대宋代의 유자들에 의해서는 만물여아일체萬物與我一體 등으로 확장되다가, 드디어 성리학의 집대성자인 주자에 의해 천지생물지심天地生物之心의 소여로 '마음의 덕이자 사랑의 이치(心之德而愛之理)'로 정의되었다. 주자는 「인설」이라는 저서를 통해 자신의 인 개념을 정당화하는 동시에 이전 및 당대의 여타 관점을 비정하면서 총결을 시도했다. 나아가 그는 자신이 정립한 인 개념을 『논어』에 나타난 모든 언명에 적용하면서, ① 이치, ② 마음, ③ 사업, ④ 공부방법 등의 맥락으로 나누어 『논어집주』를 주석하여, 인 개념 전개의 역사에서 정점을 차지했다고 평가받았다.[3]

한국 유학의 집대성자 다산 정약용 또한 30세 이래 "인仁이란 한 글자는 (『논어』) 20편의 주재이다"[4]라고 명시적으로 선언하였는데, 그는 인 개념의 중요성에 대해 다음과 같이 말했다.

---

2. 『朱子語類』 권19, 5조. "論語只説仁."

3. Wing-tsit Chan, The Evolution of the Confucian Concept Jen" "Neo-Confucianism, Etc. : Essays by Wing-tsit Chan, Oriental Society, 1969. 및 Wing-tsit Chan," Chinese and Western interpretation of Jen(Humanity), Journal of Chinese Philosophy 2, D. Reidel Publishing Company, 1978 참조.

4. 『與猶堂全書』(I), 권16, 39, 「논어고금주」, 「論語對策」 "仁之一字, 二十篇主宰."

대체로 자질구레한 자구의 훈고는 이와 같이 볼 수도 있고 저와 같이 볼 수 있는바, (의견이) 같으면 참으로 달라도 상심할 것이 없다. 그러나 인의 자의字義에 이르러서는, 이는 성도聖道·성학聖學의 대관계大關係이자 대강령大綱領이며, 마음을 다스리고 본성을 양성하는 근본이고 자신의 행위와 자신을 닦음의 뿌리이니, 한 터럭이라도 착오가 있으면 끝내 천리·만리만큼 멀어진다.[5]

이렇게 인을 중시한 다산은 주자 및 당시 성리학자들의 인 개념 정의에 만족하지 못했다. 그래서 다산은 "인에 대해 밝지 못함이 오래되었다"고 탄식하면서, 다음과 같이 말한다.

질의한다. 인仁이란 마음의 덕이 아니며, 천리가 아니며, … 오늘날 배우는 사람들이 비록 인에 종사하려고 할지라도 혼융하여 형상을 알 수 없는데 어떻게 하겠는가? 인이란 인륜의 지극한 것이다. 어버이에게 효도하고 임금에게 충성하며 대중에게 자애를 베푸는 것을 인이라 한다. 인은 마음의 덕도 아니고 천리도 아니다. 지금의 학자들이 비록 인에 종사하려고 해도 혼융하여 아무런 형상이 없으니 어떻게 하겠는가?[6]

---

5. 정약용·이재의(실시학사경학연구회 편역), 『다산과 문산의 인성논쟁』, 한길사, 1997, 87-88쪽.

6. 『論語古今註』14:6에 대한 다산의 「質疑」 "仁不是心德, 不是天理, 謝氏之說, 不可摸捉. 今之學者, 雖欲從事於仁, 奈渾融無象何哉? 仁者, 人倫之至也, 小人未有實心篤於人倫者. 若是心德之謂, 則初不必議到." 이 책의 번역본으로 다음에 의

이러한 문제 의식 아래 다산은 『논어고금주』에서 인에 대해 35차례 이상 다시 정의하고, 그에 근거하여 『논어』의 인이라는 용어가 나오는 구절을 새롭게 주석했다. 우리의 과제는 이러한 다산의 주석을 주자와 비교하여 살펴봄으로서 그 특징을 드러내는 데에 있다.

거했다. 정약용(이지형 역주), 『역주논어고금주』 1-5, 사암, 2010. 앞으로 이 책을 인용할 때는 『역주논어고금주』로 표기하면서 권과 면수만 기재한다.

1. 다산의 인 개념 정의와 해석

인(仁)은 두 사람(二+人)이다

주자는 경經을 "해석하는 체제는 단순히 장구를 해석하는 것이 아니라" 의리를 함께 강구해야 한다고 전제하면서, "반드시 먼저 자의를 해석하고, 다음으로 문의를 석명하고, 그런 뒤에 근본을 추론·색언해야 한다"고 주장했다. 그러면서 그는 "문의와 명물名物은 단지 간략하게 해석만 하고, 배우는 자에게 스스로 탐구하도록 하여 유익이 있도록" 경을 주석·구성하여야 한다[1]고 생각했다. 다산 역시, 비슷한 맥락에서 경의 해석에서는 의리를 추구해야 한다고 말하면서도, 우선 모름지기 자의에 대한 훈고가 급선무라고 강조했다.

---

1. 『朱子大全』 권31, 「答敬夫孟子說疑義」 "按此解之體 不爲章解句釋 …然必先釋字義 次釋文義 然後推本而索言之 …大抵解經但可略釋文義名物 而使學者自求之 乃爲有益耳."

독서는 오직 의리, 그것만을 강구한다. 만약 의리를 증득한 바가 없다면, 비록 하루에 수 천 권을 독파하더라도 담장을 마주하고 있는 것과 같을 것이다. 그러나 비록 그렇다고 할지라도 자의의 훈고에 밝지 않음이 있다면, 그로 인해 의리도 어두워져 혹 동을 훈고하여 서라고 하여 의리가 괴리·상반될 것이다. 이것이 옛 유자들이 경을 해석할 때 훈고를 급선무로 여긴 까닭이다.[2]

다산은 경전의 자의를 밝혀 내여야 비로소 사정과 괴려 되지 않고 절실할 수 있으며,[3] 나아가 그것을 기반으로 하여 선왕선성의 도학·명교의 취지에 도달할 수 있다[4]고 생각하여 항상 자의의 해석에서 경에 대한 주석을 했다. 요컨대 자의를 명확히 밝혀야 그 글자가 사용된 사정과 맥락에 접근할 수 있으며, 나아가 그것을 기반으로 본래의 뜻을 간취할 수 있다는 것이 다산의 생각이다. 그런데 주자는 『논어』에 나타난 인(仁)에 대해 ① 이치, ② 마음, ③ 사업(事), ④ 공부의 방법 등과 같은 유형으로 구분하여 정의하고 있지만, 그 자의의 형성과정에 대한 설명은 하지 않았다. 그렇지만 다산은 인의 자의에 대해 다음과 같이 말해 주고 있다.

2. 정약용(실사구시학회 역주), 「시경강의서」, 『역주시경강의』, 사암, 2008, 3쪽.
3. 『與猶堂全書』(I) 권10, 「字說」 참조.
4. 『與猶堂全書』(I), 권11, 20, 『五學論2』, "訓詁之學 所以發明經傳之字義 以達乎道教之旨者也."

인仁이란 二+人(두 사람)이다. 고전古篆에 있어서는 인人을 중첩시켜 인仁으로 삼았고, 자子를 중첩시켜 손孫으로 삼았다. 인仁이란 사람과 사람의 지극함이다. 자식이 부모를 효로써 섬기니 자식과 부모는 두 사람이다. 신하가 임금을 충으로 섬기니, 신하와 임금이 두 사람이다. 형과 아우가 두 사람이다. 목민관과 백성이 두 사람이다. 이로 말미암아 보면, 창힐과 복희가 문자를 제작한 처음부터 원래 행사로써 회의한 글자이다.[5]

또한 다산은 인仁이란 두 사람을 의미한다는 자신의 주장에 대해 다음과 같이 그 전거를 제시했다.

무릇 사람(人)과 사람(人)이 그 본분을 다하는 것, 그것을 인仁이라고 한다. 그러므로 선성先聖이 인仁 자를 훈고할 때 모두 인仁이란 인人이라고 했다. 『중용』(20장)에서 "인仁이란 인人이다"고 했으며, 『맹자』(「진심상」)에서도 "인仁이란 인人이다"고 했으며, 『예기』「표기」에서도 "인仁이란 인人이다"고 했다. 인仁이란 인人이기 때문에 인仁이란 사람과 사람의 사이에서 발생한다고 말한다. 그러므로 『중용』에서는 "인仁이란 인人이니, 어버이를 친애하는 것이 가장 크다"고 하였으니, 임금을 사랑하고

---

5. 『與猶堂全書』(I) 권16, 40, 「논어고금주」(『論語對策』), "仁者二人也 其在古篆 疊人爲仁 疊子爲孫 仁也者 人與人之至也 子事父以孝 子與父二人也 臣事君以忠 臣與君二人也 兄與第二人也 牧與民二人也 由是觀之 倉羲製字之初 原以行事會意." 또한 다음을 참조. 17:6에 대한 茶山註. "案 仁者, 二人也,【古篆, 仁者, 人人之疊文也, 如孫字篆文作】人與人之相與也."

백성을 기르는 것이 인仁이 아님이 없지만, 어버이를 친애하는 것이 가장 크다.[6]

이렇게 제자制字원리에 따라 "인仁이란 두 사람을 의미한다"는 다산의 해석은 상당한 전거를 지닌다. 나아가 허신의 『설문해자』에서도 "인仁이란 친애한다는 의미로, 인人과 이二에서 유래한 회의자이다"[7]고 한 것 또한 이와 연관이 있다고 할 수 있다. 그러나 "인은 두 사람이다"는 설명은 인이 지니는 중요한 의미, 즉 "인이란 사람 마음(人心)이다"[8]는 측면을 도외시하는 측면이 있다고 할 수도 있다. 어쨌든 다산이 "인이란 두 사람이다"는 기본적인 자의를 직접 제시하면서 『논어』장구를 해석하고 있는 곳은 1:2, 4:5, 12:1, 12:22, 17:6 등이다. 이구절들에 대한 다산의 해석을 주자의 해석과 비교하여 살펴보면, 그특징이 잘 드러난다.

먼저, 『논어』에서 인 개념이 처음 나오는 1:2(君子務本, 本立而道生. 孝弟也者, 其爲仁之本與!")에 대한 주석을 살펴보자. 여기서 주자는 "인이란 사랑의 이치이자 마음의 덕이다(仁者 愛之理 心之德也). '위인爲仁'은 '행인行仁'이라고 말하는 것과 같다"라고 정의 · 주석했다. 즉 주자는 "군자는 근본에 힘쓰는데, 근본이 정립되면 도가 생겨난다. 효제라는 것은 아

---

6. 정약용 · 이재의(실시학사경학연구회 편역), 「이여홍에게 답함(다산의 3차서신)」, 『다산과 문산의 인성논쟁』, 한길사, 1996, 38~39쪽.

7. 『說文解字』「仁」 "仁 親愛也. 從人從二 會意."

8. 『孟子』6상:11. "仁 人心也." 2상:6. "惻隱之心 仁之端也."

마도 (내면의 사랑의 이치이자 마음의 덕인) 인을 행하는(爲仁) 근본이리라!"[9]라고 해석하고 있는 셈이다. 이에 대해 다산은 "도란 말미암아 가는 길이다(道者 人所由行也). 인이란 두 사람이 서로 관여하는 것이다(仁者 二人相與也)"고 주석했다.

> 어버이를 섬겨 효를 하는 것이 인仁이 되니, 부모와 자식이 두 사람(二人)이다. 형을 섬겨 공경하는 것이 인이 되니, 형과 동생이 두 사람이다. … 부부와 붕우에 이르기까지, 무릇 두 사람 사이에서 그 도를 다하는 것이 인이다. 그런데 효제가 그 인의 근본이 된다(孝悌爲之根).[10]

요컨대 다산은 인이란 인간 내면의 마음의 덕이거나 사랑의 이치가 아니라, "무릇 두 사람 사이에서 그 도를 다하는 것이 모두 인이다(凡二人之間, 盡其道者, 皆仁也)"라고 정의했다고 하겠다. 즉 주자는 효제가 내면의 인을 외적으로 실천하는 근본이 된다고 했다면, 다산은 인仁이란 두 사람(人+二)이라고 하는 그 기본 자의에 의해 사람과 사람의 관계에서 그 도리를 다하는 모든 것이 곧 인인데, 효제가 그 근본 출발점이 된다고 말했다.

다음으로 4:5(子曰 : "富與貴, 是人之所欲也, 不以其道得之, 不處也. 貧與賤, 是人之所惡也, 不以其道得之, 不去也. 君子去仁, 惡乎成名？君子無終食之間違仁, 造次必於是, 顚沛必於是.")에 대한 주석을 살펴보자. 이 구절에 대해 다산은 이전

---

9. 『論語集註』1:2에 대한 朱子註.
10. 『역주논어고금주』1, 79쪽.

의 해석(고주와 주자)과 다른 관점으로 접근하여, 실천적 행사 중심의 입장을 개진했다. 우선 "貧與賤 是人之所惡也 不以其道得之 不去也"에 대해 고주와 주자는 공히 "빈천은 사람이 싫어하는 것이지만, 정한 도로써 (빈천을) 얻은 것이 아니라고 할지라도 (빈천을) 떠나지 아니한다"[11]라고 해석했다. 이에 대해 다산은 다음과 같이 항변한다.

> 논박하여 말하면, 그릇되었다. 만약 이와 같다면, 군자는 끝내 빈천을 떠날 날이 없다. 한 번 빈천을 얻으면 오직 떠나지 않는 것으로 법도로 삼고, 올바른 도인지 아닌지를 머리를 흔들면서 묻지를 않는다면, 어찌 군자의 때에 알맞은 의리(時中之義)일 수 있겠는가? 오직 올바른 도리로써 버릴 수 없을 경우에만, 떠나지 않을 따름이다.[12]

즉 고주와 주자는 "빈천은 사람들이 싫어하는 것이지만, 비록 부당하게 '빈천'하게 되었다고 할지라도 떠나지 아니한다."라고 해석했다. 이에 비해 다산은 "빈천은 사람들이 싫어하는 것으로, 올바른 도리를 부귀를 얻어 빈천을 벗어날 수 있으면 마땅히 그래야 한다"라고 해석했다. 여기서 우리는 시중지의時中之義를 중시하는 실학자로서 다산의 부귀에 대한 적극적이며 합당한 태도를 볼 수 있다. 그런데 여기서 문제의 인에 대해 주자는 다음과 같이 주석했다.

---

11. 『論語集註』 및 『論語注疏』 4:5 참조. 『論語注疏』에 대해서는 다음 번역본 참조. 정태현·이성민 공역, 『역주논어주소』, 전통문화연구회, 2014.
12. 『역주논어고금주』 1, 425쪽.

군자가 군자인 까닭은 그 인仁 때문이다. 만약 부귀를 탐하고 빈천을 싫어한다면, 이는 스스로 그 인에서 떠나서 군자의 실상이 없는 것이니, 어디에서 그 이름을 이루겠는가? 라는 말이다. 군자가 인을 행함은 부귀빈천을 취하거나 버림이 분명한 뒤에 존양의 공(存養之功)이 엄밀해지고, 존양의 공이 엄밀해지면 취하거나 버리는 구분이 더욱 분명해진다.[13]

이에 대해 다산은 다음과 같이 주석한다.

인이란 사람과 사람의 관계에서 그 도를 다하는 것이다(仁者 人與人之盡其道也). 자식이 어버이를 섬긴 연후에 효의 명칭이 있고, 젊은이가 어른을 섬긴 연유에 공경의 명칭이 있고, 신하가 임금을 섬긴 연후에 충의 명칭이 있고, 목민관이 백성을 양육한 연후에 자애로움의 명칭이 있으니, 인을 떠나서 무엇으로써 명성을 이루겠는가?[14]

주자는 인을 내적인 덕으로 간주하여 그 보존·함양에 군자의 명칭이 성립된다고 해석했다면, 다산은 인을 사람 간의 도리를 다하는 것으로 간주하여, 그 실천에 의해 군자라는 명칭이 성립된다고 말했다.

다음으로 17:6(子張問仁於孔子. 張問仁於孔子. 孔子曰 : "能行五者於天下, 爲仁矣.")의 구절에 대한 주석을 살펴보자. 여기서 주자는 "이 다섯 가지를 행하면 마음이 보존되어 이치를 얻는다. …다섯 항목은 대개 자장의

13.『論語集註』4:5에 대한 朱子註.
14.『역주논어고금주』1, 423쪽.

부족한 점이기 때문에 말씀하신 것일 뿐이다"라고 말했다. 즉 주자는 인을 마음(심성론)과 이치, 그리고 공부의 측면에서 해석했다. 이에 대해 다산은 다음과 같이 질의하고 있다.

「질의」 주자가 말했다. 민첩하지 못하면 곧 게으르고 소홀함이 있는 것이니, 마음이 보존되지 않아 중간에 끊어짐이 많으니, 곧 불인不仁이다. (면재황씨가 말했다. 마음이 이 다섯 가지를 위주로 삼으면, 편벽된 것이 섞이지 않아 마음의 덕이 항상 보존된다.) ○살핀다. 인仁이란 두 사람 사이의 관계이니, 사람과 사람이 서로 함께 하는 것이다. 자장이 인에 대해 묻자 공자가 사람과 사람이 서로 함께 하는 방법으로 대답하였으니, 이런 방법이 안으로는 제가와 치국을 할 수 있고, 밖으로는 천하를 평화롭게 하면서 만방을 화합할 수 있다. 그런데 선유들은 다만 심학心學으로만 풀이하였으니, 아마도 본 뜻은 그렇지 않은 듯하다. (오강제吳康齋가 말했다. 공자가 인을 논한 것은 결코 공적空寂과 같지 않은데, 그러나 마음이 보전되는 것을 논함으로써 선禪의 경지에 들어갔다.)[15]

나아가 다산은 주자가 이 구절의 인에 대한 공자의 언명이 자장의 단점에 대해 공부의 측면에서 말한 것이라는 것에 대해 반론하여, "자장이 다섯 가지에 대해 반드시 모두 부족하지는 않았다. 안연이 인을 물었을 때, 공자가 극기복례로 대답한 것이 어찌 반드시 안연이 극기에 부족해서였겠는가?"라고 반론했다.

---

15. 『역주논어고금주』5, 143∼4쪽.

이상 다산이 인仁의 기본 자의가 두 사람(二+人)이라는 것에 착안하여 주자의 주석을 비판하고 있는 것을 살펴보았다. 주자는 인을 마음의 덕이자 사랑의 이치(1:2)로 정의하면서, 군자가 마음에 보존·함양하는 것(4:5), 혹은 본심의 보존과 함양을 통해 얻어지는 이치(17:6) 등과 같이 주로 내면의 덕과 이치(심성론)로 해석했다. 이에 대해 다산은 그러한 주자의 인 개념 해석은 공적空寂으로 흐를 수 있다고 경계하면서, 인이란 인간과 인간의 관계에서 성립되는 도리를 온전히 다할 때 실천되는 것임을 강조했다.

인은 다른 사람을 향한 사랑(嚮人之愛)이다

타인과 연관하여 보았을 때, 공자 이전 『시경』과 『서경』의 인仁은 백성들에게 선정을 베푼 치자의 공덕을 칭송하는 외적 형식미에 불과했다. 공자는 이러한 인을 인간의 보편 덕으로 정립하였지만, 주로 소극적·부정적인 방식으로 신중하게 설명했다. 그러나 공자는 "인이란 다른 사람을 사랑하는 것이다'라는 진술을 통해 후대의 인에 대한 다양한 논의의 방향을 제시해 주었다.[16] 맹자는 공자의 언명을 기반으로 (잔인殘忍한 금수와 구별되게) 타인의 불행을 차마 보지 못하는 마음(不忍人之心:惻隱之心)이 무조건적·자발적으로 우리 마음에서 우러나온다는 사실을 통해 인이 인간의 보편 덕임을 증명하고, 이단의 공격으로

---

16. 『論語』12:22. "樊遲問仁. 子曰 愛人."

부터 공자의 학설을 수호하고자 했다. 한당대漢唐代에서 동중서董仲舒
는 인仁이란 진실하게 사랑하는 것(憛怛愛人)이라고 했고, 허신은 친애
혹은 은혜로, 그리고 한유韓愈는 박애로 풀이했다.[17]

　한당대의 이러한 해석은 공자의 언명을 단순히 반복한 것으로 새로
운 학적 정립에 기여한 평가받지는 못한다. 그러나 문치文治에 의해 학
술을 장려했던 송대에 이르러 정호程顥는 『의서醫書』를 인용하여 불인
不仁을 마비痲痺에 비유하면서, 인자는 천지만물과 일체가 되는 경지라
고 말하여 유가의 이상적 인간상을 제시했다. 주자는 당시 인에 대한
분분한 논의가 있음을 목도하고, 마침내 「인설」을 지어 인에 대한 체
계적인 정립을 시도했다. 그에 따르면, 인간은 천지가 만물을 생성하
는 마음(天地生物之心)을 그 본성으로 부여받고 태어났는데, 그것을 총
괄하여 인이라고 하며, 본성(體)으로서 인은 사랑이라는 감정(用)의 발
현근거(愛之理)이다. 결국 주자는 인이란 마음의 덕이자 사랑의 이치라
고 정의했다. 나아가 그는 여타 "지각이 곧 인이다"는 주장은 수단을
목적으로 오해한 것이며, 만물과 일체가 되는 것이 인이라고 하는 것
은 그 공효를 말할 따름이라고 비판하여, 인에 대한 여러 논의의 종결
하려고 시도했다.

　다산은 내면의 덕에 의한 인 개념 정의에 정적화靜寂化 및 선학화禪學
化의 혐의가 있다고 의심하면서, 실천지향적인 입장에서 그 원의의 복
명復命을 시도한다. 그는 인이란 공자의 언명대로 타인에 대한 사랑(愛
人) 즉 향인지애嚮人之愛로 정의하면서, 애지리愛之理(愛=仁之施)로 정의한

---

17. 陳澧(이연승 역), 『한대사상사전』, 그물, 2013, 145쪽.

주자의 『논어』 주석을 비판한다. 다산이 "인仁이란 향인지애嚮人之愛이다"고 직접 말한 곳은 6:6, 6:21, 6:29, 7:29, 12:3, 15:32 등이며, 또한 12:22(樊遲問仁. 子曰 : "愛人.")에서는 인의 기본 자의와 연관하면서 주자의 해석을 비판적으로 살피고 있다. 몇 구절 특징적인 곳을 살펴보자.

먼저, 6:6(子曰 : "回也, 其心三月不違仁, 其餘日月至焉而已矣.")에 대한 주석을 살펴보자. 주자는 여기서 "인이란 마음의 덕이다(仁者 心之德). 마음이 인을 어기지 않았다(不違仁)는 것은 사욕이 없으면서 인의 덕을 지녔다는 것이다. 일월지언日月至焉이란 혹 하루에 한 번 (인에) 이르거나(或日一至焉), 혹 한 달에 한 번 인에 이르러(或月一至焉), 인의 구역에 나아갈 수는 있으나 오래가지 못한다"[18]는 뜻으로 해석했다. 이에 대해 다산은 다음과 같이 해석했다.

인이란 다른 사람에 향한 사랑이다(仁者 嚮人之愛). 자식이 어버이를 향하고(子嚮父), 신하가 임금을 향하고(臣嚮君), 목민관이 백성을 향하니(牧嚮民), 무릇 사람과 사람의 서로 향하여 온화하고 부드럽게 서로 사랑하는 것을 일어 인이라고 하니(人與人之相嚮藹然其愛者謂之仁也), 그 마음이 떠나지 않는다면 일을 행하는 것에 나타나는 데에 그치는 것이 아니라, 마음 가운데에서 실제로 그렇게 된다(中心實然). ○보완하여 말한다. 기여其餘는 여러 제자들을 말한다. 일월지日月至란 인에서 떠나지 않기를 혹 한 달간 지속하기도 하고, 혹 며칠을 지속하기도 한다는 것이다.[19]

---

18. 『論語集註』 6:6에 대한 朱子註.
19. 『역주논어고금주』 2, 29쪽.

다시 말하면, 주자는 "안회는 그 마음이 석 달 동안 사욕을 버리고 마음의 덕인 인을 유지했다(無私欲而有其德). 그 나머지 사람들은 하루에 한 번, 혹은 한 달에 한 번 인의 경지에 도달할 뿐이다(인仁의 경지에 도달하지만, 오래 지속하지는 못한다)"로 해석하여, 인의 경지란 고원한 것이기 때문에 일반 사람들이 도달하여 지속적으로 유지하는 것이 쉽지 않은 것으로 묘사했다. 이에 비해 다산은 "안회는 그 마음이 석 달 동안 (다른 사람을 향한 사랑인) 인을 떠나지 않았다(違=離). 그 나머지 여러 제자들은 몇 일간 혹은 한 달간 인을 지속했을 뿐이다"라고 해석하여, 다른 사람을 향한 사랑으로서 인은 단순·평이하게 실천되지만, 다만 오랜 기간 지속적으로 실천하기에는 쉽지 않은 것으로 해석했다.

다음으로 6:21(樊遲 …問仁. 曰 : "仁者先難而後獲, 可謂仁矣.")에 대해 살펴보자. 이 구절에 대해 고주는 "인자는 수고롭고 괴로운 일을 먼저 하고(先難=先勞苦), 공적을 얻는 것을 뒤로하니(後得功), 인을 행하는 방법(所以爲仁)이라고 할 수 있다"라고 주석했다. 그리고 주자 또한 유사하게 "그 일의 어려운 바를 먼저 하고, 그 공효로서 얻는 바를 나중으로 하는 것이 인자의 마음이다. 이는 필시 번지의 과실에 근거하여 일러주신 것이다"[20]라고 말하여, 인을 마음이 도달한 경지와 공부 개념으로 풀이했다. 이에 대해 다산은 다음과 같이 비판한다.

논박하여 말하면, 그릇되었다. 인이란 다른 사람을 향한 사랑이다(仁者 嚮人之愛也). 노고를 들이고 공적을 얻는 것은 모두 자기에게 귀속하니,

---

20. 『論語注疏』 6:21의 注疏 및 『論語集註』 6:21의 朱子註.

첫닭이 울면 일어나 부지런히 이익을 도모하는 자를 어떻게 인하다고 말할 수 있는가? 경작하는 농부는 김매는 데에 진력하고, 구매하는 사람은 풍도風濤를 무릅쓰고도 모험하는 것 또한 어려운 것을 먼저 하고, 얻는 것을 뒤로 하지 않음이 없는데, 이 모든 것을 인자라 하겠는가? 서恕를 행한 이후에 인을 이루니(恕而後成仁), 이것이 공자께서 항상 하신 말씀이다.[21]

번지의 질문으로 촉발된 공자의 인에 대한 언명을 주자는 인자의 마음(仁者之心)과 그 공부의 측면에서 해석했다. 그런데 다산은 인이란 다른 사람을 향한 사랑(嚮人之愛)으로서 "내가 하고자 하지 않는 바를 남에게 베풀지 않는 것" 혹은 "내가 정립(통달)하고자 하면 남을 정립(통달)시키는" 서恕를 통해 실천되는 것이라고 간명하게 해석했다. 다산의 이러한 주석은 6:29(子貢曰:"如有博施於民而能濟衆, 何如? 可謂仁乎?"子曰："何事於仁? 必也聖乎! 堯·舜其猶病諸. 夫仁者, 己欲立而立人, 己欲達而達人. 能近取譬, 可謂仁之方也已.")에 대해서도 동일하게 나타난다. 먼저 이 구절에 대한 주자의 주석을 살펴보면, 이치(理)의 관점에서 해설했다.

인이란 이치로써 말했으니(仁以理言) 위·아래에 공통한다. …자기로써 남에게 미루어 나아가는 것(以己及人)이 인자의 마음이다. 이 구절에서 보다면, 천리가 두루 흘러 (너와 나의) 간극이 없음을 알 수 있다. 인의 본체를 형상한 것으로는 이보다 더 절실한 것은 없다. 인욕의 사사로움

---

21. 『역주논어고금주』 2, 85쪽.

을 이기고, 천리의 공의로움을 온전히 할 수 있다.[22]

이에 대해 다산은 "인이란 다른 사람을 향한 사랑이다. 자기가 하고
자 하는 것을 먼저 남에게 베푸는 것은 서恕이다. 능근취비能近取譬는
혈구絜矩이다. 아랫사람에게서 비유를 취하여 윗사람을 섬기며, 왼쪽
사람에게 비유를 취하여 오른쪽 사람과 교제하는 것이다."[23]라고 주석
했다. 즉 주자는 이치의 관점에서 인을 해석하면서, 인자의 마음이란
너와 나의 간극이 없어 인욕의 사사로움을 극복하고 천리의 공의로움
을 온전히 한다고 설명하여, 인자가 내면에 도달한 마음 상태(境地)로
해석했다. 이에 대해 다산은 인이란 다른 사람을 향한 사랑(嚮人之愛)이
기 때문에, 인자는 혈구지도絜矩之道 혹은 서恕의 방법을 통해 다른 사
람과의 관계에서 사랑의 방법으로 실천되는 것이라고 해석했다.

인을 마음이 도달한 경지(仁者之心)로 해석하는 주자와 다른 사람과
연관(人與人相與)하여 실천되는 것이라는 다산의 해석의 차이는 7:6(子
曰 : "志於道, 據於德, 依於仁, 游於藝.")에서도 그대로 나타난다. 여기서 '의어
인依於仁'에 대해 각각 다음과 같이 해설했다.

- 주자 : '의依'란 어기지 않음을 말한다. 인은 사욕이 완전히 제거되어
  마음의 덕이 온전한 것이다. 공부가 이에 이르러 밥 먹는 사이에도
  인을 어기지 않으면, 존양存養이 무르익어 어디를 가더라도 천리의

22.『論語集註』6:29의 朱子註.
23.『역주논어고금주』2, 135~7쪽.

유행이 아님이 없다.

- 다산 : 인이란 다른 사람을 향한 사랑이다(仁者 嚮人之愛也). 인에 의지한다(依於仁)는 다른 사람을 대접하는 것이다.

그리고 7:29(子曰 : "仁遠乎哉？我欲仁, 斯仁至矣.")에 대한 주석에서도 주자는 "인仁이란 마음의 덕(心之德)이니, 밖에 있는 것이 아니다(非在外). 놓아버리고 구하지 않기 때문에 멀리 있다고 여긴다. 돌이켜 구하면 바로 여기에 있으니, 어찌 멀겠는가?"[24]라고 주석했다. 이에 대해 다산은 "인이란 다른 사람을 향한 사랑이다(仁者 嚮人之愛也). 인륜에 처하여 그 분수를 다하면 인이라고 한다(處人倫盡其分謂之仁). 인을 행함은 자기로부터 말미암기 때문에 멀지 않다고 말한다"고 해석했다. 즉 주자는 "인이란 마음의 내재적인 덕이기 때문에 멀리 있지 않다"고 해석하였지만, 다산은 "인이란 다른 사람을 향한 사랑으로 인륜에 처하여 자기의 본문을 다하는 것이지만, 그 인을 행함은 자기로 말미암기 때문에 멀지 않다"[25]고 해석하여, 인이란 외적으로 실천되는 것임을 분명히 했다.

15:32(子曰 : "知及之, 仁不能守之, 雖得之, 必失之. 知及之, 仁能守之, 不以莊而涖之, 則民不敬. 知及之, 仁能守之, 莊以涖之, 動之不以禮, 未善也.")에 대한 주석에서도 주자는 천리와 인욕의 관점(知足以知此理, 而私欲間之, 則無以有之於身矣.)에서 인을 해석하면서, "학문을 하여 인에 이르면 선이 자신에게 있어

---

24. 『論語集註』7:29의 朱子註.
25. 『역주논어고금주』 2, 243쪽.

큰 근본이 정립된다"[26]고 말하여 내적인 체득의 관점에서 풀이했다. 여기에 대해서도 다산은 "인이란 목민지애牧民之愛"라고 정의하면서, "구족을 친애하고, 백성을 올바르게 다스려, 여민에게 미치면 인으로 그 지위를 지킬 수 있다"[27]라고 해설했다. 이렇게 주자는 주로 인을 인자가 지니는 내재적인 마음의 덕 혹은 사욕의 제거와 천리의 유행 관점에서 해석하지만, 다산은 인을 내재적인 마음이 아니라, 다른 사람과 연관하여 자신의 도리를 다하는 타인을 향한 사랑으로 실천되는 것으로 주석했다.

인이란 인륜의 완성된 덕이고, 효제충신의 총명이다

일찍이 맹자는 "규구規矩가 방원方圓의 지극함이듯이, 성인은 인륜의 지극함이다"고 전제하고, "공자께서는 도는 두 가지이니 인仁과 불인不仁뿐이다"고 말했다고 하면서, "삼대三代는 천하를 인으로 얻었고, 불인으로 잃었다"고 주장했다.[28] 다산 또한 같은 취지로 맹자를 계승하여, 다음과 같이 말했다.

---

26. 『論語集註』15:32의 朱子註.
27. 『역주논어고금주』4, 393쪽.
28. 『孟子』이루4상:2. "孟子曰 規矩, 方員之至也. 聖人, 人倫之至也. …孔子曰 道二 仁與不仁而已矣. … 孟子曰:「三代之得天下也以仁, 其失天下也以不仁.」

일찍이 가만히 생각해 보니, 우리 사람들의 평생의 행사는 인仁이란 한 글자에 지나지 않는다. 왜 그런가? 인이란 인륜의 사랑이다(仁者, 人倫之愛也). 천하의 일이란 인륜에서 벗어남이 있는가? 부자·형제·군신·붕우에서 천하 만민에 이르기 까지, 모두 윤리에 속한 것이다. 여기에서 잘하는 것은 인이 되고, 여기에서 잘하지 못하면 불인이 된다.[29]

이런 맥락에서 다산은 인이란 인륜의 완성된 덕(人倫之成德也. 3:3, 4:2, 9:1, 13:12), 혹은 인륜의 지극함(人倫之至. 14:6, 15:8, 18.1, 19:6)으로 정의한다. 또한 그는 인이란 "인륜의 지선의 명칭(人倫至善之名. 5:5, 5:18.1, 7:14)" 혹은 "지선지성명至善之成名(5:18.2)"으로도 정의했다. 인을 인륜과 연관시킨 이 정의는 다산철학의 특징을 드러내는 그의 대표적 정의라고 생각된다. 다산의 이 정의는 분명 맹자의 언명(聖人=人倫之至=仁)에 전거를 둔 것으로 근거가 명확히 있는 것이라고 할 수 있다.[30]

---

29. 『역주논어고금주』 3, 313쪽.

30. 人倫이란 말은 『孟子』 2하:2.4(人之大倫), 3상:3(皆所以明人倫也… 人倫明於上), 3상4(教以人倫), 4상:2(聖人 人倫之至), 4하:19(察於人倫), 6하:10(去人倫無君子) 등에서 나왔다. 대표적인 구절은 五倫 개념이 제시된 구절(后稷教民稼穡. 樹蓺五穀, 五穀熟而民人育. 人之有道也, 飽食 煖衣 逸居而無教, 則近於禽獸. 聖人有憂之, 使契爲司徒, 教以人倫: 父子有親, 君臣有義, 夫婦有別, 長幼有序, 朋友有信. 3상:4.8.)"이라고 하겠다. 여기서 주자는 "그러므로 성인이 학관을 설치하여 인륜을 가르쳤는데, 또한 그 본래 지닌 것에 근거하여 인도하였을 뿐이다(故聖人設官而教以人倫, 亦因其固有者而道之耳)"고 말하여, 仁의 고유성 혹은 본래성을 강조했다. 또한 맹자(4하:19.1)에서는 "사람이 금수와 다른 것은 거의 드문데, 서민은 버리지만 군자는 보존한다. 순임금이 뭇 사물에 밝아서 인륜을 살폈으니, 인의에 말미암아 행했고, 인의를 고의로 행하시지는 않았다(孟子曰 人之所以異

먼저, 다산이 인을 인륜의 완성된 덕으로 정의한 곳을 주자의 해석과 대비하여 제시하면 다음과 같다.

3:3. 子曰 : "人而不仁, 如禮何? 人而不仁, 如樂何?"
- 주자 : 정자가 말했다. 인仁이란 천하의 바른 이치(天下之正理)이니, 바른 이치를 잃어버리면 질서가 없고 조화롭지 못하게 된다.
- 다산 : 인이란 인륜의 완성된 덕이다(仁者 人倫之成德). 인이 근본이 되고, 예악은 인으로 말미암아 발생한다. 예의 실상은 인의仁義를 절문하는 것이고, 악의 실제는 인의를 즐기는 것이다.

4:2. 子曰 : "不仁者, 不可以久處約, 不可以長處樂. 仁者安仁, 知者利仁."
- 주자 : 불인한 사람은 그 본심을 잃어, 오래도록 곤궁하면 반드시 넘치고, 오래도록 즐거우면 반드시 방탕해진다. 오직 인인이라야 그 인을 편안하게 여겨 어디를 가더라도 인하지 않음이 없다.
- 다산 : 살펴보건대, 인이란 인륜의 완성된 덕이다(人倫之成德也). 뒤의

於禽於獸者幾希, 庶民去之, 君子存之. 舜明於庶物, 察於人倫, 由仁義行, 非行仁義也"고 했다. 이에 대해 주자는 "사람과 사물이 태어날 때 천지의 理를 받아 性으로 삼았고 … 군자는 마침내 그 받은 바의 올바름을 온전히 할 수 있었으니, … 仁義는 이미 마음속에 뿌리를 두고 행하는 바가 모두 이것에 따라 나오니 仁義를 아름답게 여긴 뒤에 힘써 행한 것이 아니다(人物之生, 同得天地之理以為…君子.. 而卒能有以全其所受之理也. …則仁義已根於心, 而所行皆從此出. 非以仁義為美, 而後勉強行之.)"고 말하여, 같은 입장을 피력했다.

모든 인에 관한 언명은 이에 따른다.

9:1. 子罕言利與命與仁.

• 주자 : 인은 그 도가 크기 때문에 드물게 말씀하셨다.

• 다산 : 인이란 인륜의 완성된 덕(仁者人倫之成德)이다. 인을 자주 말하면(數言仁) 몸소 실천하는 것이 따르지 못하니, 이것이 드물게 말씀하신 까닭이다.

13:12. 子曰 : "如有王者, 必世而後仁."

• 주자 : 인은 교화가 두루 퍼진 것을 말한다.

• 다산 : 인이란 인륜의 완성된 덕(仁者人倫之成德)이다. 부모가 자애롭고 자식이 효도하고, 형은 우애하고 동생은 공경하는 것이 이른바 인이다.

15:34. 子曰 : "民之於仁也, 甚於水火. 水火, 吾見蹈而死者矣, 未見蹈仁而死者也"

• 주자 : 물과 불은 외부의 사물이고, 인은 자기에게 있다. 물과 불이 없으면 사람의 몸을 해치는데 불과하지만, 인하지 않으면 그 마음을 잃는다. 이것이 인이 물과 불보다 심하며, 더욱이 하루라도 없을 수 없는 이유이다.

• 다산 : 백성들이 인을 멀리하는 것이 물과 불보다 심하다. 물과 불은 밟다가 죽는 자가 있을 수 있지만, 인은 밟다가 죽는 자가 없다. 인이란 인륜의 완성된 덕이니(仁者人倫之成德), 마음을 기르는 것이 아니며, 물과 불처럼 몸을 기르는 것과는 그 실상이 같지 않는데 어떻게 이를

인용하여 비유할 수 있겠는가?

　이렇게 주자는 "인이란 천하의 바른 이치(仁者天下之正理)이다", "인자는 본심을 보존한다", "인도仁道는 크다" 혹은 "인이란 교화가 두루 퍼진 것이다" 등으로 정의하면서 『논어』원문을 주석했다. 이에 대해 다산은 인이란 인륜을 완성된 덕(仁者人倫之成德)으로 정의하면서, 부자·형제·군신·붕우에서 천하 만민에 이르기까지 모두 인륜에 속하기 때문에 부모가 자애롭고 자식이 효도하고, 형은 우애하고 동생은 공경하는 것 등과 같은 모든 것들이 인이라고 말한다. 이러한 인륜의 덕은 몸소 실천하는 것이기 때문에 공자께서 드물게 말씀하셨으며, 나아가 인이란 인륜의 완성된 덕이기 때문에 인에 근본을 두고 예악의 문식이 발생한다고 설명한다.

　다음으로 다산이 인을 인륜의 지극함(人倫之至)으로 정의한 곳을 주자와 대비하여 살펴보자.

14:6. 子曰 : "君子而不仁者有矣夫, 未有小人而仁者也."

- 주자 : 사량좌가 말했다. "군자는 인에 뜻을 두지만, 잠깐 사이라도 마음이 (인에) 있지 않으면 불인이 되는 것을 면하지 못한다."

- 다산 : 인이란 마음의 덕(心德)이 아니며, 천리가 아니니, 사량좌의 설명은 무슨 말이지 알 수 없다. 오늘날 배우는 사람들이 비록 인에 종사하려고 할지라도 혼융하여 형상을 알 수 없는데 어떻게 하겠는가? 인이란 인륜의 지극함(仁者人倫之至)이다. 어버이에게 효도하고 임금에게 충성하며 대중에게 자애를 베푸는 것을 인이라 한다.

15:8. 子曰 : "志士仁人, 無求生以害仁, 有殺身以成仁."

• 주자 : 인인仁人은 덕을 이룬 사람이다. 의리상 마땅히 죽어야 하는데 삶을 구하면 그 마음에 불안함이 있다. 이는 마음의 덕(心之德)을 해치는 것이다. 마땅히 죽어야 해서 죽으면 마음이 편안하고 덕이 온전해진다.

• 다산 : 인이란 인륜의 지극함(仁者人倫之至也)이니, 대체大體로써 소체小體를 손상시키지 않기 때문에, 인을 해치는 일이 없고 몸을 죽이는 일이 있다.

18:1. 微子去之, 箕子爲之奴, 比干諫而死. 孔子曰 : "殷有三仁焉."

• 주자 : 세 사람의 행위는 같지 않았지만, 동일하게 지극한 정성과 측달惻怛하는 뜻에서 나왔기 때문에 사랑의 이치(愛之理)에 어긋나지 않았으며, 그 마음의 덕(心之德)을 온전히 함이 있었다.

• 다산 : 인이란 인륜의 지극함(仁者人倫之至)이다. 혹 해악을 멀리하여 혈맥을 보존하기도 하고, 혹 치욕을 참으면서 종경終竟을 보기도 하고, 혹 몸을 죽이면서 과악過惡를 간언하니, 모두 충효의 지극함이니, 의리를 헤아려보면 합치하기 때문에 그들이 인을 이룬 것은 동일하다.

19:6. 子夏曰 : "博學而篤志, 切問而近思, 仁在其中矣."

• 주자 : 네 가지는 모두 배우고 · 묻고 · 생각하고 · 분별하는 일일뿐이니, 힘써 실천하여 인을 행함에는 미치지 못한다. 그러나 이런 것들에 종사하면 마음이 밖으로 내달리지 않고 보존된 것이 자연히 성숙해 지기 때문에, 인이 그 가운데 있다고 한 것이다.

• 다산 : 인이란 인륜의 지극함(仁者人倫之至也)이다. 이 네 가지에 능할 수 있으면 효제충신에 힘쓰지 않을 수 없으니, 인이 그 가운데 있다.

여기서 주자는 인을 마음의 덕이자 사랑의 이치(心之德而愛之理) 혹은 천리 등으로 정의하면서 해당 『논어』 원문을 해설했다. 이에 대해 다산은 인을 주차처럼 고원하게 정의하면, 인의 실천에 착수할 방법조차 알 수 없다고 비판하고, 평이한 인륜적 상황에서 요구되는 덕목을 행하는 것이 곧 인의 실천임을 강조한다. 그래서 그는 인간이 일상에서 행하는 모든 일, 즉 어버이에게 효도하고, 임금에게 충성하며, 대중에게 자애를 베푸는 것, 대체로써 소체를 손상시키지 않는 것, 충효를 지극히 하여 의리에 부합하는 것 등이 모두 인이라고 말한다. 이제 주자가 인을 인륜지선지명(仁者人倫至善之名, 至善之成名)으로 기술하고 있는 곳을 주자의 해석과 비교해서 제시해 보도록 하겠다.

5:5. 或曰 : "雍也仁而不佞." 子曰 : "焉用佞? 禦人以口給, 屢憎於人. 不知其仁, 焉用佞?"

• 주자 : 인도仁道는 지극히 커서 본체를 온전히 하여 잠시도 쉼이 없는 자(全體不息者)가 아니라면 인을 감당하기에 부족하다. 중궁이 비록 현명하였지만 안자에 미치지 못하였으니, 성인께서 진실로 가볍게 인하다고 허여하지 않으신 것이다.

• 다산 : 인이란 인륜의 지선을 명칭한 것이다(仁者人倫至善之名). 인이 어찌 고원한 행실이겠는가? 특히 제자들이 배움을 받을 때에는 무릎 앞에 나타났지만, 지선의 명칭을 가볍게 허여할 필요가 없었기 때문

에 매번 '알지 못하겠다.'고 말한 것이다. 만일 인도仁道란 지극히 커서, 안자가 아니라면 도달할 수 없는 것이라고 말한다면, 아마도 본뜻이 아닌 듯하다.

5:18. (1) 子張問曰：“令尹子文三仕爲令尹, 無喜色. 三已之, 無慍色. 舊令尹之政, 必以告新令尹. 何如?” 子曰：“忠矣.” 曰：“仁矣乎?” 曰：“未知. 焉得仁?”

- 주자 : 영윤자문은 세 번 벼슬하고 세 번 그만두면서 신임 영윤에게 일러준 그 모두 것이 천리에서 나와 인욕의 사사로움(人欲之私)이 없었는지는 알 수 없다. 이런 까닭에 공자께서는 단지 그가 충忠하다는 것만 인정하시고, 그가 인하다는 것은 아직 인정하지 않으셨다.

- 다산 : 인이란 지선의 완성된 명칭(仁者至善之成名)이니, 반드시 임금과 신하 및 부모와 자식 사이에 그 인륜의 사랑을 다하거나 혹은 천하의 백성이 그 덕택을 입은 이후에 바야흐로 인이 된다. 이것이 바로 인이라고 인정하기 어려운 이유이다.

7:14. 冉有曰：“夫子爲衛君乎?” 子貢曰：“諾. 吾將問之.” 入, 曰：“伯夷 · 叔齊, 何人也?” 曰：“古之賢人也.” 曰：“怨乎?” 曰：“求仁而得仁, 又何怨?” 出, 曰：“夫子不爲也.”

- 주자 : 백이는 아버지의 명을 받들었고, 숙제는 천륜을 중시했으니, 그들이 나라를 양보한 것은 모두 천리의 올바름(天理之正)에 부합했고, 인심의 편안함에 나아가기를 추구한 것이다. 이윽고 각각 그 뜻을 이루어, 그 나라를 버리는 것을 헌 신짝 버리는 것과 같이 보았으

니, 무슨 원망이 있겠는가?

- 다산 : 인이란 인륜의 지선이다(仁者人倫之至善也). 백이는 부자간의 그 분수를 다하기를 구하였고, 숙제는 형제간의 그 분수를 다하기를 구하였으니, 이것이 인을 구한 것이다. 마침내 뜻을 이루었으니, 이것이 인을 얻은 것이다. 인이란 천하의 지선이니(天下之至善), 인을 얻는 것이 나라를 얻는 것보다 더 현명한데, 또 무엇을 원망하랴?

여기서 주자는 "인도仁道는 지극히 커서 전체불식全體不息한 자가 아니거나, 혹은 모두 것이 천리에서 나와 인욕의 사사로움이 없는 자가 아니었기 때문에 인을 허여하지 않으셨다" 혹은 "천리의 올바름에 부합했고, 인심의 편안함에 나아가기를 추구한 것이기에 인을 구하여 인을 얻었다"라고 주석했다. 이에 대해 다산은 인이란 "인륜지선人倫至善의 명칭이고, 반드시 사람과 사람 사이에서 인륜의 사랑을 다하여 천하백성이 그 덕택을 입은 이후에 바야흐로 인이 되기 때문에 (청淸・충忠하다고 할 수는 있을지라도) 인하다고 인정하기는 어렵다" 혹은 "부자 및 형제간의 그 분수를 다하기를 구한 것, 마침내 뜻을 이루었으니 인을 구하여 인을 얻은 것이라고 주석했다.

그렇다면 이제 인과 다른 덕목과의 관계를 살펴보자. 일반적으로 『논어』에 나타난 인은 다른 덕목들과 비교해 보았을 때 ① 상대적인 개별 덕목(智・仁・勇 중의 하나),[31] ② 여타 덕목의 바탕(근본), ③ 개별덕

---

31. 『論語』9:29. 子曰, "智者不惑, 仁者不憂, 勇者不懼." 그리고 14:30, 15:32, 17:8 등 참조.

목(忠·淸 등)보다 높은 덕 혹은 그 종합적인 완성 덕(成德, 全德)으로 정의
된다. 그런데 주자는 『인설』에서 전언專言과 분언分言이라는 말로 이 문
제를 해결했다. 즉 그는 (하늘의 덕이 원元·형亨·이利·정貞이라고
하듯이) 마음의 덕은 인·의·예·지라고 하지만, (하늘의 덕에서 원
이 형·리·정을 관통하듯이) 인이 의·예·지를 관통한다고 주장한
다. 따라서 전언하면 (원元이고) 인이지만 분언하면 (형亨·이利·정貞
이고) 의·예·지이다.[32]

그런데 문제는 주자는 마음의 덕으로서 인을 마음의 본체인 성性으
로 보고, 그 작용인 사랑(愛)이라는 정情과 하나이면서 둘이고(一而二),
둘이면서 하나(二而一)인 관계로 규정했다. 그런데 주자의 마음에 대한
체용론적 관점을 비판하는 다산은 인이란 (주자가 말한 것과 같이) 마
음의 덕으로 부여받은 천리가 아니라, 다른 사람간의 교제에서 그 본
분을 다할 때, 즉 행사이후에 붙여진 명칭이라는 점을 강조한다. 즉
그에 따르면, 사랑의 이치(愛人之理)가 아니라 다른 사람을 향한 사랑(嚮
人之愛)이 바로 인이다. 나아가 인이라는 명칭은 다른 사람을 사랑하는
행위에 대해 붙여진 명칭이라는 점에서 '인'과 '인을 행함(行仁)'은 구별
되지 않는다. 따라서 다산은 효제충신 등과 같은 덕목들은 (주자의 해
석처럼) 마음 안에 이미 존재하는 이치인 인仁(體, 性)을 실행하는 작용
이 아니라, 그 덕목 혹은 그 덕목의 실천이 바로 인仁(=行仁)이라고 말
한다. 다만 개별 덕목들은 그 관계에서 성립하는 전칭專稱(효는 오직

---

32 . 『朱子大全』 권67, 「인설」 참조.

어버이를 섬길 때에만, 제는 형을 공경할 때에만 성립하는 덕목)이지만, 인은 효제충신과 같은 개별덕목들의 총명 혹은 성명成名(3:3)일 뿐이다. 여기서도 주자의 해석과 대비하여 살펴보자.

먼저, 1:2(孝弟也者, 其爲仁之本與!)에 대한 주석을 살펴보자. 여기서 주자는 정자의 말을 인용하여, "효제를 일러 인을 행하는 근본(行仁之本)이라고 할 수는 있지만, 인의 근본(仁之本)이라고 말할 수는 없다. 대개 인이란 바로 성性이고 효제란 바로 작용用이다. 성性 중에는 다만 인의예지라고 네 가지만 있을 뿐이니, 어찌 일찍이 효제가 들어올 수 있겠는가?"[33]라고 주석했다. 이에 대해 다산은 다음과 같이 반론한다.

> 효제 또한 인仁이며, 인 또한 효제이다. 다만 인은 총명이고, 효제란 전칭專稱으로 오직 어버이를 섬기고 형을 공경하는 것이 그 실상이 된다. 정자가 '효제는 인을 행하는 근본이라고 하면 타당하지만, 효제는 인의 근본이라고 하는 것은 타당하지 않다'고 말한 것은 유자의 말과 부합하지 않는다. 인仁과 위인爲仁을 엄격하게 분별할 필요는 없다.[34]

그 외에 다산은 4:4(子曰 : "苟志於仁矣, 無惡也.")에 대한 주석에서 "인이란 효제충신을 총괄하는 명칭(仁者孝悌忠信之總名)이니, 진실로 그 뜻이 참되고 바르게 인에 있으면, 이에 악이 없다"[35]라고 주석했다. 그리고

---

33. 『論語集註』 1:2에 대한 朱子註.
34. 『역주논어고금주』 1, 81쪽.
35. 『역주논어고금주』 1, 421쪽.

12:24(曾子曰 : "君子以文會友, 以友輔仁.")에서는 "인은 효·제·충·신을 말한다" 및 14:4(子曰 : "有德者必有言, 有言者不必有德. 仁者必有勇, 勇者不必有仁.")에서는 "충효가 지극한 것을 인이라 한다"라고 주석했다.

2. 주자와 다산의 인 개념 해석의 차이

　주자는 『논어집주』에서 인仁을 ① 이치에 의해 "마음의 덕이자 사랑의 이치(仁者 心之德而愛之理, 1:2, 1:3, 6:5, 7:6, 7:29, 7:33, 8:7, 12:1, 12:2, 12:22, 15:8, 18:1 등)"라고 정의하거나, ② 마음가짐에 의해 "인이란 이 마음이 순전히 천리의 공의로움(天理之公)이며, 한 터럭만큼의 인욕의 사사로움(人欲之私)도 절대 간여하지 않는 상태(4:2, 5:5, 5:7, 5:18, 6:6, 14:2, 14:4, 15:18, 17:6 등)"라고 말하거나, 혹은 ③ 사업(事)의 맥락에서 "이치에 합당하고 사사로운 마음이 전혀 없는 것(4:3, 4:4, 6:25, 7:14, 14:16, 14:17 등)"으로 주석하고, 나아가 ④ 공부(실천)방법에 의해 "인욕人欲을 제거하고 천리天理를 보존함으로 본심本心의 덕을 회복하는 것(1:3, 6:21, 6:29, 9:27, 12:1, 12:2, 12:3, 15:9, 15:32, 17:6, 17:8, 19:6)" 등으로 정의했다. 그런데 다산은 인仁이란 ① 두 사람(二+人)이라는 자의에서 출발하여, ② 내재적인 사랑의 이치가 아니라 다른 사랑을 향한 사랑(嚮人之愛)이라고 말하고, 나아가 ③ 인륜지성덕人倫(至善)之成(至)德 혹은 효제충신총명孝悌忠信總

(成)名이라고 정의했다.

주자가 인仁을 정의하면서 사용한 용어는 (본本)심지덕心之德, 애지리, 거인욕去人欲(지사之私)−존천리存天理(지공之公), 합어리이무사욕合於理而無私欲 등과 같은 것으로 거의 대부분 마음(心)과 이치(理)와 관계되는 것이다. 이에 반해 다산은 이인二人, 향인지애嚮人之愛, 인륜지선지성人倫至善之成(지至)덕德 혹은 효제충신총명孝悌忠信總名(성명成名), 행사이후유인지명行事以後有仁之名, 심지어 사공지소성事功之所成(14:16)이라 말을 사용하여 인을 정의했다.

이학자理學者로서 주자는 주로 심성론의 관점에서 인의 유래 · 본질 · 체득 · 적용 · 공효 등에 대해 천리를 지니고 태어난 본래 상태의 회복(復其初), 즉 사욕을 완전히 제거되어 마음의 덕이 온전해 지는 상태(私欲盡去而心德之全)에 중점을 두고 해설했다. 이에 비해 인간 마음에는 본래 덕이 없다(心本無德)고 주장한 다산은 인仁의 자의(二+人) 및 인간이란 그 자체 인륜적 존재라는 것에 착안하여, 인이란 인륜적 관계에서 요구되는 본분의 도리를 충실히 다하는 데에서 성립된다고 말하여 실천 중심적으로 정향했다.

그런데 여기서 우리는 다음과 같은 문제를 제기할 수 있다. 우리는 왜 인仁해야 하며, 또한 어떤 근거에서 인을 행할 수 있는가? 주자에 따르면, (뜨거움은 불의 덕이고, 습함은 물의 덕이라고 하듯이) 인간 마음은 사랑의 이치로서 인仁의 덕(본성)을 지니고 태어났으며(所以然之故), 인간은 그 본성의 인을 실현해야 할 도덕법칙을 부여받고 있다(所當然之則). 인仁은 인간의 존재 근거 · 의미이기 때문에, 인간이란 모름지기 살아 있는 한 평생토록 인을 실현해야 할 사명을 지닌다.[1] 나아가 주자의 이기론理氣論에 따르면, 기氣의 정상精爽으로서 인간 마음은 온갖 이치를 갖추고 만사에 응할 수 있는 바(具衆理而應萬事), (금수禽獸와 구별되게) 밝고(明↔暗) 통(通↔塞)한 기의 종상種相을 지니고 태어났기 때문에 자신의 본성을 인식하여 실현할 능력을 지닌 자율적·주체적 존재이다.[2] 주자의 입장은 다음과 같은 글에 잘 나타나 있다.

> 그러나 사단四端이 아직 발현되기 전 이른바 혼연한 전체는 소리와 냄새로 말할 수 없으며, 형상으로도 볼 수 없는데, 무엇으로 그것이 찬연하게 이와 같은 조리가 있음을 알 수 있겠는가? 대개 그 이의 증험이란 바로 발현된 곳에 나아가 증험할 수 있다. 무릇 만물에는 반드시 근본이 있는데, 본성의 리는 비록 형상이 없으나, 단서의 발현으로 가장 잘 증험할 수 있다. 그러므로 그 측은(의 마음이 발현된 것)으로 말미암아 반드시 본성에 인이 있음을 알고, 수오로 말미암아 반드시 본성에 의가 있음을 알고, 공경으로 말미암아 반드시 본성에 예가 있음을 알고, 시비로 말미암아 반드시 본성에 지가 있음을 알게 된다. 본성으로 본래 이 리가 안에 없다면 어떻게 밖에 이러한 단서가 있을 수 있겠는가? 밖에 본성의 단서가 있음으로 말미암아 반드시 안에 이러한 리가 있음을

---

1. 『論語集註』 8:7. 朱子註 참조. "인이란 사람 마음의 온전한 덕이니, 반드시 몸소 체득하고 힘써 행하려고 하니 무겁다고 할 수 있다. 한 숨이라도 아직 남아 있으면, 이 뜻은 조금의 나태함도 용납하지 않으니, 멀다고 할 수 있다(仁者, 人心之全德, 而必欲以身體而 力行之, 可謂重矣. 一息尙存, 此志不容少懈, 可謂遠矣)."
2. 『孟子集註』 진심7상:1에 대한 朱子註 참조.

부정할 수 없다는 것을 알 수 있다.[3]

주자에 따르면, 인간 마음의 본성은 천리의 내재화이다(性卽理). 그런데 형이상자인 리로서의 성은 소리·색깔·냄새·형적·영향 등과 같은 형이하자에 적용되는 범주를 넘어서기 때문에 우리의 감관으로 증험할 수 없다. 그러나 나무에 비유하면, (눈에 보이는) 줄기와 가지가 (눈에 보이지 않는) 뿌리에서 나왔듯이, 형이하의 모든 존재는 형이상의 이치에 근본을 두고 있다. 인간의 희노애락의 감정 또한 그 뿌리가 되는 본성에 뿌리를 두고 발현한 것이다. 그런데 발생의 원리라는 측면에서 본다면 본성이 감정의 근본이 되지만, 그 근본이 되는 본성은 형이상의 리이기 때문에 우리의 감관으로는 지각할 수 없다. 따라서 인식의 측면에서는 발현된 감정으로부터 원리상 먼저인 본성으로 추론해 들어갈 수밖에 없다. 요컨대 우리는 발현된 감정 가운데 순수하게 선한 사단이 있음을 증험하고, 추이론지推而論之를 통해 우리의 본성이 사덕(인의예지)이라는 것을 확인할 수밖에 없다는 것이다. 여기서 우리는 주자의 이른바 마음에 대한 체용론적 접근을 볼 수 있다.

그렇다면 인간 마음에는 본래 지니고 태어난 덕이 없으며(心本無德), 오직 선을 좋아하고 악을 미워하는(好善惡惡) 기호嗜好로서의 성性만 있

3.『朱子文集』권58.「答陳器之二書」"然四端之未發也 所謂渾然全體 無聲臭之可言 無形象之可見 何以知其燦然有條若此 蓋是理之可驗 乃依然就他發處驗得 凡物必有本根 性之理 雖無形 而端緒之發 最可驗 故由其惻隱 所以必知其有仁 由其羞惡 所以必知其有義 由其恭敬 所以必知其有禮 由其是非 所以必知其有智 使其本無 是理于內 則何以有是端于外 由其有是端于外 所以必知有是理于內."

다고 말하는[4] 다산에게 우리는 '왜 인仁해야 하며, 그 인을 실현할 근거가 어디에 있는가?'라고 질문해 보자. 다산은 왜 인해야 하는가 하는 점에 대해 그것이 인간 마음의 본성이기 때문이라고 대답하지 않는다. 즉 그는 "인간이란 모름지기 인해야 한다"는 말을 "인간 마음은 인의 덕을 지니고 태어났기 때문에 그 덕성을 실현해야 한다"는 것을 것이 아니라, "인간이란 인륜적 존재이기 때문에 인륜적 관계(父-子, 君-臣, 夫-婦 등)에서 상호 주어진 본분의 도리를 온전히 다해야 한다(盡其分)"라고 해석한다. 즉 본성론자로서 주자는 내면에 주어진 인간 덕성의 실현이 인간 존재의 길이자 목적이라고 말한다면, 철저히 인간이란 인륜적 존재라고 주장하는 다산은 인륜적 관계에서 주어지는 본분의 도리를 온전히 다하는 것이 인간의 존재의미이자 의무라고 말했다고 하겠다. 그렇다면 우리 인간에게 인간仁을 행할 수 있는 근거는 어디에 있는가? 이에 대한 다산의 대답을 들어보자.

인을 가능케 하는 이치는 본심에 있다(可仁之理 在於本心). 『시경』에서 말하기를, '백성들이 떳떳함을 간직하고 이 아름다운 덕을 좋아한다(民之秉彝 好是懿德)'는 것이 그것이다. 인을 행하는 근본도 본심에 있다(行仁之根 在於本心). 맹자가 말한 '측은지심은 인지단이다(惻隱之心 仁之端)'는 것이 그것이다. 그런데 인이란 명칭은 반드시 일을 행한 이후에 이우어진다(若仁之名 必待行事而成焉). …무릇 사람과 사람 간에서 그 본분을 다한

---

4. 『與猶堂全書』II-1, 78, 「大學公議」, "心本無德 惟有直性 能行吾之直心者 斯之謂德 (德之爲字直心)."

연후에, 그것을 명명하여 인이라고 한다(凡人與人之間 盡其本分 然後名之曰 仁). 한갓 허령불매虛靈不昧한 가운데 충막무짐沖漠無朕한 이치를 지칭하여 인이라고 하니, 옛 경전에는 그런 예가 없다.[5]

주자가 인간 내면에 '사랑의 이치'가 마음의 덕성으로 갖추어져 있는데, 그것을 인이라고 한다고 말했다면, 다산은 단지 '인을 행할 수 있는 이치'만이 우리 본마음에 있다(可仁之理 在於本心)고 말한다. 또한 주자는 우리 마음에서 무조건적·자발적으로 발현된 측은지심이 바로 그 본성이 인하다는 것을 알게 해주는 단서라고 했다. 이에 대해 다산은 측은지심은 인을 행하는 근본으로 우리의 본마음에 있다(行仁之根 在於本心)고 할 수 있지만, 그것은 우리 본성이 인의예지라고 하는 사덕을 지니고 있다고 말하는 것이 아니라, 그것을 단시端始·단수端首·단목端本으로 하여 확이충지擴而充之를 통해 외적으로 인의예지를 실현해야 한다고 말했다. 다산은 문산文山에게 보낸 서간에서 이를 다음과 같이 구체적으로 설명했다.

허령한 본체(心)는 그 성性이 선을 좋아하고 악을 부끄러워하니(樂善恥惡), … 맹자는 본체를 논할 때에는 성이 선하다고 하고, 그것이 (외물과) 접촉하여 움직여 발현하는 곳을 논할 때에는 네 가지 마음(四心)을 말했다. 이로 보면, 인의예지의 근본은 사단에 있고, 사단의 근본은 허명靈明·묘응妙應하는 본체에 있으니, 본체의 성은 선을 좋아하고 악을

---

5. 『역주논어고금주』4, 409~411쪽.

부끄러워하는 것일 뿐이다. …마음의 성은 선한데, 측은지심을 확충하면 인이 된다. … 단端은 시始이며, 수首이며, 분本이다.[6]

다산에 따르면, 자주의 권형(自主之權)을 지니는 허령한 본체로서의 우리 마음은 선을 좋아하고 악을 부끄러워하는(樂善恥惡) 성性(=嗜好)을 지니며, 이러한 기호로서의 성은 외물과 접촉할 때 네 가지 마음(四心)을 발현하는데, 이 마음을 시작(始)·머리(首)·뿌리(本)로 하여 확이충지(擴而充之)하면 인의예지가 된다는 것이다. 즉 주자는 외적으로 발현된 사단의 감정을 단서로 추이론지하여 우리 마음이 사덕(인의예지)을 지니고 있음을 확증할 수 있다고 말했다. 반면에 다산은 사단을 시작·머리·뿌리로 하여 확이충지를 통해 마음 밖에서 인의예지가 이루어진다(仁義禮智 成於外)고 말한다. 이렇게 다산은 인에 대한 주자의 입장에서 본말을 전도시켜 실천 중심적으로 관점을 전향하고 있다.

---

6. 『다산과 문산의 인성논쟁』, 62 및 91쪽.

2부

대학

大學

4장

—

주자의 『대학』 주석과
다산의 비평

大學

1. 『대학』과 주자, 그리고 다산 정약용

『대학』은 본래 수당隋唐 시대 과거시험의 필수교재였던 『예기』의 제 42편으로 다른 장에 비해 특별한 주목을 받았던 같지는 않다. 당말 한유韓愈, 768~827와 그 제자 이고李翺가 정통 중국학으로서 유학의 정립을 위하여 요순堯舜에서 공맹孔孟에 이르는 도통道統의 전수를 천명하고, 유가의 수신-제가-치국-평천하의 길을 통해 허무적멸의 도(虛無寂滅之道)로서의 도교와 불교를 배척하는 데에 『대학』을 원용함으로써 새로운 조명을 받기 시작했다.

송대宋代에서 『대학』은 『서경』 「홍범」과 함께 치도의 근본, 혹은 제왕의 포덕의 방법을 서술하는 책으로 존중되고, 마침내 사마광司馬光, 1019~1083에 의해 『예기』에서 분리 독립하여 단행본으로 편집되었다(『大學廣義』). 그런데 『대학』을 『논어』 및 『맹자』와 더불어 유가의 주요한 경전으로 삼으면서 덕으로 들어가는 문(入德之門)으로 정립한 것은 정호程顥, 1032~1085와 정이程頤, 1033~1107 형제였다.

자정자가 말했다. "대학은 공자가 남긴 글로 처음 배우는 사람이 덕으로 들어가는 입문서이다. 오늘날 옛사람들이 학문하였던 차례는 오직 이 편이 존재에 힘입고, 『논어』와 『맹자』는 그 다음임을 볼 수 있으니, 배우는 사람은 반드시 이에 말미암아 배우면 거의 차례에 어긋나지 않을 것이다." [1]

그리고 이정자는 ① 『대학』에 편제상 착간과 오자가 있다고 생각하고 각자가 개정을 시도하였으며,[2] ② 특히 "격물치지格物致知"의 의미를 밝히려고 노력한 것으로 알려져 있다.[3] 이러한 이정자의 업적을 계승-발전시켜 『대학』을 체계화하여 사서(四書)의 하나로 정립한 인물은 남송의 주자朱子, 1130~1200였다. 연보에 따르면, 주자는 이미 34세(1163)에 당시 효종孝宗과의 첫 만남에서 『대학』의 "격물치지"에 관해 논급하였고, 만년에(65세, 1194년) 시강侍講으로 광종光宗에게 마지막으로 진강進講한 것도 『대학』이었다. 주자는 이미 39세(1168)의 『정씨유서程氏遺書』를 편집하면서, "이 책을 읽는 사람은 경을 위주로 하여(主敬) 근본을 세우고, 이치를 궁구함(窮理)으로써 앎을 진척시켜 나가면, 근본이 정립되어 앎이 더욱 밝아지고, 앎이 정밀해짐에 근본이 더욱 견고해질 것이

---

1. 『大學章句』「序說」, 子程子曰 大學 孔氏之遺書 而初學入德之門也 於今可見古人 爲學次第者 獨賴此篇之存 而論孟次之 學者 必由是而學焉 則庶乎其不差矣. 이 글은 『程氏遺書』卷2上 및 卷24에서 인용한 것이다.
2. 『二程全書』「經說」卷5에 각각 정호와 정이의 [改正大學]이 실려 있다. 김진석, [大學明道改本], [大學伊川改本], 『대산대학강의』, 한길사, 2000, 275-285쪽 참조.
3. 『二程全書』「遺書」卷11 참조.

다"[4]라고 말했다.

주자는 39세에 이미 『대학』 해석의 기본 틀을 마련해 놓았으며, 여러 서간으로 미루어 보면 45세(1174) 이전에 현재 형태로 분장分章한 『대학 장구』 원고를 지니고 있으면서, 그 뒤 문답형식으로 선현들의 여러 학설과 대비를 통해 상세히 설명한 『대학혹문大學或問』을 완성한 것으로 보인다. 그러나 주자는 만족하지 않고 끊임없이 수정 및 자문을 구하다가, 60세(1189)에 이르러 비로소 『대학장구』의 「서序」를 쓰게 된다. 그러므로 주자는 『대학장구』의 초고를 마련하고 무려 15년 이상 더 다듬은 다음 간행했다. 이는 『논맹집주論孟集註』가 48세(1177)에 이루어졌던 것과 비교하면 13년 더 걸린 것이다. 그 후에도 주자는 병든 노구를 이끌면서 계속 수정작업을 하다가 『대학장구』 「성의장」에 마지막으로 첨필을 가하고 3일 뒤 운명한 것으로 알려져 있다. 그래서 주자는 말했다.

나는 이 문자를 보아 투철하게 통하여 전현前賢들이 미처 보지 못한 것을 보았다. 사마온공이 『통감通鑑』을 짓고 평생의 정력을 모두 이 책에 모았다고 하였는데, 나 또한 『대학』에 있어 그렇게 했다. 먼저 모름지기 이 『대학』을 읽은 연후에 비로소 다른 책을 읽을 수 있다.[5]

---

4. 『二程全書』「目錄」讀是書者 誠能主敬以立其本 窮理以進其知 使本立而知益明 知精而本益固.

5. 『大學章句』「讀大學法」, 又曰 某一生 只看得這文字透 見得前賢所未到處 溫公 作通鑑 言平生精力盡在此書 某於大學 亦然 先須通此 方可讀他書.

오직 『대학』만이 … 앞뒤가 서로 연결되고 체통을 갖추어져 있으므로 … 『논어』와 『맹자』는 한 가지 일에 한 가지 도리만을 말할 따름이다. … 『대학』은 이 모두를 통합해서 설명했고 … 『대학』은 학문의 강목綱目이 되고 … 『대학』은 학문의 처음과 끝을 통틀어서 말한 것이다.[6]

이렇게 평생을 학문에 진력했던 주자가 『대학장구』에 모든 정력을 쏟은 것은 자신의 평생 과업인 도교와 불교를 극복할 수 있는 정통학 이자 실학實學으로서의 유교정립과 연관된다. 즉 그는 '명명덕明明德-신민新民-지어지선止於至善'하는 대학(인)의 길에서 유학의 진면목을 발견하고, 그 이념으로 이상사회를 구현하려고 했을 것이다.

주자학이 고려시대에 도입되고, 조선의 개국이념이 되면서, 『대학장구』에 대한 많은 논의가 있었다. 회재晦齋 이언적李彦迪, 1491~1553을 필두로 여러 조선의 명유들은 수백 년에 걸쳐 ① 『대학』에 대한 주자적 해석의 정당성, ② 주자가 보완한 "보망장"의 필요성과 "격물치치"에 대한 해석, ③ 착간과 오자誤字의 문제 등에 대해 깊은 논의를 했다. 이러한 논의들 중 독자적인 체계적 저술로 정점의 인물이 바로 다산 정약용1762~1836이라고 하겠다.

다산이 『자찬묘지명』(61세)에서 "육경과 사서로서 수기를 이루고, 일표이서로 천하국가를 다스림으로 본말을 갖추었다"[7]고 말하고 있듯

---

6. 『大學章句』「讀大學法」, 惟大學 … 前後相因 體統都具 …語孟中 只一項事是一箇 道理 ……若大學却只統說 …大學 是爲學綱目 …大學 是通言學之初終.
7. 『與猶堂全書』第二集 第16卷, 詩文集, 「自撰墓誌銘」, 려강출판사, 1992, 633쪽.

이, 그 또한 유학의 정신에 입각하여 경학(232권)을 근본으로 하여 경세를 논했다. 다산의 경학 연구 중 『대학』에 관한 저술로는 『희정당대학강의熙政堂大學講義』(28세), 『대학책大學策』(30세), 『대학공의大學公議』(53세, 3권)가 있고, 『자찬묘지명』(61세) 등 시문집 등에 산재하여 나타난다.[8] 그중 『희정당대학강의』는 다산이 28세(1789, 정조 13년)에 내각의 초계문신抄啓文臣으로 정조 및 초계문신들에게 강의·문답한 기록으로, 강진에서 『대학공의』를 저술하면서 다시 검토하여 당시의 견해를 「금안今案」이라는 형식으로 첨부하여 "대학강의"라 하였기 때문에 『대학강의』라고 한다. 이 책에는 다산의 『대학』에 대한 초년의 관점이 나타난다. 그런데 이 강의록은 『대학장구』 가운데 「서序」와 전7-10장의 내용만 수록되어 있어 전체 내용을 살피기에는 불완전한 측면이 있다. 그리고 『대학책』은 현존하지 않지만, 『대학공의』의 「기사記事」에 다음의 구절이 있다.

　　건융 신해(1791, 정조15년) 내각의 월과月課에서 성상께서 친히 대학을 책문했다. 이에 나는 다음과 같이 대답했다. "신의 얕은 생각으로는 대학의 극치와 실용은 효제자孝弟慈 3가지를 벗어날 수 없다고 여기는 바이다. 그러므로 오늘날 대학의 요지를 밝히려면 반드시 먼저 효제자 세가지를 분명하게 이해한 다음에야 대학 1편의 전체와 대용이 밝혀지리

六經 四書以之修己 一表二書以之天下國家 所以備本末也.

8. 이에 대한 상세한 목록으로는 다음을 참조. 정일균, [다산 정약용의 사서관계저술], 『다산 사서경학 연구』, 일지사, 2000, 177쪽, 주123.

라 믿는다. … 그러므로 효제자의 기풍을 일으키려는 법과 고아의 구휼과 백성이 배반치 않는 덕화는 과연 명덕明德을 밝히는 진면목이 아니겠는가?" 이에 대책문對策問을 거두어가자, 성상은 제1의 장원으로 발탁할 것을 명하였으나, 그 당시 채번옹蔡樊翁이 독권관讀卷官으로서 "명덕에 대한 말은 주자의 장구에 위배된다"하여 제2등으로 강등시켰다. … 이는 지금으로부터 24년 전의 일이다.[9]

이 글을 통해 우리는 다산이 30세에 이미 『대학』에 대하여 주자와 관점을 달리하는 나름의 견해를 지니고 있었음을 알 수 있다. 그리고 『대학공의』 전3권은 『희정당대학강의』 이후 25여 년의 연구를 거치며 학문의 정점에 도달했을 53세(1814, 순조14년)에 완성되었다. '공의公議'라는 명칭으로 알 수 있듯이, 다산은 이 저술을 통해 정주-양명적인 왜곡(?) 이전의 본래 『대학』에 대해 공정·공평하게 논의하고자 했다.

이 책의 구성을 보면 다산은 대학의 해당구절에 대해 우선 ① 자의字義나 어구語句에 대한 간략한 해석으로 시작한다. 이는 그가 "독서란 오직 의리를 구할 뿐이다. … 자의에 밝지 않으면 의리도 그로 인하여

---

9. 『與猶堂全書』第二集 第一卷, 經集 『大學公議一』卷.一, 1, 려강출판사, 1992(이하 『全書』 『大學公議1』로 칭함), 8쪽. 乾隆辛亥 內閣月課 親策問大學 臣對曰 妄竊以爲大學之極致 大學之實用 不外乎孝弟慈三者 今欲明大學之要旨 必先將孝弟慈三字 疏瀜表章然後 一篇之全體大用 乃可召也… 興孝興弟之法 恤孤不倍之化 其果非明德之眞面目乎 卷旣徹 命擢置第一 時蔡樊翁爲德卷官 爲所言明德之義 違於章句 降爲第二 … 今二十四年前事也. 번역본으로는 다음을 함께 참조하였음. 이을호 역, 『정다산의 대학공의』, 명문당, 1972. 전남대호남연구소 역, 『국역여유당전서』 전주대출판부, 1986.

어두워진다"라고 말했듯이, 자의의 훈고에서 그 실마리를 찾고자 했던 해석학적 방법이 드러난다. ②「의왈議曰」의 형식으로 경문에 대한 논리적인 건거를 바탕으로 공적인 의견을 피력하고, ③「고정考訂」과「안案」("鏞案", "又案")으로 한대에서 청대에 이르는 여러 해설을 비정하고 자신의 견해를 피력하고, ④「답난答難」으로「혹문」에 대답하는 형식으로 특정 쟁점분야에 대한 자신의 견해를 제시했다. 그런데「혹문」의 대부분이 주자의『대학』에 대한 견해라는 점에서, 우리는 여기서 다산이 이 책을 저술하면서 얼마나 주자의 관점을 염두에 두고 있었는지를 명확히 확인할 수 있다. 그리고 ⑤「기사」를 통해 구절에 대한 과거의 사건을 서술했다.

이 저술은 다산의『대학』관계저술의 실질적인 대표작이자 핵심이며, 나아가 조선후기 경학저술의 한 대표작이라고 할 수 있다. 그 후에 기술된『자찬묘지명』에는『대학』에 대한 견해와 그 특징을 일곱 조목으로 집약하여 설명하고 있는데, 이는『대학공의』에 대한 부연 설명으로 볼 수 있다. 따라서 우리는『대학공의』를 중심으로 다산의 대학관을 주자와 대비를 통해 살펴보자고 한다. 이렇게『대학공의』를 중심으로 다산의『대학』에 대한 관점과 해석을 살펴보려는 우리는 우선 ① 다산의『대학』에 대한 관점과 편제, 착간 및 오자에 대한 견해를 먼저 살펴볼 것이다. 그리고『대학』에서 가장 중요한 '삼강령', 그리고 논란이 많은 '격물치지론'에 대한 다산의 견해를 살펴보고자 한다.

2.『대학』과 그 체계

대학(大學)이란?

주자는 '대학大學'을 ① 최고 고등교육기관이며, ②『예기』의 한 편에서 나왔지만 주로 하나의 단행본이라는 데에 강조점을 부여하면서, ③ '대인지학大人之學'의 준말로 이해했다. 즉 그는 우선 "'대大'는 옛음이 '태泰'이나 지금은 쓰인 글자(大) 대로 읽는다."[1]라고 말하고,「서」에서 "『대학』이란 책은 옛날 태학에서 사람을 교육하던 도리와 방법이다"[2]라고 정의했다. 이는 주자가 '대학大學'을 교육기관이자 그 교육기

1.『大學章句』. 大 舊音泰 今讀如字.

2. 朱熹,「大學章句序」大學之書 古之大學 所以敎人之法也… 三代之隆 其法寖備 然後王宮國都 以及閭巷莫不有學人生八歲 則自王公以下 至於庶人之子弟 皆入小學 而敎之以灑掃應對進退之節 禮樂射御書數之文 及其十有五年 則自天子之元子 衆子 以至公卿大夫元士之嫡子 與凡民之俊秀 皆入大學 而敎之以窮理正心修己治

관에서 교육을 하던 도리와 방법을 기술한 단행본으로 이해하고 있음을 나타낸다. 다른 한편 주자는 '대인지학'을 '어린아이의 학문'의 대칭이 되며, 따라서 『소학』에 대한 『대학』이라고 주장하여 '대인'을 단순히 연령에 의한 호칭으로 정의하는 표현을 했다.[3] 이렇게 주자는 『대학』을 입덕지문으로서 '궁리정심窮理正心—수기치인지도修己治人之道'를 가르친다고 했다. 이에 대해 다산은 '대학'을 우선 다음과 같이 정의한다.

> 대학大學이란 국학이니 주자胄子가 생활하면서 교육을 받던 곳이다. 태학의 도는 주자를 교육시키는 도이다.[4]

그런데 다산은 "주자胄子는 태자太子를 가리킨다. 오직 천자의 아들들만 맏아들과 여러 아들까지 모두 태학에서 가르쳤지만, 삼공제후이하는 맏아들로 대를 이을 자만이 태학에 들어갈 수 있었다 … 대체로 국자라 칭한 자는 모두 「요전」에서 말하는 주자胄子이지만 일반서민의 자제들까지 포함한 것은 아니다. … 한미하고 천한 집안사람들은 옛날 법에도 사도司徒에 속했고 태학과 관계가 없다. 이에 두 등급으로

人之道 此又學校之敎 大小之節 所以分也.

3. 朱熹, 「大學章句序」. 大學之書 古之大學 所以敎人之法也… 三代之隆 其法寢備 然後王宮國都 以及閭巷莫不有學人生八歲 則自王公以下 至於庶人之子弟 皆入小學 而敎之以灑掃應對進退之節 禮樂射御書數之文 及其十有五年 則自天子之元子 衆子 以至公卿大夫元士之嫡子 與凡民之俊秀 皆入大學 而敎之以窮理正心修己治人之道 此又學校之敎 大小之節 所以分也.

4. 『全書』『大學公議1』, 4쪽. 大學者 國學也 居胄子以敎之 大學之道 敎胄子之道也.

나누어 서로 섞지 않았다. … '경經'에 '大學之道'라 한 것은 맏아들의 도이지, 결코 백성들을 가르치는 도는 아니다. 이를 '태학지도太學之道'라고 말하는 것은 좋지만 '향학지도鄕學之道'라고 말하는 것은 잘못이다.'라고 말하여, "백성들 가운데 준수한 인재"도 태학에 입학한다고 주장하여 사대부의 권익을 대변했던 주자의 주장을 정면으로 반박한다.

나아가 다산은 『대학』을 '입덕지문入德之門'으로 보고 궁리정심–수기치인의 도를 가르쳤다는 주장에 대하여, "혹 『맹자』처럼 심성을 논하기도 하고, 혹 『중용』처럼 천도를 논하기도 하고, 이 경처럼 덕행을 논하기도 하여 각각 그들이 주장하는 바는 따로 있어서 뜻의 방향이 서로 다른 데가 있으니, 심성론이 비록 고묘하고 정치하다 하더라도 이 경과는 전혀 관계없다"고 말한다.

> 주자가 서문을 지을 때 비록 『대학大學』이라는 책을 가지고 대학大學에서 사람을 가르치는 도리와 방법이라고 하였지만, 사실인즉 옛날 태학에서 사람을 가르치던 법은 예악, 시서, 현송, 무도, 중화, 효제를 가르쳤는데, 이것은 『주례』, 『예기』의 「왕제」·「제의」·「문왕세자」, 『대대례』 「보부」 등에 나타나 있다. 소위 '명심복성明心復性' '격물치지格物致知' '치지주경致知主敬' 등의 제목들은 옛 경서에서는 절대로 그림자조차 비치지 않았다. 아울러 그 중에 있는 성의정심이니 하는 것들도 학교의 조례가 될 만한 뚜렷한 명문은 없다.[5]

---

5. 『全書』 『大學公議1』, 3쪽. 朱子作序 雖以大學之書 爲太學敎人之法 而其實古者大學敎人之法 敎以禮樂 敎以詩書 敎以絃誦 敎以舞蹈 敎以中和 敎以孝弟 見於周禮

나아가 다산은 주자가 "대학大學은 대인지학이다"고 해석한 것에 대해 격렬하게 비판한다.

주자는 이 책이름까지 고쳐 대학이라 하여 글자대로 읽게 하고, 이를 '대인의 학'이라 풀이하여 동자의 학과 함께 대소로 짝하게 하였으니, 이는 온 세상 사람들이 두루 배울 수 있는 학으로 여겼던 것이다. 소위 대인이란 관을 쓴 성인을 일컫는 것이다. 그러나 관을 쓴 성인을 옛날에는 대인이라고 부르지 않았다. 내가 상고하기에는 대인이라 첫째 '지위가 높은 이', 둘째 '덕이 높은 이', 셋째 '엄부嚴父', 넷째 '몸집이 큰 사람'을 대인이라 했다. 이를 제외하고는 어느 것도 대인이라 할 수 없는 것이다. …

소학·대학의 구분은 원래 예업藝業과 학교의 대소로 나눈 것이었다. 그리고 입학하는 나이는 혹 15세(白虎通)라 하고, 혹 20세(書大傳)라 하여 관을 쓰고 안 쓰고 하는 것은 말하지 않았다. 어찌 대인만이 대학에 들어갈 수 있었겠는가? … 옛날 유학자들이 … 옛제도에 익숙하지 못했기 때문에, 태학太學을 만민이 배울 수 있는 곳으로 여겼고, '태학지도太學之道'는 만민이 따라야 할 길로 여겼다. 이는 태학太學 두 글자만 보고 본뜻을 분명하게 이해하지 못했기 때문에, 치국평천하는 것이 태학에서만 하는 도가 아니라고 여겼던 까닭이다. 그러므로 이것을 고쳐 '대인지학'이라 하여 세상 사람이 두루 배울 수 있는 것으로 삼으려 했

見於王制 見於文王世子大戴禮保傅等篇 而所謂明心復性 格物窮理 致知主敬等題目 其在古經絶無影響 並其所謂誠意正心 亦無明文 可以爲學校之條例者.

다. 그러나 옛날의 태학에는 원래 입학자격이 있었으니, 항간의 서민들의 자제는 비록 관을 쓰고 어른이 되었다고 하더라도 태학에는 쉽게 들어가지 못했다.[6]

첫째, 대학大學의 성격과 입학자격에 관한 이견이 있다. 주자는 "'대大'는 옛 음이 '태泰'이나 지금은 쓰인 글자(大) 대로 읽는다", "『대학』이란 책은 옛날 태학에서 사람을 교육하던 도리와 방법을 기술한 책이다"라고 정의했다. 그리고 그는 태학의 입학자격으로 기본적인 소양 교육(소학)을 마친 15세가 된 천자의 모든 자제, 공경·대부·원사의 적자, 백성들의 준재라고 했다. 이에 대해 다산은 대학大學은 태학太學으로 읽어야 하며, "국학으로 주자冑子가 생활하면서 교육을 받던 곳이다"고 주장했다. 나아가 그는 "주자冑子는 태자를 가리키는데, 천자의 맏아들과 중자, 삼공제후의 대를 이을 자만이 태학에 들어갈 수 있었고, 일반 서민의 여러 자제들은 포함되지 않았다"고 주장한다. 즉 다산은 "백성들 가운데 준수한 인재도 태학에 입학한다"고 주장하여

---

6. 『全書』『大學公議1』, 2쪽. 朱子於此 遂改書名 曰大學 讀之如字訓之曰大人之學 與童子之學 大小相對 以爲天下人之通學 所謂大人者 冠而成人之稱也 然冠而成 人者 故者不稱大人 余考大人之稱 其別有四 一以位大者 爲大人 其二以德大者 爲大人 其三爲嚴父 爲大人 其四以體大者 爲大人 …小學大學之別 原以藝業之大 小 黌舍之大小 二之 若其年數或稱十五(白虎通) 或稱二十(西大傳) 冠與不冠 仍無 所論 豈必大人入大學乎 … 先儒… 不嫺古制 以太學爲萬民所遊之地 以太學之道 爲萬民所由之路 看太學二字 原不淸楚 爲治國平天下 未必爲太學所專之道 故改 之曰 大人之學 欲以之爲公共之物耳 然古之太學 原有主人編戶匹庶之子 雖冠而 爲大人 恐太學未易入也.

사대부들의 권익을 대변했던 주자의 주장을 반박했다.

둘째, 대학大學의 교육내용에서도 의견을 달리한다. 즉 주자는 '소학'에서 '쇄소응대진퇴지절灑掃應對進退之節'과 '예악사어서수지문禮樂射御書數之文'을 가르치고, 대학에서는 '궁리정심—수기치인지도'를 가르쳤다고 말했다. 그러나 다산은 "『대학』은 주로 덕행을 논한 것"으로 심성론과 관계없으며, "옛날 태학에서 사람을 가르치던 법은 예악·시서·현송, 무도·중화·효제를 가르쳤고, 소위 '명심복성·격물치지·치지주경·성의정심 등은 학교의 조례가 될 만한 뚜렷한 명문은 없다"고 주장했다.

셋째, 주자는 '대학大學'은 '대인지학'의 준말로 '어린아이의 학문(小學)'의 대칭으로 『소학』에 대한 『대학』으로 볼 수 있다는 주장했다. 이에 대해 다산은 우선 대학大學은 태학太學이기 때문에 '대인지학'의 준말이 될 수 없을 뿐만 아니라, "주자가 말하는 대인이란 관을 쓴 성인을 지칭하지만, 옛날에는 관을 쓴 성인을 대인이라고 부르지 않았다"고 주장한다. 그런데 주자와 다산이 이렇게 의견을 달리하는 것에 대해 도움을 줄 수 있는 다음과 같은 말이 있다.

물헌 웅씨가 말했다. "『대개기』「보전편」을 보면 '옛날에 여덟 살이 되면 외사外舍에 나가서 작은 기술들을 배우고 작은 예절을 습득하며, 관을 쓰는 나이에 이르면 태학에 들어가서 큰 기술을 배우고 큰 예절을 습득한다'고 했다. 주석에 '소학'은 상문이니 호위라고도 말하며, '태학'은 왕궁의 동쪽에 있다. '머리를 묶는다'함은 성인 직전의 큰 아이가 된 것을 말한다고 했다. 『상서』「대전」에 이르기를, '공경의 태자와 원사의 맏아들이 열세 살이 되면 소학에 들어가고, 스무 살이면 태학에 입학한다'고 했고, 『백호통』에 이르기를, '여덟 살에 소학에 들어가고 열다섯에 태학에 입학한다'고 했으나, 이것은 태자에 대한 예법이다. 여기서 나이를 살펴보면, 서로 다른 데도 주자는 유독 『백호통』을 따라 단정하여 말했다.[7]

여기서 우리가 주목할 것은 '소학'에 입학하는 대상으로 『상서』「대전」은 공경의 태자와 원사의 맏아들로, 『백호통』은 태자로 제한했지만, 주자는 모든 계층의 자제로 확대했다. 나아가 태학에 들어가는 대상 또한 『상서』「대전」은 공경의 태자와 원사의 맏아들, 『백호통』은 태자라고 말했지만, 주자는 '백성들 중 준수한 인재'를 포함했다. 그런데 다산은 우선 "소학, 대학의 구분은 원래 예업과 학교의 대소로 나눈 것이다"라고 말하고, 대학에 입학하는 대상을 기본적으로 주자冑子로서의 태자를 가리키지만, 천자의 중자, 삼공제후의 대를 이을 자를 포함한다고 했다. 따라서 태학의 입학 대상과 연관된 다산의 주자 비판은 상당한 일리가 있다고 하겠다. 주자는 소학–대학의 입학대상과 그들이 배우는 학문을 규정하면서 전거에 기반하지 않고, 당위론적인 언명을 한 것으로 보인다. 즉 '소학'의 '쇄소응대진퇴지절'과 '예악사어서수지문'은 인간의 기본소양을 가르치는 것이기 때문에, 모든 사람이

---

7. 김수길 역, 『집주완역 대학』「대학장구서」에 대한 세주, 대유학당, 1999, 47–48쪽. 勿軒熊氏曰 按大戴記保傳篇 故者 年八歲 出就外舍 學小藝焉 履小節焉 束髮 就大學 學大藝焉 履大節焉 註曰 小學 爲上門 一作虎闈 大學 在王宮之東 束髮 爲 成童 尙書大傳曰 公卿之太子元士之嫡子 年十三 入小學 二十 入大學 白虎通曰 八 入小學 十五 入大學 此太子之禮也 按年數 互有不同 而朱子 獨以白虎通爲斷.

입학해야 한다고 주장했다고 생각된다. 그리고 공자가 "백성은 따르게 할 수는 있어도, (이치를) 알게 할 수는 없다."는 주장을 참고한다면, 위정자는 이치를 알고 있어야 하기에 대학에서는 '궁리정심−수기치인지도'를 가르쳤다고 말했다. 나아가 그는 백성들 중의 준재 또한 태학의 교육을 받을 수 있다고 말함으로써 신진사대부의 이념을 대변했다고 할 수 있다.

주자가 학문의 성격에 따라 소학과 대학을 나눈 것에 반대한 다산은 소학−대학의 구분은 예업과 학교의 대소로 나눈 것이라고 주장했다. 그래서 그는 "『대학』은 주로 덕행을 논한 것"으로 심성론과 관계없으며, "옛날 태학에서 사람을 가르치던 법은 예악 · 시서 · 현송 · 무도 · 중화 · 효제를 가르쳤고, 소위 명심복성 · 격물치지 · 치지주경 · 성의정심과 상관없다고 했다. 다산의 주장은 『대개기』 「보전」편의 지지를 받을 수 있다. 그러나 주자의 주장이 부정되는 것은 또한 아니다. 왜냐하면 대학이 태자를 교육하는 것이라면, '궁리정심'하여 '수기치인지도'를 실행하는 것 이외에 다른 것이 교육내용이 될 수 없기 때문이다. 그리고 다산은 "관을 쓰고 안 쓰고 하는 것은 말하지 않았던 것이니, 어찌 대인만이 대학에 들어갈 수 있었겠는가?"라고 말하고 있지만, 위의 글은 분명히 "관을 쓰는 나이에 이르면 태학에 들어가서"라는 표현을 쓰고, 그 주석에 "'머리를 묶는다'는 것은 성인 직전의 큰 아이가 된 것을 말한다"라고 해설했다. 이렇게 본다면 주자가 '대학'을 '대인지학'의 준말로 본 것 또한 논박할 것만은 아니라고 하겠다. 여기서 '대인'은 단순히 연령상의 표현이 아니라, 도덕이 높고, 신분적 귀하고 재능이 출중하다는 뜻으로 이해해야 할 것이다.

『대학』의 유래, 편제, 착간 및 오자의 가능성

주자는 본래의 『예기』「(고본古本)대학大學」을 『대학장구』로 편집하면서 "경1장은 공자 말씀을 증자가 기술한 것이고, 전(10장)은 증자의 뜻을 문인들이 기술한 것이다"고 단정했다. 그리고 "구본에 자못 착간이 있기 때문에, 이제 정자가 정한 것에 근거하고 다시 경문을 상고하여 별도로 차례를 만든다"[8]고 했다. 그리고 그는 경에서는 명명덕明明德·신민新民·지어지선止於至善'을 삼강령으로, 격물格物·치지致知·성의誠意·정심正心·수신修身·제가齊家·치국治國·평천하平天下를 팔조목으로 정리했다. 나아가 '전'은 경의 부연설명이며 "무릇 전문은 경전을 섞어 인용하여 계통과 기강이 없는 것 같지만, 문리가 이어지고 혈맥이 관통하여 깊고 얕음 시작과 끝이 지극히 정밀하다"[9]고 한다.

이렇게 주자는 『대학장구』를 경1장-전10장의 체계로 주석하면서 『대학』에 연문과 궐문, 그리고 오자가 있다고 주장했다. 우선 그는 자신이 편집한『대학장구』전4~5장 사이에 "차위지본此謂知本"은 연문衍文이라는 정자의 견해를 받아들인다.[10] 나아가 전5장의 "차위지지지야此謂知之至也"는 "격물치지의 뜻을 해석하는 결론"이기 때문에, 그 위에

---

8. 『大學章句集註』경1장에 대한 주석. 右經一章 蓋孔子之言而曾子述之 其傳十章則 曾子之意 而門人記之也 舊本頗有錯簡 今因程子所定 而更考經文 別爲序次如左.

9. 『大學章句集註』경1장에 대한 주석. 凡傳文 雜引經傳 若無統紀 然文理接續 血脈 貫通 深淺始終至爲精密.

10. 『大學章句集註』전4장에 대한 주석. 4-2 此謂知本. 程子曰 衍文也.

별도로 궐문이 있다고 보면서,[11] 정자의 뜻을 계승하면서 자신의 철학적 특색을 가장 잘 드러낸 문제의 「대학격물보전」을 추가했다. 게다가 그는 전10-23장 "長國家而務財用者 必自小人矣 彼爲善之 小而之使爲 國家 菑害 竝至 雖有善者 亦無 如之何矣 此謂國 不以利爲利 以義爲利 也"에서도 "'피위선지彼爲善之'의 구절 위아래에 의심컨대 궐문 혹은 오자가 있다"[12]고 주장했다.

주자는 "대학삼오설大學三誤字說"을 주장하면서, ① 경1장의 "재친민 在親民"에 대하여 "정자왈程子曰 친당작신親當作新"이라고 주석을 하였고, ② 전7장의 "所謂修身在正其心者 身有所忿懥 則不得其正 …"에 대해 "정자왈程子曰 신유지신身有之身은 당작심當作心"이라고 하였으며, 그리고 ③ 전10:16 "見賢而不能擧 擧而不能先 命也 …"에 대해 "명命 정씨운鄭氏云 당작만當作慢, 정자운程子云 당작태當作怠, 미상숙시未詳孰是"라고 주석했다. 주자는 『대학』을 공자-증자 및 그 문하에서 나왔다고 주장하고, 『대학』의 편제를 개편하고, 연문 및 궐문, 심지어 오자가 있다고 주장함으로써 후대 많은 논란의 소지를 제공했다.[13]

---

11. 『大學章句集註』 전5장에 대한 주석. 5-1 此謂知之至也 此句之上別有闕文 此特 其結語耳 右傳之五章 蓋釋格物致知之義而今亡矣. 此章 舊本通下章 誤在經文之 下 ○ 間嘗竊取程子之意 以補之. …

12. 『大學章句集註』 전10장에 대한 주석. 10-23 長國家而務財用者 必自小人矣 彼 爲善之 小而之使爲國家 菑害 竝至 雖有善者 亦無 如之何矣 此謂國 不以利爲利. "以義爲利也 彼爲善之 此句上下疑有闕文誤字"

13. 이는 오늘날에도 계속된다. 남회근의 『대학강의』의 목차에 "11. 주희가 주제넘게 『대학』을 고쳤다", "친민을 신민으로 고치다", "마음대로 『대학』의 순서를 개편하다", "한 글자의 잘못과 관련된 이야기"라는 章이 보이는데, 주자의 대학해석

그런데 다산은『대학』의 저작자에 대해서는 다소 유보적인 입장을 취한다.

> 선배들은 누구의 저술이라고 말하지 않았다. … 주자가 "증자가 경1장을 짓고, 증자의 문인은 전10장을 지었다"고 하는 말도 또한 전혀 근거 없는 것이며, 주자의 사견으로 말했던 것이다. 주자는 공자의 도통이 증자에게 전수되었고 또 다시 자사 맹자에게 전수되었는데, 자사와 맹자는 저서가 있었으나 증자만이 없다는 이유로 대학을 지었다고 하여 도통의 맥락을 이으려 했던 것이다. 그러나 이 또한 전혀 그렇지 않다고 할 수도 없는 것이다.[14]

그렇지만 그는 "대학은 분명 증자 이후의 책이다"[15]고 하면서, (전 10:3~5장을 해석하면서) 그 유래를 다음과 같이 설명한다.

> 『서경』「고요모」는 한편은 곧『대학』의 연원이 된다. 많은 성인들이 전해 오는 뜻이 이 고요모에서 시작되고『대학』에서 끝맺음하였으니, 살펴 보지 않을 수 없는 것이다. 위에서 '삼가 제 자신을 가다듬고, 여러 친

에 대한 전형적인 비판이라고 하겠다. 남회근(설순남 역),『대학강의』, 씨앗을 뿌리는 사람들, 2004, 72-78쪽 참조.

14.『全書』『大學公議1』. 1쪽. 至於大學 前人不言誰人所作… 주자謂曾子作經一章 曾子之門人作傳十章 亦絶無所據 주자以意而言之也 주자以爲孔子之統 傳于曾子 以思孟 而思孟有著書 曾子無書 故第取此以連道脈耳 亦安知其不然哉.

15.『全書』『大學公議2』. 23쪽. 大學明是曾子以後之書.

족들과 두터운 정으로 차례를 세우며, 여러 현명한 사람들이 힘써 보필하면, 가까운 자기에게서 멀리 천하에로 갈 수 있는 길이 거기에 있다'라고 한 것은 대학의 수신·제가·치국·평천하이며, 여기에서 말하는 인재를 알아보는(知人) 밝음(哲)과 백성을 편안하게(安人) 하는 은혜(惠)는 곧 『대학』에서 이 장의 대의다. … 상하 2천년의 먼 세월 속에서도 그 말은 마치 부절을 합치는 듯 일치하니 어찌 치국·평천하의 종지가 아니겠는가? 천하국가를 다스리는 사람은 어찌 깊이 생각하지 않을 수 있겠는가?[16]

다산은 『대학』을 통일적 체계로 연결되어 있는 하나의 장章으로 구성된 책이라고 보았다. 그래서 "근자에 라여방이 '대학은 단지 1장으로 된 책이다'고 말하였는데, 통유의 쾌론이다"[17]고 말한다. 그리고 『예기』 「고본대학」의 체제와 경문을 존중하면서 총27항목으로 나누었다.[18] 그리고 "경에 어찌 잘못이 있을 수 있겠는가?"[19]라고 반문하며, 『대학』에 궐문이나 오자가 없다고 주장한다. 먼저 '격물치지'의 궐문에

---

16. 『全書』 『大學公議3』, 42쪽. 皐陶模一篇 乃大學之淵源 千聖相傳之旨 始於此謨 終於大學 不可不察也 上云 愼厥身修 惇敍九族 庶明勵翼 彌可遠在玆者 大學之 修身齊家治國平天下也 此云 知人之哲 安民之惠 卽大學此章之兩大義也 … 上下 二千年之遠 而其言若合符契 斯豈非治平之宗旨乎 爲天下國家者 盍亦深思.

17. 『全書』 『大學公議2』, 20쪽. 近日 羅近谿謂大學只是一章書 亦通儒之快論也.

18. 『大學章句』와 『大學公議』의 분장분절의 대조로는 다음을 참조. 정병련, 『다산사서학연구』, 경인문화사, 1994, 55-56쪽.

19. 『全書』 『大學公議2』, 22쪽. 經豈有誤哉.

대하여, 다산은 다음과 같이 말한다.

'지지이후유정知知而后有定 이하 이 장(自天子以至於庶人 壹是皆以修身爲本 其本 亂而末治者, 否矣 其所厚者 薄 而其所薄者 厚 未之有也 此謂知本 此謂知之至也)에 이르기까지 모두 격물치지에 관한 말이므로 별도의 장을 만들지 않았다.[20]

그리고 다산은 "왕양명은 대학에는 착간이 없다고 했는데, 옳다"[21] 혹은 "'『대학』에 착간은 혹 있을 수 있지만, 빠진 글은 없었다. 어찌 보완을 일삼겠는가?'(라고 말한) "왕노재의 '격물치지에 대한 글은 일찍이 없어진 것이 아니다'는 말 또한 공의이다"[22]는 견해를 피력한다.

그리고 전10-23장의 "'피위선지彼爲善之' 위아래에 의심컨대 궐문 혹은 오자가 있다"고 하는 주자의 견해에 대해서도, 고린사顧麟士의 해석을 참조하여 "'피위선지彼爲善之'란 저 소인이 스스로 잘 한다고 말하는 것이다. 그 사람이 비록 스스로 잘 한다고 말하기는 하나, 소인을 시켜서 국가를 다스리게 되면 많은 재해가 이르는 것이다. 여기서도 궐문이 되는 것을 찾아볼 수 없다"[23]고 해석한다.

---

20. 『全書』『大學公議2』, 17쪽. 議曰 自'知止而后有定'以下 至此節 都是格物致知之 說 格物致知 不得更有一章.

21. 『全書』『大學公議1』, 8쪽. 王陽明 以大學未嘗錯簡 是矣.

22. 『全書』『大學公議2』, 18쪽. 元儒王魯齋曰 大學錯簡或有之 未嘗闕也 安事補矣 … 然其謂致知格物 未嘗亡 卽亦公議也.

23. 『全書』『大學公議3』45쪽. 考訂… 高麟士曰 彼反以小人爲善 則下使字 亦屬君似 從俗也. 鏞案 顧說最長… '彼爲善之'者 彼小人自以爲善之也 彼雖自以爲善如此

다음으로 주자의 '대학삼오자설大學三誤字說'에 대해 살펴보자.

1) 먼저 경1장의 "재친민在親民"에 대하여 "정자왈程子曰 당작신親當作新"이라고 주석한 것에 대해 다산은 다음과 같이 말하여 중도적인 입장을 취한다.

> 명덕이 이미 효제자라면 친민 또한 신민이 아니다. 순임금이 … 맹자가 … '학이란 인륜을 밝히는 것이다. 인륜이 위에서 밝혀지면 백성은 아래서 친親해진다'고 하였으니, 어찌 다른 해석이 있겠는가? 명덕을 밝히는 것은 인륜을 밝히는 것이고, 친민親民이란 백성들끼리 친親하게 한다는 것이다. … 만일 반명盤銘, 상고康誥, 주아周雅의 글이 신민新民의 명백한 근거가 된다고 한다면, '친親'·'신新' 두 글자는 형상도 서로 가깝고 그 뜻도 서로 통하기 때문에 그를 친親한다는 것이 신新한다는 것이다. … 백성이 서로 친하면 그 백성은 곧 새롭게 되는 것이니… 이를 종합하여 본다면, 이 두 가지 뜻은 어느 하나도 없어서는 안 되겠기 때문에, 이제 둘 다 아울러 펴놓고 아는 사람을 기다리기로 한다.[24]

그렇지만 효제자를 명덕이라고 주장한 다산의 대학 해석의 체계에

小人使爲國家 則菑害竝至也 未見其爲闕文.

24. 『全書』『大學公議1』, 10-1쪽. 明德 旣爲孝弟慈 則親民亦非新民也 舜… 孟子… 學所以明人倫也 人倫明於上 小民親於下 亦豈是他說乎 明明德者明人倫也 親民者親小民也 … 若云 盤銘康誥周雅之文 爲新民之明驗 則親新二字形 旣相近 義有相通 親之者 新之也 … 百姓相親 其民乃新 … 總之 兩義 不可偏廢 今井陳之以俟知者.

서 본다면, '친親' 자를 고칠 필요가 없다고 주장했다고 하겠다.

그리고 주자가 전7장의 "所謂修身在正其心者 身有所忿懥 則不得其正 …"에 대해 "정자왈程子曰 신유지신身有之身은 당작심當作心"이라고 주석한 것에 대해서 다산은 다음과 같이 비판한다.

몸과 마음은 미묘하게 합해져 있어 나누어 말할 수 없다. 마음을 바르게 하는 것은 곧 자신을 바르게 하는 것이어서 거기에는 두 가지 일이 없는 것이다. 공자는 … 맹자는 … 매씨서전에 … 자신의 몸에 분한 바가 있으면 그 올바름을 얻을 수 없다는 것으로 의리가 명백하고 여러 경서들과도 합치하는데, 왜 (심心 자로) 고쳤을까? 분한 바가 있으면 말이 억세어지고 행동도 합부로 하게 되니 자신의 몸이 바를 수 없는 것이요, 두려워하는 바가 있으면 재난에 흔들리고 위력에 굴복하게 되면 자신이 바를 수 없을 것이요 … 몸이 바름을 잃으면 제가할 수 없고, 치국할 수도 없다. 그러므로 경계해야 할 점은 그의 몸에 있는 것이다. … 만일 다시 '신유身有'의 '신身' 자를 심心 자로 고친다면 대학이란 책의 일부는 마침내 '수신절修身節'이 없어질 것이니, 정말을 보전補傳을 써야만 완전한 책이 될 것이다. 그런데 정자는 왜 이점에 생각이 미치지 못했는지 알 수가 없다. 원래 몸과 마음은 미묘하게 하나로 합하여 있으니 둘로 나눌 수 없다. 그러므로 특히 신身 자를 써서 몸과 마음을 하나로 합친 쇠못처럼 만든 것인데, 이제 이 못을 빼버리면 대학에서는 수신修身이 없어질 것이다. [25]

---

25. 『全書』『大學公議3』 29쪽. 議曰 身心妙合 不可分言 正心卽所以正身 無二層工

마지막으로 주자가 전10:16 "見賢而不能擧 擧而不能先 命也…"에 대해 "명命, 정씨운鄭氏云 당작만當作慢, 정자운程子云 당작태當作怠, 미상 숙시未詳孰是"라고 주석한 것에 대해서는 다음과 같이 말한다.

『맹자』에 '지智가 어진 사람에게 있는 것은 명命이나 성性이 있기 때문에, 군자는 명이라고 하지 않는다'(「진심상」)고 했으니, 이 경의 뜻은 이와 같은 것이다. '사람이 큰 책임을 맡고 받드는 것은 마치 천명이 있는 듯하다. 어진 사람을 보고서도 그를 천거하지 않는 것은 오히려 명이라 핑계를 될 수 있지만, 불선한 사람을 보고서도 멀리 물리치지 못하는 것은 장차 무슨 말로 꾸며 될 것인가? 이는 스스로 책임을 지지 않을 수 없는 것이다. 윗글의 "방유放流"에 이어서 말한 것이므로, 불선을 물리치는 것을 중하게 여긴 것이다. 옛 경전은 가벼이 고칠 수 없다. 만慢이라 하거나, 태怠라고 한 것은 무엇으로 증거를 삼겠는가?[26]

夫也 孔子曰… 맹자曰… 梅氏君牙… 身有所忿懥 則不得其正 義理明白 合於群經 何爲而改之也 有所分懥 則辭氣暴戾施措顚錯 而身不得其正 有所恐懼 則動於蓄 禍 屈於威武 而身不得其正 … 身失其正 則無以齊家 無以治國 故所戒在身 … 考 訂… 若復以身有之身 改之爲心 則大學一部 遂無修身之節 眞作補傳 乃成完書 不 知先生正何以不慮及此也 原來身心妙合 不可分二 故特下身字 以爲身心合一之鐵 釘 今拔此釘 則大學無修身矣…

26. 『全書』『大學公議3』43-4쪽. 鏞案 孟子曰 智之於賢者也 命也有性焉 君子不謂命 也(盡心上) 經旨若 曰人之承受大任若有天命 見賢而不能先擧尙可諉之於命 見不 善而不能遠退 將亦何辭而文之乎 不得不自任其過也 承上放流之文 故以退不善爲 重也 古經不宜輕改 曰慢曰怠 將何徵. 矣.

따라서 주자의 대학삼오자설에 대한 다산의 견해는 결국 "대학의 세 글자(親, 身, 命)를 고친 것은 아마도 모두 당연히 고치지 않는 것이 좋을 듯하다"[27]는 것이다.

2) 주자와 다산은 『대학』의 유래, 편제, 착간 및 오자 등에 대해 전적으로 의견을 달리한다.

첫째, 주자는 『대학』의 유래와 연관하여 "경1장은 공자의 말씀을 증자가 기술한 것이고, 전(10장)은 증자의 뜻을 그 제자들이 기술한 것이다"고 단정했다. 이에 대해 다산은 "주자의 주장은 전혀 근거 없는 사견으로, 도통의 맥락을 이으려 했던 것에서 나왔다"고 말했다. 그러면서 그는 "대학은 증자 이후의 책"으로, "『서경』「고요모」가 『대학』의 연원이 된다"고 주장했다.

둘째, 편제상에서 주자는 본래의 『예기』의 「(고본古本)대학」에 구분이 없던 것을 공자의 언명이라고 주장한 결과 그에 대한 설명인 증자의 뜻을 문인이 기술한 전으로 나누고 명명덕-신민-지어지선의 삼강령과 격물-치지-성의-정심-수신-제가-치국-평천하의 팔조목으로 나누어 『대학장구』를 편집했다. 이에 대해 다산은 본래의 『예기』의 「(고본)대학」이 하나의 완정한 경문이라고 주장하면서, 삼강령을 효제자로 규정하고, 격치格致-육조六條의 체제로 나누었다.

3) 주자는 『대학』에 연문과 궐문, 그리고 오자가 있다고 주장했다.

---

27. 『全書』「大學公議3」44쪽. 大學改 三字(親心命三字) 恐皆當以不改爲善也.

그래서 그는 「대학격물보전」을 추가하였고, "대학삼오자설" 등을 제기했다. 이에 대해 다산은 『대학』에 연문과 궐문이 없다고 주장하고, 따라서 「대학격물보전」의 필요성을 부정했으며, 나아가 주자가 오자라고 주장한 것 역시 그대로 두는 것이 좋을듯하다고 주장했다.

먼저, 도통설과 연관되는 『대학』의 저자에 대한 주장을 살펴보자. 주자는 "경1장은 공자의 말씀을 증자가 기술한 것이고, 전(10장)은 증子의 뜻을 그 제자들이 기술한 것이다."라고 주장한 까닭에 대해 자신의 『대학혹문』에서 자문자답의 형식으로 상세히 설명했다.

경문1장은 문장이 요약되어 있으면서도 이치가 모두 갖춰져 있고, 언어가 알기 쉬우면서도 그 뜻은 깊고 원대하다. 이는 성인이 아니면 미칠 수 없는 것이다. 그러나 그 밖의 어떠한 방증도 없으며, 또한 생각해보면 혹시 옛 선민의 말에서 나오지 않았을까 한다. 이 때문에 이를 의문으로 남겨둔 채 이렇다 확정짓지 않으며, 전문 10장에서는 혹 증자의 말을 인용하였고, 또한 『중용』, 『맹자』의 내용과 일치되는 부분이 많은 것으로 보아, 이는 증자 문인의 손에 의해서 완성된 것임을 알 수 있으며, 자사가 맹자에게 전수했다는 사실은 의심의 여지가 없다. 예를 들면 『중용』에서 말하는 '명선明善'은 곧 격물치지의 공부이고, 『중용』에서 말하는 '성신誠身'은 성의-정심-수신의 공효이다. 그리고 『맹자』에서 말하는 '지성知性'은 물격이며, 진심盡心은 지지知至이며, 존심-양성-수신이란 성의-정심-수신을 말한다. 그 밖에도 근독謹獨 운운한 것과 불겸不慊이라 하는 말, 그리고 의리義利의 분별과 항상 말하는 차례 또한 이와 일치되지 않은 것들이 없다. 그러므로 정자는 공씨의 유서이니,

배우는 자가 먼저 힘써야 할 것이라고 여겼다.[28]

주자 또한 "경문1장은 그 내용으로 볼 때 성인이 아니면 쓸 수 없는 글로 보이지만, 그 밖의 어떠한 방증도 없다."는 것을 인정하고 있으며, 나아가 전문에 "증자왈"이라는 분명히 나오고[29] 그 내용이 『중용』 및 맹자와 일치되는 부분이 있기 때문에 증자의 문인의 손에서 완성되었다고 확신한다고 말했다. 그렇다면 주자의 이 주장은 "대학은 증자 이후의 책이다"는 다산의 주장과 별 차이가 없다고 하겠다. 그런데 여기서 우리가 하나 지적하고자 하는 것은 『논어』에 보이는 다음의 구절이다.

공자께서 "삼아, 나의 도는 하나로써 관통한다."라고 말씀하시니, 증자가 "예, 그렇습니다"라고 대답했다. 공자께서 나가시니 문인들이 "무슨 말씀입니까"라고 물으니, 증자가 말하기를, "선생님의 도는 '충서忠恕'일 따름이다."[30]

---

28. 『大學或問』經1章. 正經 辭約而理備 言近而指遠 非聖人不能及也 然以其無他之驗 且意其或出於古昔先民之言也 故疑之而不敢質 至於傳文 或引曾子之言 而又多與中庸孟子者合 則知其成於曾氏門人之手 而子思以授孟子 無疑也 蓋中庸之所謂明善 卽格物致知之功 旣曰誠身 卽誠意正心修身之效也 孟子之所謂知性者 物格也 盡心者 知至也 存心養性修身者 誠意正心修身也 其他 如謹獨之云不慊之說 義利之分 常言之序 亦無不脗合焉者 故程子以爲孔氏之遺書 學者之先務.

29. 『大學章句』傳6-3. 曾子曰 十目所視 十手所指 其嚴乎.

30. 『論語』14:15. 子曰 參乎 吾道 一以貫之 曾子曰 唯 子出 門人 問曰何謂也 曾子曰 夫子之道 忠恕而已矣.

이렇게 증자는 공자의 '일이관지의 도'를 '충서'라고 해석했다. '서恕'는 『대학』에서 우선 '치국'의 방법이다.

요순이 천하를 인仁으로 통솔하니 백성들이 그를 따랐고, 걸주가 천하는 포악함으로 통솔하니 백성들이 그를 따랐다. 군주가 명령하는 것이 백성들이 좋아하는 것과 상반되면 백성들은 따르지 않는다. 그러므로 군자는 자기에게 (선善함이) 있는 뒤에 남에게 요구하며, 자기에서 (불선不善이) 없고 난 뒤에 남에게 그르다고 하는 것이니, 자기 자신에게 간직된 것이 '서恕'가 아니고서는 다른 사람을 깨우칠 수 있는 사람은 없다.[31]

그리고 '서恕'의 원리는 '혈구지도絜矩之道'로 구체화되어 제시되는데, 이는 '평천하'의 가장 중요한 방법론(平天下之要道)이다. 그래서 『대학』에서는 "이른바 평천하는 그 나라를 다스림에 달려 있다고 하는 것은 윗사람이 늙은이를 늙은이로 모시니 백성들이 효를 흥기하고, 윗사람이 어른을 어른으로 대우하니 백성들이 공손함을 일으키고, 윗사람이 고아를 구휼하니 백성들이 배반하지 않는다. 그러므로 군자는 '혈구의 도'가 있다"[32]고 말하고 나서 그것을 구체적으로 설명한다. 『대학』에서

---

31. 『大學』9장. 堯舜帥天下以仁而民從之 桀紂帥天下以暴而民從之 其所令 反其所
　　好 而民不從 是故 君子有諸己而後求諸人 無諸己而後非諸人 所藏乎身 不恕 而能
　　喩諸人者未之有也.
32. 『大學』10장. 所謂平天下 在治其國者 上老老而 民興孝 上長長而 民興弟 上恤孤
　　而 民不倍 是以 君子有絜矩之道也.

'평천하지요도'인 '혈구지도'가 바로 『논어』에서 증자가 공자의 일이관 지하는 도로 설명한 '서恕'라는 점에서 주자의 주장 또한 상당한 일리 가 있다고 하겠다.

다음으로 편제상 차이를 살펴보자. 주자는 대학의 종지를 나타내 는 경1장을 기반으로 삼강령–팔조목의 순서로 원문을 재편집하고 있 는데, 이는 분명 「고본대학」보다 논리적으로 선명하다. 그리고 전문의 7–10장의 구조를 보면, 모두 "소위所謂… 자者 …차위此謂…"라는 구조 로 되어 있다. 그리고 7장은 "所謂修身在正其心者 …此謂修身 在正其 心"으로 되어 있다. 그렇다면 7장 앞에 "① 所謂致知在格物者 … 此謂 致知在格物, ② 所謂誠其意在格物者 …此謂誠其意在致知, ③ 所謂正 心在誠其意者 …此謂正心在誠其意"라는 세 개의 장이 더 있어서야 한 다. 그런데 주자는 ①–②를 묶어 자신의 「격물보전」으로 처리하였고, ③은 고본古本에 다른 곳(1장)에 있던 것을 가져와 6장에 배치했다. 주 자의 이러한 입장은 『대학』의 원문인 "物格而后 知至 知至而后 意誠 意 誠而后 心正 心正而后 身修 身修而后 家齊 家齊而后 國治 國治而后 天 下平"를 팔조목을 제시한 것으로 해석할 수 있다면, 상당한 설득력을 지닌다.

다산은 스스로 "내가 말하는 것은 경문이지, 내 스스로 말한 것이 아 니다"[33]라고 말하고 있듯이, 「고본대학」을 그대로 존숭하면서 착간과 궐문이 없다고 간주했다. 그래서 다산은 윗글은 "문장은 비록 8번 전 환하였지만 사事는 오직 6조목일 따름이니, 격물치지를 8조목으로 함

---

33. 『全書』『大學公議3』, 12쪽. 我所言者 經也非我也.

께 셈하는 것은 부당하다. '격치格致―육조六條'라고 명명하면, 거의 명실이 서로 어울릴 것이다"[34]라고 말한다. 즉 『대학』을 팔조목으로 해석하면 주자가 주장한 궐문과 착간이 있다고 주장으로 귀결될 가능성이 많기 때문에 이렇게 주장한 것이라고 생각된다. 그런데 『대학』에는 궐문이나 착간이 없고, 「고본대학」의 원문만이 그 전부라면 다산의 주장이 설득력이 크다고 할 수 있다.

나아가 주자가 주장한 "대학삼오자설"과 다산의 그것에 대한 부정 또한 우리는 다음과 같이 이해할 수 있을 것이다. 먼저 "재친민在親民"의 '친親'은 '신新'으로 고쳐 써야 한다는 주장에 대해서는 다산 또한 어느 정도 그 가능성을 인정하였기 때문에 큰 문제는 없을 수 있다. 그리고 전7장의 "所謂修身在正其心者 身有所忿懥 則不得其正 …"의 '신身'이 '심心'으로 되어야 한다는 주장에 대해 다산은 '심신묘합心身妙合'의 관점에서 바꾸지 않아도 된다고 주장하고 있지만, 이 역시 결정적인 차이는 없다. 오히려 주자의 해석이 그 구조와 내용으로 본다면 더 선명하고 설득력이 있다. 나아가 ③ 전10:16의 "見賢而不能擧 擧而不能先 命也 …"에 대해 "만慢 혹은 태怠"의 오자 가능성에 대한 주자의 주장은 의미상 설득력은 있지만, 『맹자』의 전거를 인용한 다산의 주장이 원문을 고치지 않고도 해석할 길을 제공해 준다는 점에서 정당성을 인정받을 수 있다고 판단된다. 그러나 이 두 경우는 어떻게 보더라

---

34. 『全書』「大學公議1」, 17쪽. 議曰 大學有三綱領 三綱領各領三條目 皆是孝弟慈 此節 非明德新民之條目也 此文雖八轉 事有六條 格物致知 不當幷數之爲八 名之 曰格致六條 庶名實相允也.

도 문장상의 의미가 바뀌거나 대학의 체계에 큰 변화를 주는 것은 아닐 수 있다. 다만 여기서 문제는 『대학』을 해석하는 해석자의 관점이라고 판단된다.

어쨌든 여기서도 확인할 수 있는 것은, 다산은 "경에 의거하여 경을 해석한다"는 관점을 굳건히 견지했다는 것이다. 이에 비해 주자는 "만일 굳이 고쳐 쓰지 않은 것이 옳다고 고집한다면, 사람들은 오류를 그대로 전승하고 와전을 답습하는 과정에서 마음속으로 이의 잘못된 부분을 그대로 알면서도 고의로 또 다른 뜻을 찾아 천착과 부회로, 반드시 제 의견이 통용될 수 있도록 억지를 부리는 두찬인杜撰人이 생겨나게 될 것이다. 그렇게 될 경우 그것은 성인의 말씀을 경멸하고 후학을 오도하는 것이 더욱 클 것이다"[35]라고 판단했다는 것이다.

그렇다면 『대학』에 대한 "다산의 생각은 정주학적 체계를 벗어나려는 의지에서 형성된 것이지만, 그렇다면 단순한 원시유학에로의 복고적 회귀만을 의미한 것은 아니었고, 궁극적으로 근대지향의 의식에서 당시 조선조 사회의 풍토를 개선 광정하려는 데 있었다"[36]는 지적에 대해 상당히 부정적인 평가를 내릴 수밖에 없다고 생각된다. 즉 우리는 다산이 제가의 학설을 두루 비정 · 종합하여 『대학』에 독자적인 관점을 제시하고, 특히 주자의 『대학』 해석을 가장 많이 의식하고 그에

---

35. 『大學或問』 經1章. 若必以不改爲是 則世蓋有承腫訛 心知非是 以故爲穿鑿附會 以求其說之必通者矣 其侮聖言而誤後學也 益甚.

36. 오종일, 「다산의 大學中庸에 대하여」, 『국역여유당전서 : 經集 I』, 전주대출판부, 1986, 437쪽.

대한 비판적인 입장을 견지했다고 판단한다. 그런데 그는 『대학』을 주석하는 해석학적 관점에서, 주자보다 더 보수적이며 엄격한 경전 중심적 관점을 견지했다고 할 수 있다.

3. 삼강령과 격물치지에 대하여

삼강령(三綱領)에 대한 해석

『대학』의 내용 해석에서 가장 중요한 관건은 주자가 '삼강령'이라고 칭한 명명덕 · 신민 · 지어지선을 어떻게 볼 것인가 하는 것이다. 먼저 '명명덕明明德'에 대한 해석을 살펴보자.

주자는 자신의 고유한 이기론理氣論에 의해 존재를 설명했다. 우선 마음을 기氣의 정상精爽으로 규정한다.[1] 기의 정상으로서 인간 마음(心)은 신령스러워 앎을 지니고 있을 뿐만 아니라,[2] 천명의 성을 가장 온전

---

1. 『朱子語類』 5:29. 心者 氣之精爽. '精爽'이란 두 글자는 『左傳』 「昭公 7年」條에 나온다. "用物精多則魂魄强 是以有精爽至於神明." 그리고 「疏」에서는 "精亦神也 爽亦明也"라고 되어 있다.
2. 『大學章句集註』 「格物補傳」 蓋人心之靈 莫不有知.

히 지니고 있다. 주자는 이 천명의 성(性即理)³을 우리가 얻어(得) 지니고 태어난 덕으로 규정한다.⁴ 그래서 그는 다음과 같이 해석한다.

> ('명명' 명덕明德의) '명明'은 밝힘이다. '밝은 덕(明德)'은 사람이 하늘로부터 얻은 것으로 텅 비어 신령스럽고 어둡지 않아(虛靈不昧) 온갖 이치를 갖추고 만사에 응하는 것이다. 다만 기품에 구애되고 인욕에 가려지기 때문에 때로 어둡지만 그 본체의 밝음은 일찍이 쉬지 않는다. 그러므로 학자는 마땅히 그 피어난 것에 근거하여 마침내 밝혀 그 처음을 회복해야 한다.⁵

다산은 이러한 주자의 이기 및 심성론에 의한 명덕 해석을 격렬하게 비판한다. 즉 그는 "옛날 태학에서 사람을 가르치던 법은 예악·시서·현송·무도·중화·효제였는데, … 소위 명심복성·격물치지·치지주경 등의 제목들은 옛 경전에서는 절대로 그림자조차 비치지 않았다"고 주장하면서 이렇게 말한다.

---

3. 『大學章句集註』1:1. 天命之謂性 率性之謂道 脩道之謂敎. 命猶令也 性即理也 … 蓋人知己之有性 而不知其出於天.

4. 『大學章句集註』1:2에 대한 집주. 天之明命 即天之所以與我而我之所以爲德者 也. 전10장. 德即所謂明德.

5. 『大學章句集註』경1장. 大學之道 在明明德 在親民 在止於至善. 明明之也 明德者 人之所得乎天而虛靈不昧 以具衆理而應萬事者也 但爲氣稟所拘 人欲所蔽 則有時 而昏 然其本體之明 則有未嘗息者 故學者當因其所發而遂明之 以復其初也.

주례에서 대사악은 육덕六德으로 국자를 가르쳤는데, 중中 · 화和 · 지祗 · 용庸 · 효孝 · 우友이다. 중 · 화 · 지 · 용은 『중용』의 가르침이고, 효 · 우는 『대학』의 가르침인데 … 경經의 '명덕明德'이란 말과 어찌 다름이 있겠는가? 맹자는 "학교는 하 · 은 · 주 삼대가 같이 있었던 것인데, 모두 인륜을 밝히자(明人倫)는 것이었다"고 했으니, 인륜을 밝힌다는 것은 효제를 밝힌다는 것이 아니겠는가? … 비록 배우고 익히는 것은 여러 가지 예藝에 있다 하더라도 그 교육의 근본은 효제일 따름이다. 그러니 명덕이란 곧 효제가 아니겠는가? 허령불매虛靈不昧와 심통성정心統性情을 '이理'라 하거나 '기氣'라 하기도 하고, '명明'이라 하거나 '혼昏'이라 하기도 하는 설에 대해서는 비록 군자들이 이에 뜻을 두는 것이기는 하지만, 이는 결코 옛날 태학太學에서 사람을 교육하는 제목은 아니다. … 교육하던 제목은 효 · 제 · 자일 따름이다. … 『서경』 「요전」에서 "큰 덕을 잘 밝히시어 구족을 화친하게 하고, 백성들을 빛나게 하시고, 만방을 화평하게 하니라"고 하였는데, 이는 곧 경에서 수신−제가−치국−평천하에 이르게 한다는 것이다. 대개 요임금은 효 · 제 · 자의 덕을 잘 밝히시어 수신의 공부를 극진히 하여, 가정이 가지런해지고 나라가 다스려져서 드디어 천하가 화평하게 하였으니, "요임금은 허령불매한 덕을 잘 밝히시어 구족을 화친하게 하시었다"고 할 수는 없다.[6]

---

6. 『與猶堂全書』第二集 第一卷, 經集 『大學公議一』 卷一, 1, 려강출판사, 1992(이하 『全書』 『大學公議1』로 칭함), 6−7쪽. 번역본으로는 다음을 함께 참조하였음. 이을호 역, 『정다산의 대학공의』, 명문당, 1972. 전남대호남학연구소 역, 『국역여유당전서』, 전주대출판부, 1986. 議曰 周禮 大司樂以六德敎國子 曰中和祇庸孝友 中和祇庸者 中庸之敎也 孝友者 大學之敎也 … 經云明德 豈有他哉 孟子曰 學則三代共

이렇게 다산은 명덕을 '효·제·자'로 요약되는 인륜이라고 주장한다. 그렇다면 다산이 이렇게 주장하는 근거는 무엇인가? 앞의 인용문에서 다산은 광범위한 전거를 들어 자신의 주장을 정당화하고 있지만, 무엇보다도 "경에 의거해서 경을 해석한다"는 그의 방법에 입각해 있다. 즉 그는 『대학』 내에서 자신의 이러한 주장이 정당화될 수 있다고 주장한다.

다른 경전을 인용할 필요가 없이. 이 경에서 인용한 것도 이와 같은 것이다. 경에서 "古之欲明明德於天下者 先治其國"이라 하였으니, … 명덕의 전 해석은 마땅히 '치국-평천하'절에서 찾아야 할 것이다. 그러므로 심성-혼명설은 절대 아무런 영향을 미치지 못하는 것이다. 오직 그 윗 절에서 "孝者 所以事君也 弟者 所以事長也 慈者 所以使衆也"라 하고, 그 아랫 절에 "上老老而 民興孝 上長長而 民興弟 上恤孤而 民不倍"라 하였으니, 이 두 절에서 주장하는 뜻은 효·제·자 세 글자를 벗어나지 않는다. 이것이 바로 명덕의 바른 해석이다.

그렇다면 우리 마음의 덕(心之德)은 무엇이란 말인가? 주지하듯이, 주자는 "습한 것은 물의 덕이며, 뜨거운 것은 불의 덕이다"고 하였듯

之 皆所以明人倫也 明人倫 非明孝弟慈乎… 雖其恒業之所肆習在於諸藝 其本教則孝弟而已 明德 非孝弟乎 虛靈不昧 心統性情 曰理曰氣曰明曰昏 雖亦君子之所致意而斷斷 非古者太學教人之題目 … 設教題目 孝弟慈而已… 堯典曰 克明峻德以親九族 以章百姓 以和萬邦 此卽所經所謂修身齊家而至於治平也 蓋堯克明孝弟慈之德 以盡修身之工而家齊國治遂平 不可曰堯克明虛靈不昧之德 以親九族也.

이[7] 우리 마음의 덕은 인의예지를 그 본성으로 한다고 주장했다. 그런데 다산은 "자신의 몸에 밝은 덕이 있는데, 이를 다시 밝히는 것이다"라는 「공씨소」에 대해 「안」을 내어 다음과 같이 말한다.

> 공씨소는 비록 고의古義엔 어긋나지 않지만, 보이지 않게 후일의 폐단을 열어 주었다. 이는 무엇을 말하는가? 마음에는 본래 덕이 없다. 오직 곧은 성품(直性)으로 나의 곧은 마음(直心)을 행하는 것을 일러서 덕이라고 한다.(덕德이라는 글자는 직심直心을 행한다는 것이다.) 선을 실행한 후에야 덕이라는 명칭이 성립되는 것이다. 행하기 이전에 어떻게 그 몸에 명덕이 있을 수 있겠는가?[8]

이렇게 다산은 덕의 선천성을 부정하고, 선을 행사한 이후에 '덕'이라는 명칭이 성립된다고 주장했다. 그래서 그는 결국 "태학太學의 조례의 경우, 강綱은 '명덕明德'이고, 목目은 효 · 제 · 자일 따름이다"[9]는 결론에 도달한다.

다음으로, '친親(신新)민民'에 대한 해석을 보자. 주자는 "친親은 마땅히 신新으로 써야 한다"는 정자의 말을 인용하면서, 다음과 같이 말했다.

---

7. 『朱子大全』60:18. "濕者 水之德 燥者 火之德."
8. 『全書』「大學公議1」, 7–8쪽. 又按孔疏 雖不悖古義 而微啓後弊可也 心本無德 惟有直性 能行吾之直心者 斯之謂德 (德之爲字直心) 行善而後 德之名立焉 不行之前身 豈有明德乎.
9. 『全書』「大學公議1」, 9쪽. 若其太學條例則 綱曰明德 目曰孝弟慈而已.

'신新'이란 옛 것을 고치는 것(革其舊)을 말하는 데, 이미 그 명덕을 밝힌 것으로부터 또한 마땅히 미루어 남에게 미쳐, 그 사람에게도 또한 옛날에 물든 더러움을 제거하게 함(去舊染之汚)을 말한다.[10]

그리고 『대학혹문』에서는 그 의미를 다음과 같이 해명했다.

말하기를, 정자가 '친親' 자를 '신新' 자로 바꿔 쓴 것은 어디에 근거한 것이며, 선생이 그 말을 따르는 것 또한 무엇으로써 그 점을 고증하여 꼭 그렇다고 생각하는가? 또한 자기의 뜻에 따라 가벼이 경문을 고친다는 것은 의문점을 의문 그대로 전하는 의의가 아니라고 여겨지는데, 어찌 된 것인가? (대답하여) 말하기를, 만일 아무런 고증 없이 곧장 이를 고쳐 썼다면, 참으로 그대가 비난한 것과 같을 것이다. 그러나 이에 친민親民이라 말한 것은 전체 문장의 맥락을 유추해 보아도 그와 같은 점을 찾아볼 수 없지만, 신민新民이란 말은 전문傳文을 살펴보면 그 근거를 찾아볼 수 있다.[11]

주자는 '친민親民'을 해석해 놓은 『대학』의 전2장 "苟日新 日日新 又 日新 … 作新民 … 周雖舊邦 其命維新" 등과 같은 구절이 모두 '신新'으

---

10. 『大學章句集註』 經1章에 대한 註. 程子曰 親 當作新 … 新者 革其舊之謂也 言 旣自明其明德 又當推以及人 使之亦有以去其舊染之汚也.

11. 『大學或問』 270쪽. 曰程子之改親爲新也 何所據 子之從之 又何所故而必其然耶 且以己意輕改經文 恐非傳疑之義 奈何 曰若無所考而輒改之 則誠若吾子之譏矣 今 親民云者 以文義推之 則無理 新民云者 以傳文考之 則有據.

로 되어 있기 때문에, 마땅히 '친민親民'이 아니라 '신민新民'으로 바꾸어야 맥락이 통한다고 주장한다. 그런데 다산은 "이른바 명덕이 효제자이며, 이른바 신민新民 또한 효제자일 따름이다"[12]고 주장한다. 그리고 앞서 살펴보았듯이, 명덕이 효제자라면, 마땅히 신민이 아니라 친민이 되어야 한다고 주장했다. 그렇지만 그는 결국 주자가 주장한 "전문을 통해 볼 때 신민으로 써야 한다"는 주장에는 어느 정도 공감을 표하면서, "친한다는 것은 곧 새롭게(新) 한다"는 의미라고 풀이하여, 절충을 모색한다. 그러나 다산은 주자가 신新을 '옛것을 고치는 것(革其舊)' 혹은 옛날에 물든 더러움의 제거(去舊染之汚)로 해석하는 것에 대해 「답난」을 통해 비판했다.

어떤 사람이 질문하여 말하기를, 허령한 본체가 기품에 구애되고 인욕에 가려져서 때로 어두워지기에 이를 구염舊染이라고 한다. 그러한 구염이 있는 까닭에 오늘날 새롭게 밝히려는 것이다. 만일 구염이 없다면 어떻게 백성을 새롭게 한다고 말할 수 있겠는가? 대답하여 말하기를, …주자가 말하는 구염이란 매씨서 「윤정胤征」에서 말한 "구염으로 더럽혀진 풍속을 모두 새롭게 한다"고 했을 때의 구염이 아니다. 기품, 인욕에 오염된 것은 상지도 없을 수 없다. 『능엄경』을 살펴보면, "여래장성은 청정본연이다"고 했으니, 이는 본연성을 말한다. 그러나 본연성이란 다시 새로운 훈습(新薰)에 오염되어, 진여의 본체를 상실하게 된다. … 여기서 말하는 새로운 훈습이란 본체는 허명한 것인데, 기질에 의해 다

---

12. 『全書』『大學公議1』, 7쪽. 所謂明德 孝弟慈也 所謂新民 亦孝弟慈也.

시 새로이 훈습되어 오염된 것이다. 그러므로 새로운 훈습이란 구염이며, 구염이란 새로운 훈습이다. 본연성에 근거하여 말하면 새로운 훈습이요, 현재에 근거하여 말하면 구염이다. 그러나 이 말은 아무리 지극한 이치가 있다고 하나 『대학』에서 말하는 친민—신민이란 반드시 이런 뜻은 아니다. 『대학』에서의 … 흥興은 새롭게 진작하는 것, 옛적에 폐지된 것을 새롭게 일으킨다는 말이다. 여기서 말하는 신민新民이 어찌 마음의 허령한 본체를 새로 밝히는 것이겠는가? [13]

이렇게 다산은 주자가 '신민新民'의 '신新'을 '혁기구革其舊' 혹은 '거구염지오去舊染之汚'로 해석한 것에 대해 불교 심성론의 잔영이 드리워져 있다고 간주하면서 『대학』과는 아무런 관계가 없다고 비판한다. 그리고 다산은 주자가 신민의 조목으로 제가—치국—평천하로 적시한 것을 명시적으로 거부한다.

친민에 어떻게 조목이 없을 수 있겠는가? 『대학』에서 '윗사람이 노인을 노인으로서 섬기면 백성이 효도의 기풍을 일으킨다'고 하였으니, 백성

---

13. 『全書』『大學公議1』, 11~12쪽. [答難] 或問曰 虛靈之體 爲氣稟所拘人欲所蔽 有時而昏 斯之謂舊染也 以其有舊染 故今乃有新明 若無舊染 何謂新民 答曰 … 朱子所云舊染者 非梅氏胤征所云舊染汚俗 咸與惟新之舊染也 乃氣稟人欲之所染 所謂上知之不能無者 按楞嚴經曰 如來藏性 淸淨本然 此本然之性也 本然之性 爲新薰所染 乃失眞如之本體 … 謂之新薰者 本體虛明而新被氣質所薰染也 然卽新薰卽舊染 舊染卽新薰 據本然而言之卽謂之新薰 據見在而言之卽謂之舊染 此雖至理所寓 而此經之親民新民 必非此義 經曰… 興也者 作新也 舊廢而新興也 此之謂新民 何必虛靈之體 乃有新明乎.

으로 하여금 효도의 기풍을 일으키게 하는 것이 친민이며, '윗사람이 어른을 어른으로 대접하니 백성이 공경을 일으킨다'고 하였으니 백성으로 하여금 공경의 기풍을 일으키는 것이 친민이며, '윗사람이 고아를 구휼하면 백성을 배반하지 않는다'고 하였으니 백성들로 하여금 배반하지 않게 하는 것이 친민이다. … 가정은 부자와 형제가 있는 곳인데, 어떻게 백성이라 말할 수 있겠는가?[14]

이렇게 다산은 명명덕의 조목을 효제자로 규정한 것과 일관성을 유지하면서, 허령불매한 심체의 덕을 백성에게 밝히는 것이 아니라 효제자가 백성에게 실현되는 것이 친민이라고 주장한다.

이제 '지어지선止於至善'에 대한 해석을 살펴보자. 주자는 여기서 지선至善을 '사리의 당연한 극치(事理當然之極)'로, 그리고 '지止'는 '지선에 도달하여 옮겨가지 않는 것'으로 주석했다.

말하자면 명명덕과 신민이 모두 마땅히 지선의 자리에 도달하여 옮겨하지 않는 것이니, 대개 반드시 저 천리의 극치를 다함으로써 털끝만한 인욕의 사사로움도 없게 하는 것이다.[15]

---

14. 『全書』『大學公議1』, 11쪽. 親民 烏得無條目乎 經曰上老老而民興孝 使民興孝者 親民也 經曰上長長而民興弟 使民興弟者 親民也 經曰上恤孤而民不倍 使民不培者 親民也 … 家者 父子兄弟之所在也 父子兄弟 可云民乎.

15. 『大學章句集註』經1章에 대한 註. 止者必至於是而不遷之意 至善則事理當然之極也 言明明德新民 皆當止於至善之地而不遷 蓋必其有以盡夫天理之極 而無一毫人欲之私也.

주자가 말하는 '사리의 당연한 극치'란 이치의 두 가지 의미, 즉 '소인연지고所以然之故'와 '소당연지칙所當然之則'의 궁극적 통일을 의미한다.[16] 여기서 우리는 주자가 소이연지고와 소당연지칙, 즉 존재와 당위, 사실과 가치, 존재론과 윤리학, 이론과 실천 등 상호 대립되는 차원을 궁극적인 차원에서 조화시키려는 이상주의적 사고를 읽을 수 있다. 그리고 주자는 '지어지선止於至善'을 명명덕明明德과 신민新民의 궁극적인 차원에서의 통일적 지향으로 간주한다. 이른바 삼강령의 '명명덕 → 신민 → 지어지선'에서 앞의 강령은 뒤의 강령의 수단이고 필요조건으로, 뒤의 강령은 앞 강령의 목적이고 충분조건인 것으로 설명했다.

이에 대해 다산은 우선 '지止'를 '이르러 옮겨가지 않는 것'으로 해석하지만, "지선至善은 '인륜의 지덕至德'이며, 성誠하면 지선에 도달한다"[17]고 말한다. 즉 주자가 '지선'을 '사리당연지극'이라고 하여 모든 사물을 포함하는 우주론적 해석을 했다면, 다산은 '인륜의 지덕'으로 곧 효제자의 실천이라고 하는 인륜적 접근을 시도했다. 그리고 그는 『중용』의 "성誠이란 만물의 종시이며, 성誠하지 않으면 어떠한 물도 없다"[18]는 구절에 근거하여 "성誠함으로 지선에 도달한다"고 말했다. 그리고 「답난」을 통해 주자의 견해를 직접 논박한다.

---

16. 朱子는 『論語』 2:4의 "五十而知天命"에 대한 주석에서 "天命卽天道之流行而賦於物者 乃事物所以當然之故也"라고 하는 존재와 당위의 일치를 지향하는 표현을 사용하고 있는데, 이와 같은 의미라고 생각된다.

17. 『全書』 『大學公議1』, 12쪽. 止者 至而不遷也 至善慈 人倫之之德也 誠則至.

18. 『中庸』 25:2 誠者 物之終始 不誠 無物 是故君子 誠之爲貴.

내가 말하는 것은 경문經文이지, 내 스스로 말한 것이 아니다. … 성인
의 말에는 차례가 있고 질서가 있어 서로 섞이지 않는다. 혹 『맹자』처럼
심성을 논하기도 하고, 혹 『중용』처럼 천도를 논하기도 하고, 이 경(『대
학』)처럼 덕행을 논하기도 하여, 각각 그들이 주장하는 것이 따로 있어
뜻의 방향이 서로 다른 데가 있으니, 심성론이 비록 고묘·정치하다 하
더라도 이 경과 아무런 상관이 없다. … 천리를 보존하고 인욕을 막을
수 있는 기회는 사람과 사람이 서로 교제하는 데 있으며, 묵좌黙坐와 정
관靜觀 또한 반드시 자신과 타인이 교제할 때에 일일이 점검해야만, 이
에 의거한 것이 있어 성의·정심할 수 있다. 그 미발未發 이전의 기상
만 반조反照한다면, 또한 무슨 도움이 있겠는가? 아, 사람과 사람의 교
제가 곧 인륜이 아니겠는가? 인륜을 스스로 극진히 하는 것이 곧 지선
至善이 아니겠는가? 만일 인륜에 의거하지 않고 단지 의지만을 취하여
성실하는 것을 구하고, 단지 마음만을 취하여 바르게 하는 것을 구한다
면, 이는 드넓고 황홀하여 걷잡을 수 없게 될 것이다. 좌선坐禪의 병폐
로 돌아가지 않을 사람이 거의 없을 것이니, 어떻게 지선을 얻을 수 있
겠는가?[19]

---

19. 『全書』『大學公議1』, 12-13쪽, 我所言者 經也非我也 … 聖人之言 有倫有序 不
相混雜 或論心性如孟子 或論天道如中庸 或論德行如此經 各有所主 意趣不同 心
性之論 雖高妙精微 於此經了不相關… 存天理遏人慾 其機其會 在於人與人之相
接 黙坐反照 亦必我與人相接之際 一一點檢 乃有依據 可誠可正反觀 其未發前
氣象 將何補矣 嗟乎 人與人之相接 非卽人倫乎 人倫之所自盡 非卽至善乎 若不據
人倫 單取此意 求所以誠之 單取此心 求所以正之 則混漾恍惚 沒摸沒捉其不歸於
坐禪之病者 鮮矣 尙何至善之可得哉.

다산은 『대학』의 원문이 말하고 있듯이, "자식으로서는 효에, 신하로서는 경에, 사람들과 교제할 때에는 신信에, 부모로서는 자애에, 임금으로서는 인자함에 머무르는 것(止)이 바로 '지어지선止於至善'이라고" 주장하면서, 단호하게 "인륜 이외에 지선이란 없다"[20]는 논지를 피력한다. 그런데 그는 "비록 '지어지선止於至善'이 명명덕과 친민을 관통하는 것이지만, 그 힘쓸 바는 자신을 수양하는 것(自修)일 뿐이며, 남을 다스려(治人) 지선에 이르게 하는 것이 아니다"고 강조한다. 즉 "요순이 몸소 먼저 자신을 수양하여 백성을 이끌었을 뿐, 강제로 백성들을 지선에 머물도록 명령한 것은 아니다"[21]는 말이다.

이제 삼강령과 연관한 주자와 다산의 쟁점을 비교·검토해 보기로 하자.

우선 주자는 '명덕明德'을 이기론에 의해 설명했다. '천명의 성(=理)'을 우리 인간이 부여받고 태어난 것을 '덕德'이라고 하고, 이 덕은 허령불매하여 온갖 이치를 갖추고 만사에 응대하지만, 기품과 인욕에 구애되어 때로 어두워지기 때문에 기질을 바로 잡아(矯氣質) 그 처음을 회복하는 것(復其初)이 바로 명명덕이라 했다. 그러나 덕행을 논한 책으로 『대학』을 해석하는 다산은 주자의 이기·심성론에 의한 명덕 해석을 비판한다.

---

20. 『全書』『大學公議1』, 12쪽. 議曰 止於至善者 爲人子止於孝 爲人臣止於敬 與國人交止於信 爲人父止於慈 爲人君止於仁 凡人倫之外 無至善也.

21. 『全書』『大學公議1』, 12쪽. 止至善一句 雖爲明德新民之所通貫 而若其用力 仍是自修 非治人使止於至善也… 堯舜身先自修 爲百姓導率而已 强令民止於至善 無此法也.

다산에 따르면, 명덕이란 '효·제·자'일 따름이고, 나아가 명덕을 밝힌다(明 '明德')는 것은 인륜을 밝힌다(明 '人倫')을 의미할 뿐이라고 주장한다. 다산이 이렇게 주장한 근거는 "경에 의거해서 경을 해석한다"는 그의 방법에 입각해 있는데, 곧 『대학』의 명덕을 해설하는 「치국─평천하」의 절에서 바로 효·제·자를 제시했다는 것이다. 다산은 "우리 마음에는 본래의 덕이란 없으며(心本無德), 오직 곧은 성품(直性)으로 나의 곧은 마음(直心)을 행하는 것을 덕이라고 하기 때문에(德이란 直心이다), 선을 실행한 뒤에 덕이라는 명칭이 성립한다(行善而後 德之名 立焉)"고 한다. 이렇게 다산은 주자의 이기·심성론적 명덕 해석에 반대했다. 즉 다산은 덕의 선천성을 부정하고, 두 사람(人+二)을 의미하는 인(仁)의 덕 역시 사람과 사람의 관계에서 그 도리를 다할 때에 실현된다고 주장한다.

그렇다면 과연 다산의 주장대로 마음은 본래의 타고난 덕이 없는 것일까? 진정 다산은 주자의 논점을 정확히 논파한 것일까? 주자가 말하는 덕은 우선 다음의 의미를 지닌다.

> 만물이 얻어 지니고 태어난 것을 일러 덕이라 한다(物得以生謂之德).[22]

나아가 주자는 "습한 것은 물의 덕이며, 뜨거운 것은 불의 덕이다"고 하듯이, 우리 마음은 사랑의 이치(愛之理)인 인(仁)을 마음의 덕(心之德)으로 얻어 지니고 태어났다고 말했다. 그렇다면 마음은 인의 덕을 지

---

22. J. Legge, The Chinese Classic I, Hong Kong Univ Press, 1960, p. 145.

174

니고 태어났음을 어떻게 알 수 있는가? 이에 대한 주자의 증명을 살펴보자.

그러나 사단이 아직 피어나기 전 이른바 혼연한 전체는 소리와 냄새로 말할 수 없으며, 모양으로서도 말할 수 없는데 무엇으로 찬연하게 이와 같은 조리가 있음을 알 수 있겠는가? 대개 이치의 증험이란 바로 피어난 곳에 의존하여 나아가 증험할 수 있다. 무릇 물物에는 반드시 뿌리가 있다. 본성의 이치는 비록 형상이 없으나, 단서가 피어난 것에서 가장 잘 증험할 수 있다. 그러므로 그 측은으로 말미암아 반드시 인이 있음을 알고, 수오로 말미암아 반드시 의가 있음을 알고, 공경으로 말미암아 반드시 예가 있음을 알고, 시비로 말미암아 반드시 지가 있음을 안다. 본래 이치가 안에 없다면, 어떻게 밖에 단서가 있을 수 있겠는가? 밖에 단서가 있음으로 말미암아 반드시 안에 이치가 있음을 속일 수 없다.[23]

예컨대 인식상(우리에게서 먼저인 것으로 본다면) 무조건적·자발적으로 발출한 순수하게 선한 감정인 사단이 있다는 것으로 미루어 논하면(推而論之) 우리는 본성이 인의예지의 사덕을 지니고 태어났음을

---

23. 『朱子文集』58, 「答陳器之二書」. 然四端之未發也 所謂渾然全體 無聲臭之可言 無形象之可見 何以知其燦然有條若此 蓋是理之可驗 乃依然就他發處驗得 凡物必有本根 性之理 雖無形 而端緒之發 最可驗 故由其惻隱 所以必知其有仁 由其羞惡 所以必知其有義 由其恭敬 所以必知其有禮 由其是非 所以必知其有智 使其本無是理于內 則何以有是端于外 由其有是端于外 所以必知有是理于內 而不可誣也.

알 수 있다는 것이다. 과연 다산은 주자의 이 논증에 어떻게 대답할 것인가?

물론 주자가 말하는 '본성 = 이치 = 덕'은 형이상자이다. 마음의 본성은 형이상자로 소리·형적·냄새·영향 등이 없기 때문에, 별개의 어떤 하나의 사물로 존재하지 않는다. 그렇다면 바로 이 때문에 다산은 "마음에는 본래 덕이 없다"고 말했는가? 그런데 다산은 "오직 곧은 성품(直性)으로 나의 곧은 마음(直心)을 행하는 것을 일러 덕이라고 한다(德＝行＋直＋心＝直心을 行한다)"라고 말했는데, 여기서 말하는 곧은 성품(直性)과 곧은 마음(直心)이란 무엇을 말하는가? "선(善)을 실행한 후에야 덕이라는 명칭이 성립된다"고 하였는데, 이때의 선이란 무엇인가? 선천적인 개념인가, 아니면 후천적인 것인가? 그리고 다산이 말하듯 곧은 마음(直心) 곧은 본성(直性)이 있다는 사실을 근거로 해서, 주자처럼 우리 인간이 '곧은 이치'를 지니고 태어났다고 할 수는 없는 것인가? 주자는 덕을 또한 다음과 같이 정의했는데, 여기서 말하는 덕은 다산의 정의와 거의 차이가 나지 않는 것으로 보인다.

> 덕이란 체득함을 말하는데, 도를 행할 때에 마음에 체득되는 것을 말한다(德之爲言 得也 行道而得於心也).[24]

사실상 다산은 "『맹자』에 '학교는 하·은·주 삼대가 같이 있었던 것인데, 모두 인륜을 밝히자는 것(明人倫)이었다'고 했으니, 인륜을 밝

---

24. 『論語集註』 2:1.

힌다(明人倫)는 것은 효제를 밝힌다는 것이 아니겠는가?"라고 말하여 명덕은 인륜이고, 인륜은 효·제·자에 지나지 않는다고 말했다. 윤륜(人+侖)이란 '사람의 모임과 그 질서'를 의미하는 것으로 풀이할 수 있다. 나아가 '인仁' 또한 다산의 지적처럼 '두 사람'을 의미하며, 인간을 관계적 존재로 정의하는 동시에 관계 가운데에 실현되는 도리라고 말할 수 있다. 그래서 『맹자』 또한 "성인聖人은 인륜의 극치이다"고 말했을 것이며, 여기서 인륜이란 다산의 지적처럼 당연히 효·제·자를 의미한다고 할 수 있다.

여기서 우리의 질문은 "효·제·자를 근거 짓는 원리는 무엇인가?" 하는 것이다. 무엇이 효·제·자를 인륜의 도리이게 하는 것인가? 예를 들어, 우리는 "세 변의 길이가 같은 삼각형은 정삼형이다"는 원리가 먼저 있기 때문에, 이 원리에 의거해서 이 원리를 지니고 태어난 삼각형을 정삼각형이라고 칭한다. 비록 현실에서는 세 변의 길이가 같은 삼각형의 원리를 지니고 있는(정삼각형의 덕) 정삼각형 밖에 존재하지 않는다고 하더라도, (비록 소리, 색깔, 냄새, 영향 등은 없지만) "세 변의 길이가 같은 삼각형은 정삼형이다"는 원리가 이념적으로 먼저 존재하기 때문에 현실에 이 원리를 지니고 있는 삼각형을 정삼각형이라고 부르지 않는가? 다산의 입장은 이것을 설명해 주지 못하는 듯하다.

맹자는 '성인은 인륜의 극치'[25]라고 말한 후, 성인의 대명사인 순임금은 "인의를 행한 것이 아니라(非行仁義), 인의에 말미암아 행했다(由仁

---

25. 『孟子』7:2. 孟子曰 規矩方圓之至也 聖人人倫之至也.

義行)"[26]고 했다. '유인의행由仁義行'이란 말은 인의의 내재성과 선천성을 말하지 않는가? 인의의 원리가 선천적으로 내재하지 않는데, 어떻게 인의에 말미암아 행할 수 있겠는가? 나아가 "요순은 본성 자체를 그대로 행한 사람(性之)이며, 탕무는 본성을 회복했다(反之)"[27]고 말하는데, 이 모든 것은 인륜의 근거가 되는 인간 본성의 원리가 선천적이라는 것을 의미하는 것이다. 인간 본성의 선천성을 부정하는 것은 맹자와 대적했던 고자吿子의 성무선무악설(선악무기설)과 연결될 가능성이 농후하지 않을까?

다음으로 '친민親民'에 대한 해석의 쟁점을 살펴보자. '친민'에 대해 주자는 "친親은 마땅히 신新으로 써야 한다"는 정자의 주장을 인용하면서, '신新'이란 '혁기구革其舊'로, 나의 명덕을 밝혀 미루어 남에게 나아가 '거구염지오去舊染之汚'를 말한다고 해석했다. 그런데 다산은 "이른바 명덕과 친민은 모두 효·제·자일 따름이며, 따라서 신민이 아니라 친민이 옳다"고 한다. 그렇지만 주자가 주장한 "전의 글을 통해볼 때 신민新民으로 써야 한다"는 주장은 부정할 수 없었기에, 다산은 결국 "'친親'과 '신新' 두 글자는 형상도 서로 가깝고, 그 뜻도 서로 통하기 때문에 그를 친한다는 것은 곧 새롭게 한다는 것이다. … 백성이 서로 친하면 그 백성은 곧 새롭게 되는 것이니… 이를 종합하여 본다면 이 두 가지 뜻은 어느 하나도 없어서는 안 되겠다"고 하는 절충적

---

26. 『孟子』 8:19. 舜明於庶物 察於人倫 由仁義行 非行仁義也.
27. 『孟子』 13:30. 孟子曰 堯舜性之也 湯武身之也. 14:33. 孟子曰 堯舜性者也 湯武反之也.

종합의 입장을 취했다.

그러나 주자가 신新을 '혁기구革其舊' 혹은 '거구염지오去舊染之汚로 해석하는 것에 대해서는 불교(『능엄경』)의 여래장 사상이 스며들어 있다고 비판한다. 나아가 다산은 주자가 신민新民의 조목으로 제가ー치국ー평천하를 적시한 것을 명시적으로 거부한다. 즉 "가정은 부자와 형제가 있는 곳인데, 어떻게 백성이라 말할 수 있겠는가?"라고 반문하면서, 허령불매한 심체의 덕을 백성에게 밝히는 것이 아니라 효·제·자가 백성에게 실현되는 것이 친민이라고 주장한다.

여기서 주자의 해석에 불가의 흔적이 남아있다는 것은 논외로 하고, 친민과 신민의 차이에 대해 간단히 논의해 보기로 하자. '친민親民'으로 읽으면, '친親'이란 '목木+립立+견見'으로 "나무가 자립하도록 돌보는 것"을 의미하며, 따라서 명명덕을 먼저 이룬 사람이 "아직 자각을 통해 자립하지 못한 백성들을 자립할 때까지 지켜 돌보아 주는 교화敎化"를 의미한다. 그런데 주자처럼 신민新民으로 보면, ① 원문의 수정일 뿐만 아니라, ② 민民을 혁신革新되어야 할 피동적인 존재로 규정하는 것이 된다. 그렇지만 이러한 주장은 다음과 같은 장점을 지닌다. 첫째, 정치政治의 '정政(正[28]+攵)'이란 "정의를 구현하기 위해 공권력을 행사하는 것"[29]을 의미한다고 할 때, 이 신新(木+立+斤) 자는 정치의 본령이 무엇인지를 잘 표현해 준다고 하겠다. 그리고 이 해석은 『맹자』의 다음 언명의 지지를 받을 수 있다.

---

28. 『論語』12:17. 季康子 問政於孔子 孔子對曰 政者正也 子帥以正 孰敢不正.

29. 『論語集註』02:01. 政之爲言正也, 所以正人之不正也.

맹자가 말했다. "군자는 사물에 대해서는 아끼지만(愛), 인仁으로 대하지는 않는다. 백성에게는 인仁으로 대하지만, 친親하지 않는다. 친척과는 친하면서 백성에게는 인仁하고, 백성에게는 인仁하면서 사물은 아낀다."[30]

유교적인 입장에서 본다면, '신민新民'은 결국 친민親民이 될 때, 그 목표가 달성된다고 할 수 있다. 왜냐하면, 신新(木+立+斤; 나무木가 자라 자립立하면, 도끼斤로 잘라 새로운 무엇을 만드는 것)의 수단이 되는 도끼(斤)는 곧 성인이 제정한 예악형정禮樂刑政을 의미(修道之謂敎. 敎猶禮樂刑政)한다. 성인의 가르침으로서 예악형정이란 모든 백성들이 본성의 덕을 실현하도록 길을 닦아 주는 인정仁政 혹은 덕치를 의미한다. 이렇게 덕으로 교화하는 정치는 비유하자면 북극성이 제자리에 있으면 모든 별이 그에게 향하는 것과 같이"[31] 시행된다는 점에서, 이러한 신민의 의미는 친민으로 나아갈 수밖에 없다. 바로 이 점에서 다산이 말한 바, "친하다는 것은 곧 새롭게 한다는 것이며, 따라서 이 두 뜻은 어느 하나도 없어서는 안 되겠다"고 하는 절충적 종합의 입장은 정당하다고 하겠다.

'지어지선止於至善'에 대한 해석에서, 주자는 지선을 '사리당연지극事理當然之極'으로, '지止'는 지선에 '도달하여 옮겨가지 않는 것'으로 보았

---

30. 『孟子』7상:45. 孟子曰 君子之於物也 愛之而弗仁 於民也 仁之而弗親 親親而仁民 仁民而愛物.

31. 『論語』2:1. 子曰 爲政以德 譬如北辰 居其所 而衆星 共之.

다. 그리고 '지어지선'을 명명덕과 신민의 궁극적인 차원에서의 통일적 지향으로 간주한다. 그런데 다산은 "지선이란 '인륜의 지덕至德'이며, 성誠하면 지선에 도달한다"고 했다. 다산은 주자의 방법론이 좌선의 병폐가 있다고 비판하면서, 사람과 사람의 교제에서 인륜이 형성되며, 인륜의 도리를 스스로 극진히 하는 것이 곧 지선이라고 말한다. 나아가 다산은 지어지선 또한 자신의 수양(自修)에 있을 따름이라고 주장했다. 주자가 '지선'을 이치와 당연이라는 관점에서 해석했다면, 다산은 효·제·자로 대표되는 인륜적 덕목의 실천으로 주석했다. 이것은 이미 '명덕明德'에 대한 해석에서부터 예견된 결론이다.

여기서도 두 사람의 철학체계와 강조점의 차이를 여실히 확인할 수 있다. 그런데 지선을 다산처럼 인륜에만 국한하여 효·제·자의 실천으로 정의하면 간략하여 실천이 용이하겠지만, 이는 또한 인간 중심주의로 귀결될 위험성은 없겠는가? 여기서 우리는 "새도 마땅히 자기가 머물러야 할 장소에 머물러 있구나! 하물며 사람이 되어서야"[32]라고 말한 공자의 언명을 되새겨 볼 필요가 있다고 생각한다. 과연 새와 같은 금수에게는 '지선'이란 없는 것일까?

---

32. 『大學章句』전3:2. 詩云 緡蠻黃鳥 止于丘隅 子曰 於止 知其所止 可以人而不如鳥乎.

격물치지에 대한 해석

주자는 경1장(古之欲明明德於天下者 先治其國 … 致知在格物)의 구절을 근거로 대학의 조목을 "격물—치지—성의—정심—수신—제가—치국—평천하"로 나누어 팔조목[33]으로 규정하고, 수신修身을 중심으로 앞의 단계는 제1강령인 명명덕明明德에, 뒤의 단계는 신민新民에 대한 조목으로 해석했다. 그런데 문제는 "격물치지론"에 있다.

"격물치지론"은 주자가 『대학장구』에서 "자왈청송오유인야子曰聽訟吾猶人也…" 이후에 "차위지본此謂知本"이라는 구절에 대해 "연문衍文이다"는 정자의 주석을 수용하고, 그 다음의 "차위지지지야此謂知之至也"라는 구절에 대해 "이 구절 위에 따로 빠진 글이 있으며, 이는 단지 그 결어일 따름이다"[34]고 주석을 하면서, 이른바 「격물보전」을 덧붙임으로써 야기되었다. 그런데 주자는 거경居敬과 궁리窮理를 학문 방법론의 양 날개로 하면서도, 선지후행 혹은 주지주의적 입장에서 다른 조목들에 선행하는 분명한 '격물치지론'을 피력했다.

격물치지에 대한 해석에서 주자는 우선 격물의 "격格은 이르다(至)'로, 물物은 사事이다."라고 해석하면서, "사물의 이치를 궁구하여 미루어 나아가 극처에 도달하지 않음이 없고자 하는 것이다."라고 해석한다. 그리고 '치지'의 '치致는 미루어 다함(推極也)으로, 지知는 앎(識)으로' 풀이하면서, "나의 지식을 궁극까지 미루어 나아가, 그 앎이 다하지

---

33. 『大學章句集註』경1:4장의 주자 주석 참조.
34. 『大學章句』4:1–5:1 참조.

않음이 없고자 하는 것이다"라고 주석했다.[35] 이러한 격물치지론을 통해 주자는 ① 우선 방법론상에서 "모든 것은 마음이 지은 것이다(一切唯心所造)" 혹은 "일체는 오직 식일 따름이고(一切唯識), 삼계가 오직 마음일 따름이다(三界唯心)"고 말하는 불교적 유심론에 반대하는 신유학적 이치 탐구 방법을 분명히 제시하여 실학實學으로서 유학을 정립하고자 했다. 그리고 ② 성의·정심과 같은 인간 마음과 의지 또한 사물의 질서를 형성하는 이치를 궁구하는 격물치지에 의존하지 않을 수 없다는 주장을 피력했다. 그래서 그는 "물격物格은 사물의 이치의 극처에 도달하지 않음이 없는 것이고, 지지知至는 내 마음의 앎이 다하지 않음이 없는 것이다. 앎이 다하면 의지가 성실해 지고(意誠), 의지가 성실하면 마음이 바르게 된다(心正). 이상은 명명덕의 일이고, 제가齊家 이하는 신민新民의 일이다. 물격物格-지지知至는 머무를 곳(所止)을 아는 것이고, 의성意誠 이하는 모두 머무를 곳을 얻는 차례이다"[36]라고 말했다.

이에 대해 다산은 우선 왕양명王陽明 등이 주장한 대로『대학』은 착간이나 궐문이 없는[37] 온전한 경전이라는 주장을 받아들이면서,『대학장구』경1장의 첫 16글자를 제외하고 "지지이후유정知知而后有定에서… 기소박후미지유야자其所薄者厚未之有也"까지, 그리고 전5장으로 옮겨놓

35.『大學章句集註』경1:4에 대한 주자주석. 致推極也 知猶識也 推極吾之知識 欲其所知無不盡也 格至也 物猶事也 窮至事物之理 欲其極處無不到也.

36.『大學章句集註』경0:5에 대한 주자집주. 物格者物理之極處無不到也 知至者吾心之所知無不盡也 知旣盡則意可得而實矣 意旣實則心可得而正矣 修身以上明明德之事也 齊家以下新民之事也 物格知至則知所止矣 意誠以下則皆得所止之序也.

37.『전서』『대학공의1』, 8쪽 참조.

은 "차위지본此謂知本 차위지지지야此謂知之至也"까지를 포함하는 것이 바로 「격물치지」에 관한 장이라고 주장한다.[38] 결국 다산은 『대학』의 구성체계를 ① 태학지도大學之道의 이념을 천명한 첫 16자로 구성된 부분, ② '격물치지'를 설명한 부분, 그리고 ③ 성의-정심-수신-제가-치국-평천하의 6조목을 설명하는 부분 등 크게 세 부분으로 나누었다. 따라서 다산은 '격물치지'를 '태학의 도'와 그것을 구체적으로 실현시키는 방법인 6조목을 연결·설명해 주는 기능을 수행하는 것으로 보았다.

주자의 견해와 대비하여 다산의 '격물치지'의 의미를 살펴보자. 먼저 물物과 사事에 대한 견해부터 살펴보자. 주자는 경1:5장("物有本末 事有終始 知所先後 則近道矣")에 대해 "명덕明德은 본本이고, 신민新民은 말末이고, 지지知止는 시작이고, 능득能得은 끝이다…"[39]고 말했으며, '격물'의 '물은 사와 같다(物猶事也)'고 주석했다. 그런데 다산은 "그대가 말한 본말本末·종시終始는 왜 『대학장구』와 다른가?"라고 자문하면서, "물物이란 자립하여 형상을 이루고 있는 것의 이름이다. 사事는 작위함이 있는 것의 이름이다. 덕德과 민民은 物이라고 이를 수 있지만, 명덕明德과 신민新民은 사事와 물物이 섞였다"[40]라고 한다. 이러한 물과 사에 대한 관점에서, 다산은 "물物은 의意·심心·신身·가家·국國·천하天下

---

38. 『全書』「大學公議2」, 17쪽 참조.

39. 『大學章句集註』경1:3에 대한 주자집주. 明德爲本 新民爲末 知止爲始 能得爲終 本始所先 末終所後.

40. 『全書』「大學公議1」, 15쪽. 或問曰 子所言本末終始 違於章句 何也 答曰物者 自立成形之名也 事者 有所作爲之名也 德民 可謂之物 明德新民 則事物混矣.

이고, 사事는 성誠·정正·수修·제齊·치治·평平이다"[41]고 주석한다. 그리고 "의·심·신은 본本이고 가·국·천하는 말末이지만, 본말 가운데서도 앞의 것은 뒤의 것의 본이 된다. 성誠-정正-수修는 시始이고 제齊-치治-평平은 말終이 되지만, 종시終始 가운데에서도 앞의 것은 뒤의 것의 시작이 된다. 그리고 본本·시始는 선先이 되고, 말末·종終은 후後가 되니, 선후를 알면 도에 가깝다"라고 해설한다.[42] 물·사, 본·말, 종·시를 이렇게 정의하고, 다산은 다음과 같이 해석한다.

> (치지致知의) '치致'는 '지극히 하는 것(至之; 이르게 하는 것)'이며, (격물格物의) '격格'은 '상량·헤아림(量度)'이다. '먼저 하고 뒤에 할 것을 지극히 아는 것(앎을 지극히 하는 것)이 치지致知'이며, 물의 본말을 상량·헤아리는 것(量度)이 격물이다.'[43]

다산은 '격물치지'를 "물物의 본·말과 사事의 종·시 사이에 성립하는 선후 관계의 차례를 지극히 인식하는 것이다"라고 해석했다. 그리고 주자의 격물론(格至也, 物猶事也)을 다음과 같이 비판한다.

---

41. 『全書』『大學公議1』, 15쪽. 物者 意心身家國天下 事者 誠正修齊治平也.
42. 『全書』『大學公議1』, 15쪽. 本始所先 末終所後 … 斯近道矣…意心身 本也 家國天下 末也 然修身又誠意爲本 … 誠正修 始也 齊治平也 終也 其終始之中 又各有終始 如本末之例也.
43. 『全書』『大學公議1』, 15쪽. 致 至之也 格 量度也 極知其所先後則致知也, 度物之有本末則格物也.

물物이 무엇인지 정해진 뒤에야 '격格'을 논의할 수 있다. 물이 심心·신身·가家·국國이라는 것을 확연하게 정해지면,『삼창』·『이아』·『설문』의 훈고를 통집通執하여, 우리가 다루는 물에 합당한 것을 취사선택하여 격물을 훈고하는 것이 당연한 이치이다. 온다(來)고 하거나 이르다(至)고 말하는 것은 모두 옛 근거가 있기는 하지만, 우리가 다루는 물에 전혀 부합되지 않는 것은 무엇 때문인가? (차라리) 왕양명이 격물格物을 사물을 바로 잡는다(正物)이라고 훈고한 것은 오히려 타당하지만, 사마온공처럼 물욕을 막아낸다(扞格物欲)고 풀이하면 格자의 음은 호와 객의 반절음으로 원래 같은 글자가 아닌데, 그 형태가 우연히 같을 따름이다.[44]

나아가 다산은 "『중용』에서 성誠이란 물의 종시終始라고 했는데, 시始는 자기를 이룸(成己)이고, 종終은 남을 이룸(成物)이다. 자기를 이룸은 자신을 닦음(修身)이고, 남을 이룸은 백성을 교화함(化民)이다. 그렇다면 자신을 닦음은 성의誠意를 으뜸의 공부로 여기어, 성의로부터 시작해 들어가서 성의를 따라 착수하여 내려가는 것이니, 성의 앞에 또 어찌 두 층의 공부가 있겠는가?"[45]라고 질문하면서, '격물치지'를 성의이하

44.『全書』『大學公議1』, 16쪽. 物定然後格可議也 物之爲心身家國 其確然可定 則通執三蒼爾雅說文之詁訓 擇取其合於我物者 以訓格物 乃當然之理也 曰來曰至 雖皆有古據 奈與我物不合何哉 王陽明訓之爲正物 猶之可也 若司馬溫公扞格物欲之解 則格音 胡客切 原非同字 其形偶同耳.

45.『全書』『大學公議1』, 15–16쪽. 議曰 中庸曰 誠者 物之終始 始者成己也 終者成物也 成己者 修身也 成物者 化民也 然則修身原以誠意爲首功 從此入頭 從此下手

의 6조목과 분리시킨다. 그래서 다산은 그 이하의 구절("物格而后 知至 知至而后 意誠 意誠而后 心正 心正而后 身修 身修而后 家齊 家齊而后 國治 國治而后 天下平")을 다음과 같이 「공의」하여 말한다.

『대학』에는 삼강령이 있고, 삼강령은 각각 삼조목을 영유하고 있으니, 그 모두는 효·제·자이다. 이 절은 명덕─신민의 조목이 아니다. 또한 문맥은 비록 8번 전환하였지만, 사事는 오직 6조목일 따름이니, 격물치지를 병산하여 8조목으로 간주하는 것은 부당하다. 격치육조致六條라고 명명해야 명칭과 실상이 거의 어울릴 것이다.[46]

이제 격물치지에 대한 주자와 다산의 쟁점을 비교, 검토해 보자.

주자는 『대학장구』에 "자왈청송오유인야子曰聽訟吾猶人也…" 이후에 "차위지본此謂知本"을 연문衍文으로, 그 다음의 "차위지지지야此謂知之至也"에는 궐문이 있고 그 결어일 따름이다"고 말하면서 「격물보전」을 덧붙였다. 그리고 '격물'에 대해 '격格은 이르다(至), 물物은 사事이다'고 해석하고, '치지致知'에 대해서는 '치致는 미루어 다함(推極也), 지知는 앎(識)'으로 풀이하여, 선지후행 혹은 주지주의적 입장을 드러내었다. 이에 대해 다산은 『대학』에는 착간이나 궐문이 없다는 주장하면서, "지

<hr />

誠意之前 又安有二層工夫乎.

46. 『全書』『大學公議1』, 17쪽. 議曰 大學有三綱領 三綱領各領三條目 皆是孝弟慈 此節 非明德新民之條目也 此文雖八轉 事有六條 格物致知 不當并數之爲八 名之曰格致六條 庶名實相允也.

지이후유정知知而后有定에서… 기소박자후미지유야其所薄者厚未之有也"까지가 바로 「격물치지」에 해당하는 장이라고 주장한다. 그리고 주자와는 달리 물과 사를 구분하고 "물은 의意·심心·신身·가家·국國·천하天下이고, 事는 성誠·정正·수修·제齊·치治·평平이다."고 말한다. 그리고 그는 격물의 '격格은 양탁量度이며, 따라서 격물치지란 "물의 본말과 사의 종시 사이에 성립하는 선후 관계의 차례를 지극히 인식하는 것이다."고 주장했다. 그리고 그는 주자의 팔조목설八條目說을 부정하고, '격치육조설格致六條說'을 주장했다.

주자는 대학의 종지를 나타내는 경1장을 기반으로 삼강령-팔조목의 순서로 원문을 재편집하였는데, 이는 분명 「고본대학」보다 선명한 논리구조를 지니고 있다. 그리고 전문傳文 7~10장의 구조를 보면, 모두 "소위所謂….자者 …, 차위此謂…."라는 구조로 되어 있다. 그리고 7장 또한 그런 구조("所謂修身在正其心者 …此謂修身 在正其心")를 이루고 있다. 그렇다면 7장 앞에는 그런 구조로 3개의 장, ① 所謂致知在格物者 … 此謂致知在格物, ② 所謂誠其意在格物者 …此謂誠其意在致知, ③ 所謂正心在誠其意者 …此謂正心在誠其意이 더 있어야 한다고 하겠다. 그런데 주자는 ①~②를 묶어 자신의 「격물보전」으로 처리하였고, ③은 고본古本의 다른 곳(1장)에 있던 것을 가져와 6장에 배치했다. 주자의 이러한 입장은 『대학』의 원문, 物格而后 知至 知至而后 意誠 意誠而后 心正 心正而后 身修 身修而后 家齊 家齊而后 國治 國治而后 天下平이 팔조목을 제시하는 것으로 해석할 수 있다면, 상당한 설득력을 지닌다.

그런데 다산은 스스로 "내가 말하는 것은 경문經文이지, 내 스스로 말한 것이 아니다"[47]라고 말하고 있듯이, 「고본대학」을 그대로 존숭하면서 착간과 궐문이 없다고 간주했다. 다산의 주장에 따르면, 위의 글은 "문맥은 비록 8번 전환하였지만, 사事는 오직 6조목일 따름이니, 격물치지를 병산하여 8조목으로 간주하는 것은 부당하다. '격치육조物致六條'라고 명명해야 명칭과 실상이 거의 어울릴 것이다"라고 말했다. 즉 『대학』의 조목을 팔조목으로 보면, 주자가 주장한 궐문과 착간의 가능성이 높다는 쪽으로 귀결될 것이기 때문에, 다산은 이런 주장을 했다고 생각된다. 물론 『대학』에는 궐문이나 착간이 없고, 「고본대학」의 원문만이 그 전부라면 다산의 주장은 상당한 설득력이 있다. 여기서 주자의 격물치지론에 대한 다음과 같은 평가에 참조할 필요가 있다.

이학理學은 한유韓愈로부터 발전되었는데, 이학적 측면에서 이해된 『대학』은 … 선비와 관리들에게 지식과 수양의 기본 방법도 제시한 것으로 평가된다. 그러나 『대학』의 격물치지설은 한유에 의해 소홀히 다루어졌다. 이정과 주자가 『대학』을 중시하였던 것은 결국 '격물치지' 네 글자 때문이었다. 달리 말하면, 『대학』의 '격물'과 '치지'의 조목 때문에 주자가 전傳을 보충한 것이지, 『대학』에 본래 빠진 문장이 있었기 때문은 결코 아니라는 것이다. 그것은 곧 주자의 작업이 … 이학의 방법론과 수양론의 필요에 맞춘 것이라는 의미가 된다. 그리하여 『대학』 전체의 장구에도 이학의 영향이 확대됨으로써 하나의 완전한 철학 교본을 제공

---

47. 『全書』『大學公議1』, 12쪽. 我所言者 經也非我也.

하기에 이른 것이다.[48]

　바로 이런 이유에서 정―주의 이학체계를 해체하고자 했던 다산 정약용은 주자의 「격물보전」의 필요성 자체를 부정하고, '격치육조'의 체계로 재해석했다고 하겠다.

---

48. 진래(이종란 외 옮김), 『주희의 철학』, 예문서원, 2002, 315~316쪽.

4. 맺는말

신진사대부로서 송대朱代 이정二程과 주자는 당시 불교와 도가의 정치한 형이상학의 영향을 받으면서도 그것을 극복하고자 체용 및 이기론으로 원시 유학을 재해석하여 인간 본성을 천리로 확인(성즉리)하는 거대한 형이상학적 체계를 건립했다. 도학, 이학, 성리학, 정주학, 주자학 그리고 오늘날 서구에서 신유학 등으로 칭해진 자연과 인간을 일체로 정립한 이 거대한 체계는 곧 원대 이래 중국에서 정통으로 인정되어 과거 시험의 표준 교과서로 채택되었을 뿐만 아니라, 특히 고려 중기 이 땅에 전래되어 당시 신진사대부들의 지도이념이었다. 또한 조선 개국과 동시에 국가 이념으로 채택되어 독존적 지위를 점하면서 점차 여타 학설을 이단사설, 사문난적으로 배척하는 존주대의의 극단적 복고주의와 보수주의의 전형으로 전락해 갔다는 것은 잘 알고 있는 사실이다.

조선 후기 사회 모순의 심화는 체제 변혁을 요구하게 되었고, 이러한 요구는 다시 지식인에게 지배 이념의 변형을 갈구하게 만들었다. 그것의 표현이 오늘날 이른바 '실학實學'으로 통칭되는 새로운 학문 기류를 형성하게 되었는데, 그의 집대성자는 다산 정약용임이 틀림없다. 당시는 유교 국가였으며, 유교는 도통의 학으로 인식되었기에 경학의 형태를 지닐 수밖에 없었다. 시대를 개혁할 새 학문은 당시 지배적인 경학의 패러다임, 즉 주자의 사서집주로 대표되는 체계를 해체하고, 새로운 패러다임에 의한 원시 유학을 재해석하거나 혹은 새로운 시대를 예비할 세계관을 담지하는 특성을 지니게 된 것은 당연한 수순이라고 하겠다.

다산에 의해 시도된 주자 패러다임인 이기 및 체용론, 그리고 주지주의적 "격물치지론"의 해체는 이런 맥락에서 보면 이해할 수 있다. 즉 주자 체계를 해체할 새로운 패러다임을 모색하던 다산은 당시 우주적 보편적 이념인 이치로 확인되던 성(=明德)을 마음의 기호로 해석함으로써 그 실체성을 박탈하고, 인의예지를 인간 내적인 것으로 이해하는 데에서 오는 정적화靜寂化의 경향을 과감히 탈피하여 그 사회적 실천(事行)에 정진할 것을 강조한 것이라고 하겠다. 『대학』의 삼강령과 격물치지에 대한 해석에서도 다산은 이 과제를 수행했다. 그래서 그는 주자의 이기론으로 해석되던 명덕, 신민, 지어지선의 삼강령을 효·제·자로 대표되는 인륜적 실천덕목으로 치환하고 이른바 "마음에는 본래 덕이 없으며(心本無德), 선을 행한 이후에 덕이라는 명칭이 정립된다(行善而後 德之名立焉)"는 입장을 고수하게 된다. 그리고 주자의 '주지주의적인 격물치지론'을 배격하고, 성誠을 중심으로 한 육조목을 제시했다.

이른바 '실학의 집대성자'로서 다산은 한대이래 수많은 경학자들 중 가장 많은 창견과 신설을 제시한 학자 중 한 사람으로 간주된다. 그리고 그가 경학 해석에서 보인 창견이 지닌 배경과 지향점은 주자를 위시한 송학에 의해 왜곡을 비정하려고[1] 시도한 탈성리학적,[2] 또는 반주자학적[3] 성향을 지닌 '개신유학'[4]이라고 말했다. 그런데 여기서 우리가 지니는 문제의식은 다음과 같다. 즉 유학 혹은 자신의 학문을 '실학'이라고 지칭한 인물은 바로 주자라는 사실이다.[5] 그런데 주자의 체계를 비판·해체하고자 하는 다산을 우리는 일반적으로 실학의 집대성자로 부른다는 사실이다. 그렇다면 여기서 우리의 질문은 이 양자가 지칭하는 '실학'은 어떤 차이가 있는가 하는 것이다. 그리고 다산이 『대학』에 대한 관점은 정주로 대표되는 성리학적 세계관을 해체−재구성했다는 점에 있어서는 해석자들 간의 의견일치를 보이고 있다고 하더라도, 그 지향점에 있어서는 ① 원시유학의 진면목회복과 ② 근대 실천지향 등으로 다른 해석이 있다. 그런데 여기서 우리는 지금까지의 논의의 결과 다음과 같은 입장이 온당한 해석이라고 받아들인다.

1. 김언종, 「육경사서에 대한 다산의 기본 인식」, 『다산의 경학세계』, 2002, 5−6 및 20쪽.
2. 정일균, 「다산 정약용 경학의 배경」, 앞의 책, 67쪽.
3. 박완식, 「대학해설」, 『대학 대학혹문 대학강화』, 이론과실천, 1993, 25−29쪽 참조.
4. 이을호, 『이을호전집II : 다산학총론』, 예문서원, 2000, 17쪽.
5. 『中庸章句』序 . 其書始言一理 中散爲萬事 末複合爲一理 放之則彌六合 卷之則 退藏於密 其味無窮 皆實學也 善讀者 玩索而有得焉 則終身用之 有不能盡者矣.

다산의 『대학』의 해석방법을 반주자학적이라고 단안하는 것은 온당하다고 할 수 없다. 물론 반주자적인 해석이 주종을 이루고 있다고 하여도 모든 주석을 선별하여 취사선택했다. 정자의 주석도 따라서 옳다고 추종할 때도 있으며, 양명설을 추종할 때도 있다. 다산은 제가의 학설을 독자적 입장에서 받아들여 일가의 학설을 형성한다.[6]

지금까지 다산의 『대학』의 해석에서 우리가 확인한 것은 ① 주자의 철학체계인 이기·심성론에 의한 해석의 명시적인 거부, ② '경에 의해 경을 해석한다'는 해석학적 입장을 취하면서 오로지 진리의 추구와 실천에 정진했다는 사실이다. 그런데 다산이 성리학적인 이기·심성론의 체계를 명시적으로 거부했다는 사실은 분명 성리학과는 다른 세계관을 생각하고 있었다는 것을 말해 주지만, 그것이 근대성이라고 말할 수 있을 지는 미지수라고 하겠다. 왜냐하면 근대는 개인주의(개인실체론, 사회명목론)를 주창하지만, 다산은 『대학』 해석에서 그 누구보다도 '관계적 인간'을 내세우고, 관계성하에서 해야 할 도리(孝弟慈)를 다할 것과 바로 그렇게 할 때에 비로소 덕이 정립된다는 말하고 있기 때문이다.

---

6. 정병련, 앞의 논문, 109쪽.

3부

중 용

中庸

5장

—

주자의 『중용』 해석

1. 주자와 『중용』

『중용』은 『한서漢書』「예문지藝文志」의 「육예략례류六藝略禮類」에 「중용설中庸說」 두 편이 기록되어 있는 것을 필두로 하여, 『수서隋書』「경적지經籍志」의 「예기중용전禮記中庸傳」, 양무제梁武帝의 『중용강소中庸講疏』 등과 같이 역사적으로 꾸준한 관심의 대상이 되어 왔다. 당대唐代의 이고李翱, 772~841는 『중용』에 대한 심도 있는 해석을 시도한 최초의 인물로 평가된다. 그의 『중용설』은 불행히도 소실되어 현존하지는 않지만, 『복성서復性書』라는 다른 저서를 통해 그 일단을 알 수 있다. 그리고 이고 등의 영향으로 송대宋代에 이르러서는 여러 학자들(호원胡瑗, 진양陣襄, 교집중喬執中, 사마광司馬光 등)이 『중용』에 대한 많은 관심을 기울였다. 그 가운데 이정二程 형제는 『중용』을 공자의 문하에서 심법心法을 전하는 요체라고 규정하였는데, 이를 계승한 주자는 『중용』과 연관한 이들의 업적을 다음과 같이 기술했다.

그러나 오히려 다행스럽게도 이 글(『중용』)이 없어지지 않은 까닭에 정부자程夫子 형제가 나와서 상고하는 바가 있어 무릇 천 년간 전해지지 못한 단서를 잇고, 근거하는 바가 있어 저 두 사이비 학파(불가와 도가)를 배척했다. 대개 자사의 공이 여기에서 크게 되었으며, 정부자가 아니었으면 그 말에 근거하여 그 마음을 얻지 못했을 것이다. 아, 참으로 애석하도다! 그 학설이 전하지 못하고, 무릇 석씨라는 이가 집록한 것이 겨우 그 문인의 기록에서 나왔으니, 이로써 큰 뜻은 비록 밝혀졌지만, 아직 은미한 말씀이 분석되지 못했다.[1]

그런데 『중용』을 표창하여 사서四書의 하나로 최초로 정립한 사람은 주자라 할 수 있다. 그는 『중용』에 대한 자신의 연구와 논저에 대해 다음과 같이 말해주고 있다.

나 주희는 이른 나이 때부터 『중용』을 받아 읽고, 저의기 의심이 나서 침잠하기를 반복한 지가 또한 수년이 지나니, 어느 날 아침에 홀연히 그 요령을 얻은 듯했다. 그런 뒤에 곧 감히 여러 학설들을 모으고 절충해서 『장구』1편을 정본으로 저술하여 후의 군자를 기다리기로 했다. 그리고 한 두 동지들과 다시 석씨의 글을 취하여 번잡한 것을 산정하여 『집략』이라고 명명했다. 또한 일찍이 논변·취사한 뜻을 기록하여 별도

---

1. 朱熹, 『讀中庸法』. "然而尙幸此書之不泯 故程夫子兄弟者出 得有所考 以續夫千載不傳之緒 得有所據 以斥夫二家似是之非 蓋子思之功 於是爲大 而微程夫子 則亦莫能因其語而得其心也 惜乎 其所以爲說者 不傳 而凡石氏之所輯錄 僅出於其門人之所記 是以 大義雖明 而微言未析."

로『혹문』을 만들어 그 뒤에 부록했다. 이런 뒤에 이 글의 뜻이 가지가 나눠지고 · 마디가 풀리어 · 맥락이 관통하고 · 상세한 것과 간략한 것이 서로 연관되고 · 큰 것과 세세한 것이 모두 드러나게 되어, 모든 학설의 동이 · 득실이 또한 곡진히 펴지고 두루 통하여 각각 그 취지를 극진히 하게 되었다. 비록 도통의 전승을 감히 망령되게 의논할 수 없으나… 순희 기유년(주자 나이 60세) 춘삼월 무신일에 신안의 주희는 서문을 쓴다.[2]

이 글과「연보」를 통해서 알 수 있듯이, 주자는 어렸을 때부터『중용』을 읽어, 15~6세에 이미 어느 정도의 깨달음을 얻었으며,[3] 44세 (1173) 때에 친구 석돈石墩이 찬한『중용집해』의 서문을 썼다. 그런데 주자는 45세(1174)에 이미 여조겸呂祖謙에게 보낸 서간에『중용장구』를 첨부하였고, 뒤이어 상설詳說(「혹문或問」)을 보내면서 비정해 주기를 청했다.[4] 이러한 맥락에서 보면, 주자는 이미 40세 전후에『중용장구』의 초고를 완성하고, 곧바로『중용집략』을 편찬했으며, 또한『중용혹문』을

2. 朱熹,『讀中庸法』. "熹自蚤歲 卽嘗受讀而竊疑之 沈潛反復 蓋亦有年 一旦恍然 似有以得其要領者 然後 乃敢會衆說而折其衷 旣爲定著章句一篇 以俟後之君子 而一二同志 復取石氏書 刪其繁亂 名以輯略 且記所嘗論辨取舍之意 別爲或問 以附其後 然後 此書之旨 支分節解 脈絡貫通 詳略相因 巨細畢學 而凡諸說之同異得失 亦得以曲暢旁通 而各極其趣 雖於道統之傳 不敢妄議 然初學之士 或有取焉 則亦庶乎升高行遠之一助云爾 淳熙己酉春三月戊申 新安朱熹書."

3.『朱子語類』卷4 참조.

4.『朱子文集』23권,「答呂伯恭」 참조.

집필하면서 『장구』 또한 계속해서 수정했다. 이렇게 하기를 약 20여 년의 세월이 지난 뒤에, 주자는 60세에 『중용장구』를 완성하고 그 서문을 썼다. 주자의 『중용장구』는 그의 필생의 저작인 『대학장구』가 완성된 후 약 1개월 뒤에 이루어졌다. 주자는 "『대학』은 학문의 시작에서부터 끝을 통틀어 말하였고, 『중용』은 본원의 지극한 곳을 가리켜 주고 있다"[5]고 생각했기 때문에, 『대학』 다음에 『중용』에 대한 주석을 완성했던 것이다. 황진黃震은 "주자는 명세命世의 재주를 가지고, 만세의 도통을 자임하였는데, 평생의 힘을 다한 것이 사서四書에 있다. 사서의 귀결은 『중용』에 있다"[6]고 말했는데, 이는 정확한 지적이라고 할 수 있다.

5. 「大學讀法」 "大學 是通言學之初終 中庸 是指本原極致處."
6. 黃震, 『黃氏日抄』 卷25. 박완식 편저, 『중용』, 여강, 2008, 18쪽에서 재인용.

2. 편제와 구성에 대한 입장

『소대예기小戴禮記』전체 49편 가운데 제31편에 속했던 『중용』은 후한 시대 경학의 집대성자인 정현鄭玄, 127~200의 편집본에서는 아직 분장 分章되지 않고 있었다. 그런데 공영달孔穎達, 574~648은 『정의正義』을 편 찬하면서, 소疏를 달고 2권 33장으로 분장했다. 우선 그가 『중용』을 2 권으로 나눈 것은 그 이전부터 전해 내려온 것이 상上 · 하下 두 권이었 기 때문인지, 아니면 단순히 문장의 길이 때문이었는지, 정확한 이유 를 알 수 없다. 그리고 33장의 구분 또한 전편을 통일적으로 이해하기 위해 나눈 것은 아니었다고 평가된다. 그런데 주자 또한 『중용』에서는 (『대학』에서 시도했던 것과는 다르게) 원문과 순서를 바꾸거나 보완을 시도하지 않았다. 그렇지만 그는 최초로 나름의 원칙을 갖고 유기적 인 체계 속에서 『중용』에 대한 분장을 시도하여 오늘날까지도 상당한 타당성을 인정받고 있다.

공영달은 고본 『중용』을 33장으로 나누었지만, 아무런 두서도 없다. 8장과 9장은 관계가 매우 적은데도 합병하여 하나로 만들었다. 28장과 29장은 모두 '고故' 자로 시작하는데, 문법적으로 이상하다. 그는 또 14장의 "반구저기신反求諸其身" 이하와 부모처자를 말한 15장을 합하여 한 장으로 하였는데, 이는 분명히 서로 다른 종류의 내용이다. 주자는 장수章數와 차서次序를 바꾸지 않고, 단지 내용에 근거하여 분해했다. 절의 장단이 서로 다른 몇 개의 장에 대해서는 간단한 설명을 덧붙임으로써, 결과적으로 층차層次가 분명해졌다.[1]

그렇다면 주자는 『중용』이란 책을 어떤 연관에서 이해하고 분장하였는가? 우선 「독중용법」에서는 주자는 6대절六大節로 나누어 제시한다.

『중용』은 마땅히 6대절로 나누어 볼 것이다. 수장이 제1절이니, 중화中和를 설명했다. '군자중용君子中庸' 이하 열 장(2-11장)이 또 한 절이니, 중용을 설명했다. '군자지도비이은君子之道費而隱' 이하 여덟 장(12-19장)이 한 절이니, 은비費隱을 설명했다. '애공문정哀公問政' 이하 일곱 장(20-26장)이 또 한 절이니, 성誠을 설명했다. '대재성인지도大哉聖人之道' 이하 여섯 장(27-32장)이 또 한 절이니, 대덕大德·소덕小德을 설명했다. 마지막 장이 또 한 절이니, 수장의 뜻을 거듭 펼쳤다.[2]

---

1. 陳榮捷, 『初期儒家』, 中央研究所, 第47本, 第4分. 楊祖漢(황갑연 역), 『중용철학』, 서광사, 1999, 34쪽에서 재인용.
2. 「讀中庸法」 "中庸當作六大節看 首章 是一節 說中和 自君子中庸以下十章 是一

그런데 주자는 자신의 『중용』에 대한 최종적인 해설을 제시하고 있는 『중용장구』의 장 아래의 주(章下註)에서는 사대절四大節로 나누고 있다.

① 수장은 자사가 전한 뜻을 지어 말을 세웠는데, 전편의 체요體要이며, 그 이하 열 장(2~11장)의 부자의 말을 인용하여 수장의 뜻을 밝혔다.
② 12장은 수장의 "도불가이道不可離"의 뜻을 거듭 밝힌 것이며, 그 이하 여덟 장(13~20장)은 공자의 말을 섞어 인용하여, 이것을 밝혔다.
③ 21장은 자사가 앞장 부자의 천도天道 · 인도人道의 뜻을 이어서 말을 세웠는데, 그 이하 열한 장(22~32장)은 21장의 뜻을 반복해서 미루어 밝힌 것이다.
④ 33장은 전편을 요약하여 말한 것이다.[3]

주자의 『중용』에 대한 육대절법과 사대절법에 대해서 지금까지의 논자들은 일반적으로 그 차이점을 강조하면서 어느 것이 주자의 정설인가 하는 문제를 제기하여 왔다. 그런데 ① 「독중용법」은 호광胡廣 등이 「대전본大典本」을 만들면서 첨부한 것으로, 비록 '주자왈朱子曰'로 시작되고 있지만 명대 초기 이전에는 어디에도 실려 있지 않다는 점에서 그 근거가 박학하며, ② 따라서 주자가 수십 년간 수정에 또 수정을 거듭하며 최종적으로 제시한 『중용장구』의 사대분절을 정설로 삼아야

節 說中庸君子之道 費而隱以下八章 是一節 說費隱 哀公問政以下七章 是一節 說誠 大哉聖人之道以下六章 是一節 說大德小德 末章 是一節 復申首章之義."
3. 『中庸章句』 인용된 各章下의 註를 요약한 것이다.

한다는 주장이 설득력을 얻어 왔었다.[4] 특히 남당 한원진 같은 유학자는 「독중용법」의 육대절로 나눈 것은 쌍봉 요씨의 설로 의심하고 다음과 같이 비판한다.

> 쌍봉 요씨는 주자가 『중용』을 분절한 뜻을 따르지 않고, 스스로 자기의 의견으로 다시 정했다. … 그렇다면 제1장의 중화와 제2장의 중용이 각각 한 절이 되어 중복됨을 면치 못할 것이다. 그러니 주자의 설이 제1장을 한 편의 체요로 삼고, 또 아래 11장의 강령이 되어 두 가지 뜻이 함께 온전한 것과 어디 같겠는가? '애공문정장哀公問政章(20장)'으로 한 대절을 삼으면, 앞의 대순大舜·문무文武를 말한 여러 장(17~19장)에서 모두 치평治平의 일을 말한 것과 유형상 서로 따를 수 없게 된다. 21장 이하에도 또 위정爲政에 관한 내용이 없으니, 위와 유형상 서로 따를 지 못할 뿐만 아니라 아래와도 연관되는 것이 없으며, 또한 문리文理도 성립하지 않는다. '대재성인지도大哉聖人之道(27장)'라는 이 한 절은 실제로 윗장의 '천지지도天地之道'를 이어서 말한 것으로, 이하 여러 장에서 말한 입덕入德·성덕成德의 일 역시 앞의 여섯 장(21~26장)과 다른 뜻이 있는 것을 볼 수 없으니, 별도로 한 대절을 나누는 것이 어떻게 합당한지 알지 못하겠다.[5]

---

4. 서경요·김유곤, 「주희철학과 『중용』」, 『조선조 유학자의 중용 읽기』, 문사철, 2009, 45-47쪽 참조.

5. 韓元震, 『經義記聞錄-中庸』, 「饒王說辯」. "饒氏不從朱子中庸分節之意 自以己意 更定 …中和中庸各爲一節 又不免於疊牀而架屋矣 豈若朱子之說 旣以首章爲一篇 之體要 而又以爲下十一章之綱領 爲兩義俱全者哉 以哀公問政章 別爲一節之首

그런데 남당의 이 주장은 어느 정도 타당성하다고 할지라도, 주자가 『중용』을 '사대절'로 나눈 것뿐만 아니라 '육대절'로 나눈 것 역시 여전히 유효하다고 생각한다. 육대분절법과 사대분절법이 서로 다른 맥락과 입각점에서 제시된 것이지만, 상통하는 측면이 많기 때문이다.

주자의 「독중용법」에 나타난 육대분절법은 『중용』을 읽고자 하는 독자들을 위하여 그 내용을 주요 '개념'(中和, 中庸, 費隱, 誠, 大德·小德 등)에 따라 분류·제시한 것이다. 그런데 『중용장구』의 장 아래의 주(章下註)에 나타난 사대분절법은 『중용』 전체를 체계적인 맥락에서 분류하여 해설하는 가운데에서 나온 분류법이라고 할 수 있다.

즉 육대분절법은 『중용』에 제시된 개념에 의한 분류라면, 사대분절법은 『중용』을 유기적인 체계에 따라 분류하여 제시된 것으로, 양자는 맥락을 약간 달리하지만 두 방법 모두 유효하다고 하겠다. 왜냐하면 6대분절의 입장에 따르면, 1대절(수장)의 주제는 중화, 2대절(2-11장)의 주제는 중용, 3대절(12-19장)의 주제는 비은費隱, 4대절(20-26장)은 성誠, 5대절은 대덕·소덕, 그리고 마지막 6대절(33장)은 수장의 뜻을 거듭 밝혔다. 그런데 4대분절법에서는 우선 1~11장의 주제는 중용이라고 말했다. 주자에 따르면, 중용의 '중'은 중화를 포괄하는 개념이다(中

旣不得與大舜文武諸章 皆言治平之事者 以類相從 而二十一章以下 又無爲政之意 則上失其類 下無所比 又不成文理矣 大哉聖人之道一節 實承上章天地之道爲言 而自此以下諸章 所言入德成德之事 亦未見其與前六章異義 則別爲一絶節 亦未知 其何所當也." 최석기, 「남당 한원지의 『중용』 해석의 특징과 그 의미」, 『동방한문학』 32, 286-287쪽에서 재인용.

庸之'中'實兼'中和'之義).[6] 그렇다면 6대분절법에서 1대절(수장)의 주제는 중화이고 2대절(2~11장)의 주제는 중용이다고 말한 것은, 곧 4대분절법에서 1대절(수장에서 11장까지)의 주제는 중용이라고 말한 것과 정확이 일치한다. 그런데 6대분절법에서는 제3대절(12~19장)은 비은費隱을 다루고 있다고 말하지만, 사대분절법에서는 12에서 20장까지 비은費隱을 다루고 있다고 말했다. 따라서 20장의 포함 여부에 따라 두 입장은 약간의 차이가 난다. 그리고 6대분절법에서는 20~26장은 성誠을, 27~32장은 대덕 · 소덕을 다루고 있다고 말하지만, 4대분절법에서는 12~20장은 비은費隱을, 21~32절을 묶어 천도 · 인도를 다루고 있다고 한다. 이 양자는 표현상 약간의 차이가 나지만, 내용상 차이가 나는 것은 아니다. 따라서 문제는 『중용』20장을 어떻게 보느냐에 달려 있다.

주지하듯이 20장은 특수한 성격을 지닌 글이라고 할 수 있는데, 곧 『공자가어』에 나오는 것을 옮겨놓은 것이다. 그런데 이 장은 비록 후반부에 '성誠' 개념이 출현하고 있지만, 개념적인 측면에서 볼 때에 위정爲政에 대한 언명으로 도의 작용이 정치에 까지 두루 미친다는 것을 제시한 것이 때문에, 20장 또한 군자지도의 '비은費隱'을 말하는 것으로 해석할 수 있는 충분한 근거가 있다. 나아가 주자 자신이 사대절법을 제시한 『중용장구』에서 20장과 21장 간에는 연속성이 있다고 분명히 했다.

---

6. 『中庸章句』 二章下의 朱子註. "變和言庸者 游氏曰 以性情言之 則曰中和 以德行言之 則曰中庸 是也 然中庸之中實兼中和之義."

제21장이다. 자사께서 윗장(20장)의 부자의 천도·인도의 뜻을 이어 입
언한 것이다.[7]

20장은 군자지도의 비은을 나타낼 뿐만 아니라, 21장 이하에 나오
는 성誠·성지誠之 개념을 출현시켜 뒤의 천도·인도개념과 연결된다
고 말할 수 있다. 그렇다면 남당의 "21장 이하에도 또 위정爲政에 관한
내용이 없으니, 위와 유형상 서로 따르지 못할 뿐만 아니라 아래와도
연관되는 것이 없으며, 또한 문리文理도 성립하지 않는다"는 지적은
옳지 않음을 확인할 수 있다. 나아가 천도로서의 성誠과 그 작용인 대
덕·소덕은 인도로서의 성지誠之 개념을 함축한다는 점에서 6대분법
의 3-5절(費隱, 誠, 大德·小德)과 4대분법에서 2-3절(費隱, 天道·人道)은 거
의 차이나지 않는다고 하겠다.

마지막 장인 33장에 대한 입장은 두 분절법이 같다. 따라서 개념에
중심을 두고 분류한 6대분절법과 체계에 중심을 두고 분류한 4대분절
법은 입각점에 따라 약간의 차이가 있지만, 실질적인 구성의 측면에
서는 본질적인 차이가 거의 없다고 판단한다.

그런데 「독중용법」의 언명이 너무 간략하므로, 『중용장구』에서 피력
된 사대분절에 입각하여, 주자가 『중용』을 어떻게 구성되었다고 보았
는지에 대해 살펴보자. 주자는 1대절(1-11장)의 주제를 '중용'이라고 말
하면서 다음과 같이 해설했다.

---

7. 『中庸章句』 21章下의 朱子註. "右第二十一章 子思承上章夫子天道人道之意而立
言也."

제1장이다. 자사가 전해온 뜻을 기술·입언하여, 수장에서 도의 본원이 하늘에서 나와서 바뀔 수 없다는 것과 그 실체가 자기에게 갖추어져 있어 떠날 수 없다는 것을 밝혔고, 다음에 존양存養·성찰省察의 요지를 말하였고, 마지막으로는 성신聖神의 공효·감화의 지극함을 말했다. … 양씨가『중용』의 요체라고 한 것이 이것이다. 그 아래 10장은 대개 자사가 부자의 말을 인용하여 이 장의 뜻을 끝맺은 것이다.[8]

제2장이다. 이 아래 열 개의 장은 모두 중용을 논하여 수장의 뜻을 해석했다. …수장에서는 중화라고 하다가 이 장에서는 중용이라고 바꾸었는데, 유씨는 '성性·정情으로 말하면 중화요, 덕행으로 말하면 중용이라고 한다'고 말했으니, 옳다. 그러나 중용의 중은 실상 중화의 뜻을 겸한다.[9]

제11장이다. 자사가 부자의 말을 인용하여 수장의 뜻을 밝힌 것이 여기에서 그치고 있다.[10]

8.『中庸章句』首章下의 朱子註. "右第一章 子思述所傳之意以立言 首明道之本原出於天而不可易 其實體備於己而不可離 次言存養省察之要 終言聖神功化之極 …楊氏所謂一篇之體要是也 其下十章 蓋子思引夫子之言 以終此章之義."

9.『中庸章句』二章下의 朱子註. "右第二章 此下十章皆論中庸 以釋首章之義 …變和言庸者 游氏曰 以性情言之 則曰中和 以德行言之 則曰中庸 是也 然中庸之中實兼中和之義."

10.『中庸章句』十一章下의 朱子註. "右第十一章 子思所引夫子之言以明首章之義者止此."

이렇게 주자는 일대절一大節(수장에서 11장까지)의 주제가 중용이라고 이해했다. 그렇다면 그는 '중용'을 어떻게 파악하였는가? 그는 수장을 시작하기 이전에 우선 정자의 언명을 인용하는 것으로 출발한다.

정자께서 말씀하시길, "치우치지 않는 것을 중中이라 하고, 바뀌지 않는 것(不易)을 용庸이라 한다. 중이란 천하의 바른 도이고, 용은 천하의 정해진 이치이다."[11]

이 말을 인용하면서, 주자는 다음과 같은 자신의 해석을 부가한다.

"중中이란 치우치지도 않고 기울지도 않으며, 지나침과 모자람이 없는 것의 이름이고, 용庸은 평상平常이다."[12]

주자는 '중용'을 이렇게 해석한 이유에 대해 『혹문』에서 다음과 같이 자문자답 형식으로 상세히 서술했다.

혹자가 묻기를, "편명 '중용'의 의의에 대하여 정자는 오로지 '치우치지 않는 것'으로, 여씨는 오로지 '지나침과 모자람이 없는 것'으로 말하여 두 사람의 말이 같지 않은데, 선생은 이를 합하여 말한 것은 무엇 때문

---

11. 『中庸章句』首章 이전의 朱子註. "子程子曰 不偏之謂中 不易之謂庸 中者天下之正道 庸者天下之定理."
12. 『中庸章句』首章 이전의 朱子註. "中者 不偏不倚無過不及之名 庸平常也."

입니까?" 답하여 말하길, "중이란 하나의 이름으로 두 의미를 지니고 있는데, 정자는 일찍이 이에 대해 말한 것이 있다. 이제 그의 말로 미루어 보면, '치우치지도 않고 기울지도 않는다는 것은 정자가 말한 '중에 있다(在中)'는 의미이니 감정이 아직 발현하기 이전에 치우침과 기움이 없다는 것을 명명한 것이고, … 여씨 또한 '아직 발현하지 않았을 때에는 마음이 지극히 비어있어 치우친 것이 없으므로 중이라 하고, 이 마음으로써 모든 일의 변화에 대응할 때에 어느 곳에서든 중이 아닌 것이 없다'고 했다. 두 사람의 말뜻이 각기 다르지만 실제로는 서로 체용이 되는 것이다…." 물어 말하길, "용庸 자의 뜻에 대해서 정자는 바뀌지 않는 것이라고 말하였는데, 선생은 평상平常이라고 말한 것은 무슨 까닭입니까?" 대답하여 말하길, … "다만 '바뀌지 않는다(不易)'는 말은 반드시 오랜 세월을 필요로 한 이후에 나타나는 데 비해, '평상'이라는 말은 곧바로 오늘날 괴이함이 없음을 징험해 볼 수 있고, 더 나아가 항구적이면서 바뀌지 않는다는 말까지 겸할 수 있는 것만 못하다." [13]

요컨대 주자는 고유한 체용론적 사유방식에 의해 '중中'의 의미를 마

---

13. 『中庸或問』 "或問 名篇之義 程子專以不偏爲言 呂氏專以無過不及爲說 二者固不同矣 子乃合而言之 何也 曰 中一名而有二義 程子固言之矣 今以其說推之 不偏不倚云者 程子所謂在中之義 未發之前 無所偏倚之名也 … 而呂氏亦云 當其未發 此心至虛 無所偏倚 故謂之中 以此心而應萬物之變 無往而非中矣 是則二義雖殊 而實相爲體用… 庸字之義 …唯其平常 故可常而不可易 二說 雖殊 其致一也 但謂之不易 則必要於久後見 不若謂之平常 則直驗於今之無所詭異而其常久而不可易者可兼擧也."

음의 미발未發과 이발已發의 관점에서 정자와 여씨의 해석을 종합했다. 즉 '중'이란 감정이 아직 발현되지 않은 본체의 측면에서 '치우치지도 않고 기울지도 않은 것'을 의미한다는 것이고, 이미 발현한 작용의 측면에서는 '지나침과 모자람이 없는 것'이라는 두 가지 의미를 지닌다는 것이다. 바로 이 때문에 주자는 유씨는 "성·정으로 말하면 중화요, 덕행으로 말하면 중용이라고 한다"고 말하였지만, "중용의 중은 실상 중·화의 뜻을 겸한다"라고 말하였던 것이다. 또 바로 이러한 체용론적 사유방식에 의해서 주자는 미발시의 수양방법으로 존양을, 그리고 이발시의 수양방법으로 성찰을 제시했다.

주자는 '용庸'을 단순히 정자처럼 '바뀌지 않는다(不易)'라고만 해석하면, 오랜 시간이 경과한 후에나 그 효과를 징험할 수 있다고 생각했다. 그래서 현재적인 측면에서 곧바로 증험할 수 있다는 측면을 보완하기 위해 '평平'이란 의미를 첨가하여 '괴이하지 않다'는 뜻을 나타내고, 나아가 괴이하지 않고 평이하기 때문에 항구적이어서 바뀔 수 없다(恒久不斷)고 말한다. 이런 이유에서 주자는 '용庸'을 '평平常'이라는 의미로 훈고한다고 말했다.

다음으로 주자는 이대절二大節(12-20장)의 주제를 '도불가이道不可離'의 이치를 밝히면서, 비은費隱의 논리로써 해명했다고 말했다.

12장이다. 자사의 말이니, 대개 수장의 '도는 떠날 수 없다'는 뜻을 거듭 밝힌 것이다. 이 아래 여덟 장은 공자의 말을 섞어 인용하여 밝혔다.[14]

---

14. 『中庸章句』 十二章下의 朱子註. "右第二十章 子思之言 蓋以申明首章道不可離

『중용』에 따르면, 천명으로 우리에게 품부된 본성을 따르는 것이 바로 도이며, 이러한 도는 우리가 존재하는 한 결코 떠날 수 없는 존재 근거이다. 그런데 주자는 수장에서 말하는 '떠날 수 없는 도'를 "천리의 마땅함으로 중中일 따름이다"[15]고 말하고, 군자의 도로서 우리에게서 떠날 수 없는 중용을 11장에서는 비은費隱의 개념으로 설명했다고 해설한다.

> 비費는 도의 작용의 넓음이고, 은隱은 도의 본체의 은미함이다. 군자의 도는 가까이로는 부부가 집 안에 거처하는 사이에서부터 멀리는 성인·천지도 능히 다할 수 없는 데에 이르러서, 그 큼이 밖이 없고, 그 작음이 안이 없으니, 비費하다고 말할 수 있다. 그러나 그 이치의 그러한 까닭은 은미하여 드러나지 않는다.[16]

천명에서 유래하는 형이상의 도의 본체는 은미하여 우리의 감관으로 확인할 수 없다. 그러나 그 도는 우리 인간을 위시하여 모든 만물, 심지어 천지마저도 포괄하여 모든 것에 두루 미치기 때문에 그 작용의 넓음은 끝이 없다. 그래서 자기완성을 지극히 한 성인도, 우주 전체를 포괄한다고 말해지는 천지마저도 온전히 다하지 못하는 측면이

之意也 其下八章雜引孔子之言以明之."

15. 『中庸章句』4章의 朱子註. "道者天理之當然 中而已矣."

16. 『中庸章句』12章의 朱子註. "費用之廣也 隱體之微也 君子之道 近自夫婦居室之間 遠而至於聖人天地之所不能盡 其大無外 其小無內 可謂費矣 然其理之所以然 則隱而莫之見也."

있을 수 있다. 여기서도 우리는 주자의 체용론적 사유방식을 찾아 볼 수 있다. 즉 형이상자로서 도의 본체 그 자체는 은미하지만 그 작용은 모든 것에 미치고 있는데, 너무 작아 그 안이 없는 것에서부터 시작하여 멀리로는 모든 것을 포괄하여 그 밖이 없는 곳까지 두루 미친다는 것이다.

주자는 삼대절三大節(21~32)의 주제를 성誠·성지誠之의 개념을 통해 천도·인도의 뜻을 풀이했다고 설명한다.

성誠이란 진실하고 망령됨이 없음을 이른 것이니, 천리의 본연이다. 성지誠之란 아직 진실하고 망령됨이 없지 못하여, 진실하고 망령됨이 없고자 하는 것을 이르니, 인사의 당연이다. 성인의 덕은 혼연히 천리와 하나가 되어 진실하고 망령됨이 없으니, 생각하거나 힘쓰기를 기다리지 않고도 넉넉히 도에 맞으니 곧 또한 하늘의 도이다. 아직 성인의 경지에 이르지 못하면 인욕의 사사로움이 없을 수 없어 그 덕이 모두 진실할 수 없다. 그러므로 생각하지 않으면 얻을 수 없으니 반드시 선을 선택한 연후에 선을 밝힐 수 있고, 힘쓰지 않으면 알맞을 수 없으니, 반드시 굳게 잡은 연후에 자신을 성실하게 할 수 있으니, 이는 곧 사람의 도이다…. 22장이니 천도를 말했다. 23장이니 인도를 말했다.[17]

---

17. 『中庸章句』十二章~22章下의 朱子註. "誠者眞實無妄之謂 天理之本然也 誠之者 未能眞實無妄而欲其眞實無妄之謂 人事之當然也 聖人之德 渾然天理 眞實無妄 不 待思勉而從容中道 則亦天之道也 未至於聖 則不能無人欲之私 而其爲德 不能皆 實 故未能不思而得 則必擇先然後 可以明善 未能不勉而中 則必固執而後 可以誠 身 此則所謂人之道也 …右第二十二章 言天道也 …右第二十三章 言人道也…."

마지막 사대절(33장)을 주자는 다음과 같이 해설하고 맺고 있다.

33장이다. 자사가 앞 장에서 극치極致를 다한 말에 근거하여 그 근본을 돌이켜 추구하고, 다시 아래서 배우는 자가 자기를 정립하고 홀로를 삼가는 일로부터 미루어 말하여, 공손함을 돈독히 함에 천하가 태평해지는 성대한 덕을 말하는데 이르렀고, 또 그 오묘함을 찬양하여 소리도 냄새도 없음에 이른 뒤에야 그쳤으니, 대개『중용』의 요체를 요약하여 말했다. 그 반복하고 정녕하여 사람에게 보여주신 뜻이 지극히 깊고 간절하니, 배우는 자가 어찌 마음을 다하지 않을 수 있겠는가? [18]

주자는『중용』이란 책이, 첫째는 도의 본원이 하늘에서 우리에게 갖추어져 있어 떠날 수 없고, 존양 · 성찰의 방법으로 수도함으로써 천지가 제자리에 서고 만물이 길러지는 성신聖神의 공효 · 감화의 지극함에 이를 수 있다는 것을 밝혔고, 둘째는 언제 어디서나 우리로부터 떠날 수 없는 도의 본체는 천명에서 유래하는 형이상자이기 때문에 은미하여 우리의 감관으로 확인할 수 없지만, 그 작용은 너무 작아 그 안이 없는 것에서부터 시작하여, 멀리로는 모든 것을 포괄하여 그 밖이 없는 곳까지 두루 미친다고 말했으며, 셋째는 진실무망한 성誠 자체인 천리의 본연과 진실무망하고자 하는 성지誠之를 인사의 당연으

18.『中庸章句』33章下의 朱子註. "右第三十三章 子思引前章極致之言 反求其本 復自下學爲己謹獨之事 推而言之 以馴致乎篤恭而天下平之盛 又贊其妙 至於無聲無臭而後已言 蓋擧一篇之要而約言之 其反復丁寧示人之意 至深切矣 學者其可不盡心乎."

로 제시하여 천인합일의 길을 제시하고, 마지막 넷째는 그 근본을 돌이켜 추구하고, 다시 하학에서 출발하여 소리도 냄새도 없는 상천上天의 일에 나아가서야 그치는 것을 제시한 것으로 구성되어 있다고 말했다.

3. 『중용』의 성격규명과 해석

주자가 『중용』이란 책의 성격을 어떻게 규정하였는지에 대해, 우선 그 「서」를 중심으로 알아보고자 한다. 먼저, 주자는 『중용』을 공자의 손자 자사가 도통의 단서를 계승하기 위해서 기술한 책으로 규정한 다. 그래서 다음과 같은 말로 시작했다.

『중용』은 무엇을 위해 지었는가? 자사자께서 도학이 그 전함을 잃을까 근심하여 지은 것이다.[1]

그렇다면 주자가 생각한 도통道統이란 무엇인가? 주자는 요임금에 서 유래한 도통이 우·탕·문·무·주공·공자로 전해 내려왔다고 주장하면서, 『서경』「대우모」의 "인심은 위태롭고, 도심은 은미하니,

---

1. 『中庸章句』「序」 "中庸 何爲而作也 子思子 憂道學之失其傳而作也."

오직 정성스럽고 한결같이 하여, 진실로 그 '중'을 잡아라"[2]라는 구절을 도통의 연원으로 삼고 있다. 그러면서 그는 자사가 당시에 지녔던 문제의식을 기술하면서, 「대우모」의 구절이 다음과 같이 『중용』에서 현실화 되었다고 말했다.

자사는 오래되면 될수록 더욱 도통의 참됨을 잃을까 두려워했다. 이에 요순 이래 서로 전한 뜻을 근본으로 하고, 평소에 할아버지와 스승(공자와 증자)으로부터 들은 말로 질정하면서 상호 연역하여 이 『중용』을 지어 후학들을 가르쳤다. … 그가 『중용』에서 말하는 천명天命과 솔성率性은 도심을 일컬은 것이고, '택선고집擇善固執'이라고 말한 것은 유정유일惟精惟一을 일컬은 것이며, '군자시중君子時中'이라고 말한 것은 '집중執中'을 일컬은 것이다. 세대 간의 차이는 천여 년이 되지만, 그 말은 마치 부절符節을 합해놓은 것처럼 일치한다. 옛 성인의 책들 가운데 도통의 강령을 들어 말하고 심오한 뜻을 밝혀준 책들 간추려보면, 이 『중용』처럼 명백하고 자세한 것은 없다.[3]

---

2. 『書經』「大禹謨」. "帝曰 來禹 … 天之曆數 在爾躬 … 人心惟危 道心惟微 惟精惟一 允執厥中 …四海困窮 天祿永終."

3. 『中庸章句』「序」. "子思懼夫愈久而愈失其眞也 於是 推本堯舜以來相傳之意 質以平日所聞父師之言 更互演繹 作爲此書 以詔後之學者 …其曰 天命率性 則道心之謂也 其曰 擇善固執 則精一之謂也 其曰 君子時中 則執中之謂也 世之相後千有餘年 而其言之不異 如合符節 歷選前聖之書 所以提挈綱維 開示蘊奧 未有若是其明且盡者也."

이렇게 주자는 『중용』이란 책을 요순부터 내려오는 유교의 도통을 가장 정확하고 자세하게 밝혀 놓은 책으로 간주했다.

나아가 주자는 일관되게 자신의 철학적·형이상학적 체계와 도식을 『중용』에 적용하여 성공적으로 해석했다. 주자는 가까이로는 이른바 북송 오자로 대표되는 주돈이周敦頤의 태극론, 장재張載의 기학氣學, 소옹邵雍의 상수학象數學, 정호程顥의 체용일원론體用一元論, 정이程頤의 이학理學을 창의적으로 계승·발전시켜 고유한 이기·심성론을 정립했다. 이러한 이기·심성론을 통해 상대적으로 경전의 수집과 배열, 그리고 단순한 의미해석에 치중하던 훈고학적 경전 해석을 혁신·재해석함으로써 유가 정신을 재생했다. 주자의 『중용장구』와 『중용혹문』은 이런 노력의 대표적인 결실이라고 할 수 있다.

주자의 이런 해석에 힘입어 유학은 비로소 당시 정치한 체계를 지니고 있던 도교와 불교에 대적할 수 있는 형이상학을 건립할 수 있었다. 요컨대 주자는 성리학적 체계의 핵심인 '이일분수理一分殊', '이기론理氣論', 성즉리性卽理, 심성론으로서 성·정에 대한 체용론(心統性情論), 수양론으로서 존양·성찰의 방법을 『중용』 해석에 수미일관하게 적용했다. 차례대로 살펴보자.

주자는 「서」에서 정자의 말을 인용하여 『중용』을 다음과 같은 성격의 책으로 규정했다.

『중용』이란 책은 공자의 문하에서 전수한 심법心法이니, 자사께서 그 오래됨에 차이가 있을까 두려워한 까닭에 책을 써서 맹자에게 주었다. 처음에는 하나의 이치(一理)를 말하고, 중간에는 흩어져 만 가지 일이 되며, 끝에는 다시 합하여 하나의 이치가 된다. 이 이치를 풀어놓으면 육합六合에 가득차고, 거두어들이면 물러나 은밀한 데 감추어져 그 맛이 무궁하니, 모두 실학實學이다.[4]

주자는 『중용』을 이렇게 실학으로 규정하면서, 성리학적인 세계관을 나타내는 '이일분수理一分殊' 즉 "통체統體로서의 이치는 본래 하나이지만, 그 나타남은 다양하다."는 원리를 명확하게 제시하고 있는 책으로 이해했다. 『중용』은 바로 이런 성격을 지닌 책이었기에, 자신의 철학적 · 형이상학적 체계를 통해 『중용』을 재해석함으로써 유학의 형이상학적 정초를 확립하는 동시에, 자신의 철학의 정통성을 확보하고자 했던 것이라고 할 수 있다.

다음으로, 이기 · 심성론을 관철시키고 있는 구절을 살펴보자. 주자는 존재하는 모든 것을 이 · 기를 통해 해석하고 있는 바, 이는 『중용』 해석의 처음부터 가장 명확하게 나타나 있다. 그는 『중용』 수삼구首三句를 다음과 같이 해석했다.

명命은 명령命令과 같다. 성性은 곧 이치이다. 하늘이 음양 · 오행으로 만물을 조화 · 생성함에 기질로써 형체를 이루고 이치 또한 부여했으니, 명령과 같다. 이에 사람 · 사물이 태어남에 각각 부여받은 이치를

---

4. 『中庸章句』 "此篇乃孔門傳授心法子思恐其久而差也 故筆之於書以授孟子 其書始言一理 中散爲萬事 末複合爲一理 放之則彌六合 卷之則退藏於密 其味無窮 皆實學也."

얻은 것에 근거하여 건순健順·오상五常의 덕으로 삼았으니, 이른바 성性이다. 솔率은 따른다는 것이다. 도道는 길과 같다. 사람·사물이 각각 그 성의 자연을 따르면, 매일 쓰는 사물들 사이에서 각각 마땅히 행해야 할 길이 없을 수 없으니, 곧 이른바 도이다. 수修는 품절品節함이다. 성과 도는 비록 같지만, 기품이 혹 다른 까닭에 지나침과 모자람의 차이가 없을 수 없다. 그러므로 성인이 사람·사물이 마땅히 행해야 할 것에 근거하여 품절하여 천하에 규범으로 삼았으니, 곧 교教라고 한다.[5]

주자에 따르면, 인간을 포함한 천하의 만물은 이·기로 구성되어 있다. 이치는 소리·색깔·냄새 등이 없는 형이상자로서 만물의 존재근거(所以然之故)인 동시에 인간이 마땅히 따라야 하는 준칙(所當然之則)이다. 소리·색깔·냄새 등이 있는(有形有爲) 형이하자로서의 기는 만물의 재료(질료인)이면서 스스로 움직이는 운동인이다. 그런데 주자는 "인간의 본성은 하늘의 이치이다(性卽理)"는 정자의 주장을 계승하여, 『중용』에서 말하는 천명의 성은 곧 성리학적인 이치라고 해석한다. 그리고 만물의 형체를 이루는 음양·오행을 기질이라고 해석한다. 그리고 이치는 보편적이지만, 만물이 다양한 까닭은 기품에 구애되어 이치를 단지 제한적으로만 구현하고 있기 때문이라고 해석한다. 이렇게

---

5. 『中庸章句』 3章의 朱子註. "命 猶令也. 性卽理也 天以陰陽五行 化生萬物 氣以成形 而理亦賦焉 猶命令也 於是人物之生 因各得 其所賦之理 以爲健順五常之德 所謂性也 率循也 道猶路也 人物各循其性之自然 則其日用事物之間 莫不各有當行之路 是則所謂道也 脩品節之也 性道雖同 而氣稟或異 故不能無過不及之差 聖人因人物之所當行者 而品節之 以爲法於天下 則謂之教."

주자는 『중용』을 해석함에 있어 그 수장에서부터 자신의 형이상학적, 존재론적 기본 개념인 이기론과 성즉리의 원리 등을 적용했다고 할 수 있다.

나아가 주자는 성性 · 정情을 본말 혹은 체용으로 보는 자신의 심성론心性論을 『중용』 해석에 관철시키고 있다. 그래서 "희 · 노 · 애 · 락이 아직 발현하지 않을 것을 중中이라고 하고, 발현하여 모두 절도에 맞는 것을 화라고 한다. 중이란 천하의 큰 근본이고, 화란 천하에 두루 미치는 도이다. 중 · 화를 이루면 천지가 제 자리에 있게 되고 만물이 육성된다"[6]고 하는 구절에 대해 다음과 같이 주석했다.

> 희 · 노 · 애 · 락은 정이고, 그것이 아직 발현하니 않은 것은 성이다. 치우치거나 기울어짐이 없기 때문에 중이라고 한다. 발현하여 모두 절도에 맞는 것은 정의 바름이니, 어그러지는 것이 없기 때문에 화라고 한다. 큰 근본이란 천명의 성이니, 천하의 이치가 모두 이로 말미암아 나오니 도의 본체이다. 두루 미치는 도란 성에 따르는 것을 말하니, 천하고금이 함께 말미암는 것으로 도의 작용이다. 이는 성 · 정의 덕을 말하며, 도를 떠날 수 없는 뜻을 밝힌 것이다.[7]

---

6. 『中庸』1장. "喜怒哀樂之未發 謂之中 發而皆中節 謂之和 中也者 天下之大本也 和也者 天下之達道也 致中和 天地位焉 萬物育焉."

7. 『中庸章句』1장에 대한 朱子註. "喜怒哀樂 情也, 其未發則性也 無所偏倚故 謂之中 發皆中節 情之正也 無所乖戾故 謂之和 大本者 天命之性 天下之理 皆由此出 道之體也 達道者 循性之謂 天下古今之所共由 道之用也 此言性情之德 以明道不可離之意."

주자는 이렇게 성·정에 대한 체용론의 입장에서 희·노·애·락의 감정이 아직 발현하지 않은 것(未發:性)과 이미 발현한 것(已發:情)을 해석했다. 즉 희·노·애·락이 아직 발하지 않은 본체로서의 성은 치우치고 기울지 않았기 때문에 중이라 하고, 그 성이 발현되어 정이 되는데, 그 정이 모두 절도에 맞는 것을 화라고 한다는 것이다. 성·정을 체용관계로 파악했기 때문에 주자는 "성의 본체는 이치일 따름이다. 정은 성의 움직임이다"[8]고 말한다. 이치로서의 성은 마음의 본체이다. 그런데 마음의 본성은 정으로 피어난다. 이를 통해 주자는 한대 동중서董仲舒 및 당대唐代 이고李翶에 이르기까지, 음양론에 의해 대립관계로 파악되던 성·정을 명확한 근거관계(性發爲情)로 재정립했다.

마지막으로 주자가 자신의 수양론의 핵심인 미발시未發時의 존양存養과 이발시已發時의 성찰省察이라는 방법을 『중용』에 일관적으로 적용하여 관철했다는 것이다. 주자는 "도라고 하는 것은 잠깐이라도 떠날 수 없다. 떠날 수 있다면 도가 아니다. 그러므로 군자는 그 보이지 않는 것에 경계하고 삼가며, 그 들리지 않는 곳에 두려워하고 두려워한다"[9]는 구절을 다음과 같이 해석했다.

도란 매일 사용하는 사물에 마땅히 행해져야 할 이치(當行之理)이니, 모두 본성의 덕으로 마음에 갖추어져 있어 어느 것도 도를 지니지 않음이

---

8. 『孟子或問』6상:6. "性之本體 理而已 情 則性之動."
9. 『中庸』1장. "道也者 不可須臾離也 可離 非道也 是故君子 戒愼乎其所不睹 恐懼
    乎其所不聞."

없고, 어느 때에도 그렇지 않음이 없으니, 잠시라도 떠날 수 없는 것이다. 만일 떠날 수 있다면 어찌 본성에 따른다고 할 수 있겠는가? 그러므로 군자의 마음은 항상 경건하고 두려워함을 보존하여, 비록 보고 듣지 못하지만 또한 감히 소홀히 하지 못하여 천리의 본연을 보존하고 잠시 잠깐이라도 떠나지 못하게 하는 것이다.[10]

'도를 떠날 수 없다(道不可離)'는 것은 곧 존양하지 않을 수 없음을 말한 것이니, '이렇게 때문에(是故)' 이하는 사람들에게 계신공신戒愼恐懼하여 존양하는 공부를 하도록 가르친 것이다. '어두운 것보다 더 잘 드러난 것이 없고, 미세함보다 더 잘 나타남은 없다(莫見乎隱 幕顯乎微)'는 것은 곧 성찰하지 않을 수 없음을 말한 것이니, '그러므로 군자(故君子)'라고 한 이하는 바로 사람들에게 신독愼獨하여 삿된 의지가 일어나는 곳을 성찰하여 막도록 가르친 것이다. … 계신공구는 곧 미연未然에 방지해서 그 본체를 온전히 하는 것이며, '신독'은 곧 장차 그렇게 될 것을 살펴서 그 기미幾微를 살피는 것이다.[11]

주자는 『중용』에서 성리학적인 이일분수理─分殊, 이기론, 성즉리, 심

---

10. 『中庸章句』1장의 朱子註. "道者日用事物當行之理 皆性之德而具於心 無物不有 無時不然 所以不可須臾離也 若其可離 則豈率性之謂哉 是以君子之心常存敬畏 雖不見聞 亦不敢忽 所以存天理之本然 而不使離於須臾之頃也."

11. 『中庸集註』朱子細註. "朱子曰 … 道不可離 是說不可不存養 是故以下 是教人戒懼 做存養工夫 莫見莫顯 是說不可不省察 故君子以下 是教人謹獨 察私意起處防 之…戒懼 是防之於未然 以全其體 謹獨 是察之於將然 以審其幾."

성론으로서 성·정에 대한 체용론적 해석, 수양론에서 존양·성찰의 방법 등 철학적·형이상학적 체계를 일관적으로 적용하여 종합적으로 해석했다. 이러한 개념적 도식으로 『중용』에 제시된 우주론과 인성론, 그리고 천인합일론을 해석하고, 그것을 유학의 정통임을 확인하고, 이를 통해 당시의 여타 이단을 배척하는 기준으로 삼으려고 했다. 이런 의식은 수장의 천명天命, 솔성率性, 수도修道에 대한 해설의 말미에 가장 잘 나타나 있다.

> 천명설天命說에 대해 깨친 것이 있으면 하늘이 나에게 부여한 모든 이치를 갖추고 있다는 것을 앎으로서 석씨釋氏가 말한 공空이란 본성이 아님을 깨닫게 된다.
> 솔성率性에 대한 의의를 알게 되면 하늘에서 얻은 나의 본성에는 어떤 사물이든 모두 갖추어 있음을 앎으로써 노자가 말한 무無란 도가 아님을 깨닫게 된다.
> 수도설修道說에 대해 얻음이 있으면 성인의 가르침이란 바로 나의 본성의 고유한 바로 인하여, 본디 없었던 것·지극히 어려운 것을 버리고서 지극히 쉬운 것을 따르는 것임을 알게 됨으로써, 세속 선비들의 훈고와 사장, 관중과 상앙의 권모·공리, 노불의 청정淸淨·적멸寂滅, 백가중기百家衆技의 기리支離·편곡偏曲, 이 모두가 가르침이 될 수 없는 이유를 알게 될 것이다.[12]

---

12. 『中庸或問』. 盖有得乎天命之說 則知天地所以與我者 無一理之不備 而釋氏所謂 空者 非性矣 有以得乎率性之說 則知我之所得乎天者 無一物之不該 而老氏所謂

주자는『중용』의 천명의 본성이 불교의 무아론(無我卽空)을 비판할 수 있는 근거가 되고, 솔성의 도가 노장의 허무지도를 극복할 수 있으며, 나아가 성인의 수도론에서 나온 예악형정의 가르침이 다른 여타 학파들이 제시한 치도론을 혁파할 수 있는 표준을 제시한다는 확고한 신념 하에서『중용』을 해석했다고 할 수 있다. 바로 이런 이유에서 주자는 학문의 최전성기에 거의 20여 년간 이 책의 재해석에 정진함으로써, 당시의 시폐를 극복하는 새로운 이념을 창출하려고 했던 것이다.

無者 非道矣 有以得乎修道之說 則知聖人之所以教我者 莫非因其所固有而去其所本無 背其所至難而從其所甚易 而凡世儒之訓詁詞章 管商之權謀功利 老佛之淸淨寂滅 與夫百家衆技之支離偏曲 皆非所以爲敎矣.

4. 주자『중용』주석의 의의

　　본래『소대례기』제31편이었던『중용』은 역사적으로 관심의 대상은 되었지만, 큰 주목을 받지 못하다가 송대 이정二程 형제에 의해 공문에서 전한 심법으로 정의되었다. 이정 형제의 뜻을 계승하여 주자는『중용』을 표창하여『예기』에서 분리·독립시켜 사서의 하나로 정립했다.

　　주자는 비교적 어린 시절부터『중용』을 읽고 나름의 요령을 터득하여, 40세 전후에『장구』및『혹문』의 초고를 완성하고, 20여 년 간 수정을 걸쳐 60세에『중용장구』의 서문을 썼는데, 이는 그의 필생의 역작이라고 할 수 있다.

　　주자는『중용』을 주석하면서『대학』에서와는 달리 원문과 순서를 바꾸지는 않았지만, 최초로 나름의 원칙을 갖고 유기적인 체계 속에서 33장으로 장을 나누고(分章), 사대절四大節 혹은 육대절六大節로 그 체계를 나누고 있다. 주자는『중용』「독중용법」에서는 육대분절법六大分節法을 제시하였고,『장구』「장하주章下註」에서는 사대분절법四大分節法을 제시하고 있는데, 이를 두고 어느 것이 주자의 정론인가 하는 점에 대해 많은 논의가 있었다. 그러한 논의의 결과 일반적으로 육대분절법은 그 출처가 불분명하지만, 사대분절법은 주자의 대표작인『장구』에서 나온 것이라는 점에서 그 신뢰성이 인정된다고 간주되어 왔다. 그런데 육대분절법과 사대분절법이 내용상 차이가 없으며, 나아가 육대분절법은 개념의 따른 분류이고, 사대분절은 체계에 따른 분류라는 점에서 양자 모두 나름의 의미를 지닌다고 주장했다. 어쨌든 주자는 이러한 분절법을 제시하면서『중용』이란 책은 ① 도의 본원, ② 도가 미치는 범위, ③ 천인합일의 길, 그리고 ④ 하학이상달의 길을 제시하는 것으로 구성되어 있다고 말했다.

다음으로 주자가『중용』이란 책의 성격을 어떻게 규정하였는지에 대해 살펴보았다. 주자는 유명한「서序」에서『중용』이란 자사가 도통의 단서를 계승하기 위해서 기술한 책이라고 말했다. 그리고『서경』「대우모」의 구절을 도통의 연원으로 삼으면서,『중용』의 천명과 솔성은 도심을, '택선고입擇善固執'은 유정유일惟精惟一, 그리고 '군자시중君子時中'은 '집중執中'을 풀이한 것이라고 주장하면서,『중용』이란 책은 요순부터 내려오는 유교의 도통을 가장 정확하고 자세하게 밝힌 것이라고 말했다.

나아가 주자의『중용』해석에서 나타난 특징을 살펴보았다. 주자는 북송 오자의 철학체계를 종합하여, 나름의 일관된 철학적 형이상학적 입장을 갖고『중용』을 해석했다. 그의『중용』해석에는 성리학적 이기 및 이일분수설理一分殊說', 성즉리의 인간 본성론, 성발위정性發爲情의 체용론적 심성론, 그리고 존양·성찰의 수양법 등이 고스란히 반영되어 있다고 할 수 있다. 그리고 주자는 이러한『중용』해석을 통해 중국의 정통 학문으로서 유학의 도통설을 정립하고, 이를 통해 다른 학파를 비판·극복하는 표준을 제시하려고 했다. 요컨대 주자는『중용』의 천명지성天命之性은 불교의 무아론를 극복할 수 있게 해 주고, 군자지도로서 중용은 노장의 허무지도를 극복할 수 있게 해주며, 나아가 성인의 예악형정의 가르침은 법가를 위시한 여타 공리학파들이 제시한 치도론을 혁파할 수 있는 표준을 제시한다는 것이다.

주자의『중용』해석은 원대元代에 과거시험의 표준으로 채택됨으로서 정통으로서 지위를 굳건히 하면서 후대에 거의 지배적인 입장을 유지했다. 아울러 그가 시도한『중용』의 장절구분과 자사 저작설, 그리고 형이상학적 해석 등은 후대에 끊임없는 논란의 대상이 되어 왔지만,『중용』의 연구에서는 주자의 입장이 항상 그 중심에 놓여 있었다고 할 수 있다.

—

6장

다산 정약용의『중용』해석 :
주자 해석과 비교

1. 이학理學에서 '밝게 상제를 섬기는 학'으로

천도天道에 근거하여 인도人道를 연역하고 궁극적으로 천인합일의 길을 제시했다고 평가되는 『중용』은 원래 대성戴聖이 편찬한 『소대례기 小戴禮記』 49편 중 제31편에 해당하는 글이었다. 일찍이 중국의 한당 및 고려에서도 중요한 문헌 중의 하나로 연구되기도 했지만, 유교의 근본 경전으로 다루어진 것은 송대 이정二程 형제가 공자의 문하에서 전수된 마음의 법(心法)으로 평가한 이후라 하겠다. 그리고 성리학의 집대성자인 주자가 이정의 뜻을 계승하여 『중용장구』와 『중용혹문』 등을 저술함으로써 사서四書의 하나로 지위가 격상되었다. 『중용』을 자사가 맹자에게 전해준 것으로 간주하면서, 주자는 다음과 같이 말한다.

처음에는 하나의 이치(一理)를 말하여 중간에는 흩어져 만 가지 일이 되며, 끝에는 다시 합하여 하나의 이치가 된다. 이 이치를 풀어놓으면 육합六合에 가득차고, 거두어들이면 물러나 은밀한 데 감추어져 그 맛이

무궁하니, 모두 실학實學이다.[1]

주자는『중용』을 4대절大節 33장章으로 나누고 각 대절의 주제를, 일대절(1–12장)은 중용, 이대절(12–20장)은 비은費隱, 삼대절(21–32장)은 천도와 인도, 마지막 사대절(33장)은 '『중용』의 요체(一編之要)'를 제시한 것으로 해석했다. 주자의『중용』해설은 원대元代에 과거시험의 표준으로 채택되면서, 이후 거의 절대적인 영향력을 행사했다. 특히 주자학을 국가이념으로 채택한 조선시대 대부분의 학자들은『중용장구』의 분절체계를 기본으로 하면서, 본문과 주자의 주석 중 부분적 주제를 이해 혹은 부연설명을 시도하는 데에 몰두했다. 그러나 일군의 학자들 중에는 주자의 분류체계 전체를 문제시하면서, 새로운 개념체계로 재해석하려고 시도하는 경향이 간헐적으로 있었는데, 다산 정약용은 이러한 경향의 집대성자라고 하겠다.

다산 정약용이『중용』과 관련하여 펴낸 저술로는『중용강의』(23세), 「희정당중용강록」(29세), 「중용책」, 『중용강의보中庸講義補』(53세), 『중용자잠中庸自箴』(53세), 「자찬묘지명(集中本)」(61세) 등이 있고, 기타 시문집詩文集 등에 관련된 언명들이 산재되어 나타난다. 이 저술 가운데『중용강의』는 주자의『중용장구』전반에 대한 정조正祖의 질문(御問)에 대한 다산의 답변들(臣對)이라고 할 수 있는데, 이 답변들 중 68조의 내용이

---

1. 『中庸章句』"此篇乃孔門傳授心法子思恐其久而差也 故筆之於書以授孟子 其書始言一理 中散爲萬事 末複合爲一理 放之則彌六合 卷之則退藏於密 其味無窮 皆實學也."

『중용강의보』에 실려 있다. 즉 다산이 유배지에서 완성한 『중용강의 보』는 23세 때의 『중용강의』를 저본으로 하여 『중용』의 경문 전체를 55 개 절로 나누어 주로 「금안今案」의 형식으로 보완한 것이다. 그리고 같은 해에 저술된 『중용자잠』은 『중용』의 경문 전체를 59개 절로 나누고, 체계적으로 주석한 책으로 다산의 『중용』 관련 저서를 대표한다고 평가된다. 우리는 상보적인 성격을 지닌 다산의 이 두 저서를 위주로 하면서, 후에 자신이 『중용』 관련 자신의 업적을 총괄적으로 논의한 「자찬묘지명」의 언명을 참조하면서 논의를 전개하고자 한다.

다산은 『중용』의 장절 구분에 대해서는 다소 유보적인 자세를 취한다. 그는 어디에서 몇 절로 나누는 것이 합당한지는 판단하기 어려우며, 자신도 본래 뜻을 얻었는지는 알지 못한다는 자세를 취하면서, "책을 보는 것은 대(竹)를 보는 것과 같으니, 비록 여러 마디가 있지만, 전체를 보는 것이 좋다"[2]고 말했다. 그러면서 그는 『중용』이란 책을 다음과 같이 규정했다.

『중용』의 경계하고 삼가고 두려워하는 것은 어찌 밝게 상제를 섬기는 학문이 아니겠는가? … 그러므로 『중용』이란 책을 깊이 살피면, 경계하고 삼가고 두려운 마음을 가져야만 비로소 진실한 공부가 있다고 할 것이다. 『중용』의 글은 구절마다 모두 천명을 따라 나와서 천명으로 귀속된다. 그러므로 도의 본말이 여기에 갖추어져 있다. 수장의 천명, 성, 도에서부터 은미隱微에 이르기까지는 떠날 수 없는 천명으로 통괄하여

---

2. 『中庸講義補』 1:4, "看書如看竹 雖有累節 全竹看好也.

관철했다. 아래 글의 성기성물成己成物에서부터 천하야국가天下也國家에 이르기 까지는 지천知天으로 통괄하고, 끝에서는 천재天載로 맺고 있다. 그러므로 중용은 도의 본말이 된다.[3]

앞서 이학의 주창자로서 주자는 '이일분수설理一分殊說'에 입각하여, 『중용』이란 책은 일리一理에서 시작하여, 이 일리가 만사에 현현된다는 것, 그리고 만사에 현현된 분수의 이치는 다시 일리로 수렴된다는 것을 체계적으로 제시한 실학으로 규정했다. 그러나 주자학적 이기론의 해체를 시도한 다산은 음양과 오행은 단지 만물 가운데 하나의 사물에 불과하기 때문에, 음양오행에 의해 만물이 형성된다는 관점을 비판한다. 그리고 또한 천, 명, 성, 도 등을 성리학적인 이치 개념으로 환원하는 것을 거부한다. 그래서 그는 다음과 같이 말한다.

군주가 암실에 있으면서 두려워하며 감히 악행을 하지 못하는 것은 거기에 상제가 그를 굽어보기 때문이다. 이제 명, 성, 도, 교를 모두 하나의 이치로 환원한다면, 리란 본래 지각도 없고 위엄도 없는 것인데, 무엇을 계신할 것이며, 무엇을 공구할 것인가?[4]

---

3. 『中庸講義補』 1:23-4. "文王小心翼翼 昭事上帝 中庸之戒愼恐懼 豈非昭事之學乎…夫中庸之書 節節皆從天命而來 節節皆歸致於天命 故道之本末 於是乎該 是以首章則自天命而性而道 至於隱也微也 統歸於不可離之天命而貫徹焉 下文則自成己而成物 至于天下也國家也 統於知天而終於天載焉 故中庸爲道之本末也 觀乎中庸以下 多李曠菴之文."

4. 『中庸自箴』 1:5. "君子處暗室之中 戰戰栗栗 不敢爲惡 知其有上帝臨女也 今以命

다산은 지각과 위엄이 없다는 점에서 계신공구戒愼恐懼의 대상이 되지 않는 이치의 체계로 환원하여 『중용』을 해석하는 것에 반대하고, 원문에 제시되어 있는 '천명'이란 용어를 복명한다. 결국 그는 『중용』이란 천명으로 일관된 소사상제지학昭事上帝之學으로서 도의 본말을 구비하고 있는 책이라고 규정한다. 그리고 다산은 '밝게 상제를 섬기는 방법'은 바로 인륜을 잘 실천하는 데에 있다고 말한다.

> 하늘은 사람의 선악을 살피는 것은 항상 인륜人倫에 있다. 그러므로 사람이 자신을 수양하고 하늘을 섬기는 것 또한 인륜으로 힘을 다하는 데에 있다.[5]

> 하늘이 사람의 선악을 살피는 것은 항상 인륜에 있다. 인륜에서 선하다면 하늘을 섬길 수 있다.[6]

결국 다산은 "『중용』은 비록 천명에 근본하고 있지만, 그 도는 모두 사람의 길(人道)이다"라고 말하여, 중용의 도는 인간의 길을 잘 가는 것이라고 말하여, 인륜적 실천중심의 관점을 지향한다. 그러나 주자가 『중용』의 체제를 "처음에는 하나의 이치(一理)를 말하여 중간에는 흩어

性道教 悉歸之於一理 則理本無知 亦無威能 何所戒而愼之 何所恐而懼之乎."
5. 『中庸自箴』 1:2-3. "天之所以察人善惡 恒在人倫 故人之所以修身事天 亦以人倫致力."
6. 『中庸自箴』 1:16. "然天之所以察人善惡恒在人倫 善於人倫則可以事天矣 父母兄弟妻子 古謂之六親."

저 만 가지 일이 되며, 끝에는 다시 합하여 하나의 이치가 된다(其書始言一理 中散爲萬事 末複合爲一理)"고 말하고 있듯이, 다산 또한 '이치'를 '천(명, 도)'로 용어를 바꾸어 기술할 뿐, 또 다른 체제로 이해하고 있지 않는다. 즉『중용』의 체계와 연관한 다산의 언명은 주자의 '일리─理 → 분수지리分殊之理 → 일리─理'라는 것을『중용』원문에 충실하게 '천(명, 도) = 성誠'으로 용어를 개진할 뿐, 그 전개방식과 궁극 의미에서는 같은 의견을 제시했다.

성인이 여기에서 천지만물의 이치가 천 조목 백 가지로 나누어지지만 모두가 하나의 성誠 자를 근본으로 하며, 천 갈래 백 갈래로 유파로 나누어지지만 모두가 하나의 성誠자를 원두源頭로 한다는 것을 통찰했다. 이것이 이른바 '성誠하지 않으면 어떠한 만물도 없다.'는 것이며, 곧 성誠 이란 것은 하늘의 도라는 것이다. 그러므로 먼저 하늘을 아는 것으로 결론을 삼고, 그런 뒤에 중간에서에서는 흩어져 만수萬殊가 되며, 또 한 성誠 자로 끝맺음했다.[7]

주자와 다산은 공히『중용』의 체계는 먼저 ① 만물의 근원인 바 궁극자(천, 천명, 일리, 상제, 성)를 말하고, ② 이 궁극자가 만사와 만물에 다양하게 실현된다(萬殊)는 것, 그리고 ③ 이렇게 다양하게 실현된 만사와

7.『中庸自箴』1:20. "聖人於此 洞察天地萬物之理 千條百枝 都以一誠字爲根本 千流百派 都以一誠字爲源頭 此所謂不誠無物 乃誠者天之道也 故先以知天爲結局 然後中散爲萬殊 又以誠字結局."

만물은 결국 다시 궁극자의 주재 하에 있다는 것을 천명闡明하는 것으로 종결된다고 보았다. 그렇다면 다산은 『중용』의 분장, 체계, 그리고 주제에 대해 비록 그 해석의 방식과 용어는 달리하였지만, 주자와 완전히 다른 해석을 시도했다고 할 수는 없을 듯하다.

그런데 다산은 『중용자잠』과 『중용강의보』에서 『중용』 전체를 망라하는 수많은 문제를 제기하며 나름의 해결책을 제시하고 있기 때문에 이 소논문으로는 그 전부를 다룰 수는 없다. 따라서 여기서는 다산이 61세 때에 「자찬묘지명」에서 『중용』과 관련한 자신이 밝힌 주요 사항들을 제시한 것에 주목하고자 한다. 여기서 ① 『중용』과 연관하여 '중용'의 유래와 특히 '용庸'의 원의, ② '부도불문不覩不聞'의 주체와 '은미隱微'의 의미, ③ '미발(喜怒哀樂之未發)의 의미 등과 같은 여러 사항들을 을 밝혔다고 자부했는데, 특히 주자의 관점과 대비되는 중요한 몇 가지 문제를 고찰하고자 한다.

2. 중용이란 무엇인가?

유교의 궁극 근원은 하늘(天)이며, 하늘은 사시四時를 운행하며 만물을 생장시키는 만물의 존재근거이자 도덕의 근원이다. 유도儒道는 천도天道이며, 인간의 도(人道)는 표준인 하늘의 도(天道)를 본받는 데에 있다. 그런데 표준으로서 하늘은 '중中'이며, 따라서 인간의 바른(正=一+止: 하늘에 나아가 머무름) 길은 중을 유지하여(執中) 하늘의 화육작용에 능참하는 데에서 성립한다.[1] 그래서 유교적 도통의 연원을 제시한 『서경』「대우모」와 『논어』에서도 공자는 "중용이란 최상의 지극한 덕이다"라고 했다.[2]

---

1. 『周易』「无妄」"彖曰, 无妄, 剛自外來而爲主於內, 動而健, 剛中而應, 大亨以正, 天之命也, 其匪正有眚, 不利有攸往, 无妄之往, 何之矣? 天命不祐, 行矣哉!"
2. 『論語』3:1 "子曰 中庸 其至矣乎."

제帝께서 말씀하시길, "우야, … 하늘의 역수가 너의 몸에 있으니, … 인심은 위태롭고 도심은 은미하니, 오직 정성스럽고 한결같이 진실로 그 '중'을 잡아라. … 온 천하가 곤궁하면 천록이 영원히 끊어질 것이다.[3]

요임금께서 말씀하시길, "순아, 하늘의 역수가 너의 몸에 있으니, 진실로 그 중을 잡아라. 온 천하가 곤궁하면 천록이 영원토록 끊어질 것이다." 순임금도 우임금에게 또한 그것으로써 명령하셨다.[4]

바로 이 점에서 증자는 공자의 일관지도를 충서忠恕라고 했다. 충忠(中＋心)이 중의 내재화라면, 서恕(如＋心; 推己及人)는 중의 사회적 확장이라고 할 수 있다. 『중용』은 이렇게 '중'이 도통의 근원이라는 유교의 입장을 계승하여 집대성했기 때문에, 후대 주자는 『중용장구』「서」에서 다음과 같이 해설했다.

『중용』은 무엇을 위해 지었는가? 자사자께서 도학의 전수를 잃을까 근심하여 지은 것이다. 대개 상고시대에 성·신인이 하늘을 계승하여 표준을 세우면서 도통의 전수가 비롯되었다. 도통이 경전에 나타난 것으로 말한다면 '진실로 그 중을 잡으라(允執厥中)'는 요임금이 순임금에

---

3. 『書經』「大禹謨」. 帝曰 來禹 … 天之曆數 在爾躬 … 人心惟危 道心惟微 惟精惟一 允執厥中 … 四海困窮 天祿永終.

4. 『論語』 20:1. 堯曰 咨爾舜 天之曆數 在爾躬 允執厥中 四海困窮 天祿永終 舜亦以命禹.

게 전수한 것이고, '인심은 오직 위태롭고, 도심은 오직 은미하니, 오직 정성스럽고 한결같이 진실로 그 중을 잡으라'는 순임금이 우임금에게 전수한 것이다. … 그 이후로 성인과 성인이 서로 계승하여, 성·탕·문·무는 인군으로, 고요·이윤·부열·주공·소공은 신하로서 모두가 이미 이를 통해서 도통의 전수가 이어왔다. 우리 부자夫子같은 분은 비록 그 지위는 얻지 못하였지만, 옛 성인을 계승하고 오는 후학을 열어주신 공로는 오히려 요순보다 더함이 있다. 그러나 그 당시 이를 보고 알았던 사람으로서 오직 안연과 증자가 그 도통의 전통을 계승하였지만, 증자가 다시 이를 전수하여 공자의 손자인 자사가 이를 계승할 즈음에 이르러서는 성인과 시대가 멀어짐에 따라 이단이 일어났다.[5]

그렇다면 도를 행하는 요체이자 지극한 최상의 원리로서 인간의 선한 행위의 표준이 되는 '중中'이란 무엇인가? 『설문해자』에 따르면 "'중中'은 '곤丨'과 '구口'로 구성되어 사방으로 둘러싸인 안(口)의 가운데를 관통(丨)함을 나타내는 지사문자, 혹은 씨족사회를 상징하는 '깃발(幟)'을 의미한다.[6] 나아가 중中은 치우침(偏)과 구별되면서도, 다른 것들과

---

5. 『中庸章句』「序」中庸 何爲而作也 子思子 憂道學之失其傳而作也 蓋自上古聖神 繼天立極 而道統之傳 有自來矣 其見於經則允執厥中者 堯之所以授舜也 人心惟 危 道心惟微 惟精惟一 允執厥中者 舜之所以授禹也 … 自是以來 聖聖相承 若成 湯文武之爲君 皋陶伊傅周召之爲臣 旣皆以此而接夫道統之傳 若吾夫子 則雖不得 其位 而所以繼往聖開來學 其功 反有賢於堯舜者 然當是時 見而知之者 惟顔氏曾 氏之傳 得其宗 及其曾氏之再傳 而復得夫子之孫子思 則去聖遠而異端起矣.

6. 湯可敬 撰, 『說文解字今釋』, 岳麓書社, 2005, 60−61쪽.

알맞은 상태에 놓여 있는 것(合宜)이다. 결국 '중中'이란 자·타, 내·외의 연관성에서 판단·설정되는 것으로, 자기의 변동에 따라 외변의 한계가 달라지고, 또한 외변의 변이에 따라 중中의 위치도 옮겨질 수 있기 때문에, 고정되거나 불변하는 어떤 것일 수는 없다. 그래서 정자는 "치우치지 않는 것을 중中이라 하고, 바뀌지 않는 것(不易)을 용庸이라 한다. 중中은 천하의 바른 도(正道)이고, 용庸은 천하의 정리定理이다"라고 해석했으며, 주자는 "중中은 치우치지 않고 기울지도 않으며, 지나치거나 모자람이 없음을 명명한 것이고, 용庸은 평상平常이다"[7]라고 좀 더 명확하게 해석했다.

이러한 주자의 입장에 대한 다산의 비판적 해석을 살펴보자. 먼저 주자의 「중용장구」「서序」에 제시된 '십육자심법十六字心法'[8]에 대한 다산의 언명이 있다. 다산은 순자에 나타난 『도경』을 인용하여 "'인심은 위태롭고 도심은 은미하니, 위태롭고 은미한 기미는 오직 밝은 군자가 된 후에야 알 수 있다'고 했다. 이어지는 아래 글에서 다시 '수는 활을 만들고 부유는 화살을 만들고 예는 쏘는 데 정精하였으며, 계중은 수레를 만들고 승두는 승마의 법을 짓고 조보는 말을 모는 데 정精하였으니, 예로부터 오늘날까지 마음을 둘로 분산시키면서(일—하지 못하면서) 정精할 수 있었던 사람은 없었다"[9]고 말한 구절을 전거로 들면

---

7. 『中庸章句』「序」. "中者 不偏不倚無過不及之名 庸平常也 子程子曰 不偏之謂中 不易之謂庸 中者天下之正道 庸者天下之定理."

8. 『書經』「大禹謨」. "帝曰 來禹 … 天之曆數 在爾躬 … 人心惟危 道心惟微 惟精惟一 允執厥中 …四海困窮 天祿永終."

9. 『心經密驗』2:28. "荀子引道經曰人心之危 道心之微 危微之幾 惟明君子而後知之

서, 다음과 같은 '안'을 제시한다.

『순자』의 윗글에 순임금의 치적에 관한 하나의 단락이 있었기 때문에
매씨梅氏가 「대우모」를 지을 때 '인심 · 도심' 두 구절을 제순帝舜의 말이
라 하였으며, 『순자』의 아래 글에 '정일精一'이라는 경계가 있었기 때문
에 또한 '유정유일惟精惟一' 구절을 덧붙여 윗글을 이었고, 아래 글에서
도 또한 『노론』 「오왈」편의 '윤집궐중允執其中'이라는 구절을 취하여 결
구로 삼았다. 이는 『논어』 「요왈편」의 '순역이명우舜亦以命禹'라는 한마디
말이 있었기 때문에, 매씨가 이와 같이 엮었을 뿐이다.[10]

다산은 '십육자심법'이란 매색梅賾이 조합하여 만든 위작이라고 주장
한다. 즉 그에 따르면, "도심 · 인심은 『도경』에서 나왔고, 유일唯一 ·
유정唯精은 『순자』에서 유래하여, 그 의미가 서로 연결될 수 없다." 나
아가 "도심과 인심 사이에 그 중中을 잡을 수 없으며, 전일專一하고 나
서 정밀精密해 지는 것이니, 도심과 인심을 잡아서 그 중中을 쓸 수 있
는 것은 아니다."[11] 그러지만 다산은 "'인심유위人心惟危 도심유미道心

其下又曰倕作弓 浮游作矢 而羿精于射 奚仲作車 乘杜作乘馬 而造父精于御 自古
及今 未有兩而能精者也 解蔽篇."

10. 『心經密驗』 2:28. "案荀子上文有舜治一段(舜之治天下 不以事詔而萬物成) 故梅
氏作大禹謨 遂以人心道心二句 爲帝舜之言 荀子下文有精一之戒 故又增惟精惟一
句 以承上文 其下又取魯論堯曰篇允執其中一句 以作結句 蓋以堯曰篇 原有舜亦
以命禹一 語 故梅氏點綴如是."

11. 『心經密驗』 2:29. "曰道心人心 出道經 唯一唯精 出荀子 義不可相連也 道與人之

244

惟微'라는 두 구절은 지극한 이치가 있는 글이며, … 인심과 도심 또한 반드시 오제五帝 이후 전수되어 내려온 도결道訣이며 후인이 말할 수 있는 것은 아니다. 이제 이 두 구절은 영원토록 심학의 종지가 되고 있으니, 어찌 순자가 한 말이라고 해서 조금이라도 존신하는 성의를 가벼이 할 수 있겠는가?"라고 말하여 '인심유위 도심유미'라는 두 구절만은 도결로서 '만세심학지종萬世心學之宗'으로 인정한다. 그리고 주자의 「서」에 대해 다음과 같이 긍정적으로 평한다.

『매서』에서는 비록 손상시켰다고 하더라도, 『도경』의 20자(人心之危 道心之微 危微之幾 惟明君子而後知之)와 (주자의)「중용장구서」의 135자는 이에 마땅히 큰 비석에 새겨서 태학에 건립해놓아 만세의 뒤에 큰 교훈으로 삼아 소홀히 해서는 안 될 것이다.[12]

그런데 다산은 '중용'의 의미와 연관하여 "중中은 치우치지 않고 기울지도 않으며, 지나치거나 모자람이 없음이다. 이렇게 명명한 것은 경문에 구체적인 확증이 있다(단 不偏의 뜻은 본편에 나타나 있지 않고, 「홍범洪範」에 '무당무편無黨無偏'이라 했다). 오직 '용庸' 자의 의미는 명확한 해석이 없다. 만일 평상平常의 이치라고 한다면, 성인은 평상

間 無以執其中 一而後精 非執兩而用之也."

12.『梅氏書平』「閻氏古文疏證鈔」 4:21. "梅書雖敗 道經之二十字 朱子序之 一百三十五字 仍當刻于大碑 建之太學 爲萬世立大訓 不可忽也." 이 책에 대해서 다음의 번역본 참조, 정약용(이지형 역), 『역주 매씨서평』, 문학과지성, 2002.

의 이치를 지극한 덕(至德)이라고 말한 것이 되니, 아마도 그렇지 않을 것이다"[13]라고 말하여, 주자의 '중中'에 대한 해석은 수용했지만, '용庸'에 대한 해석은 거부한다. 이제 좀 더 상세히 논구해 보자. 다산은 우선 '중용'의 연원을 추적하여 제세한다.

일찍이 생각해 보니, 공자의 학문은 요순에 근원했다. … 전후 성인의 말이 부절을 합한 듯 일치하는데, 어찌 유독 '중용'이란 두 글자만 공자께서 처음 세운 것으로 요순의 세대에는 이런 말이 없었겠는가? 이제 「고요모」를 살펴보니, 고요는 구덕九德을 나열한다. 그 첫째는 '관이율寬而栗'이니, 대저 너그러움에 치우치지 않고 씩씩함으로 구제하였으니 곧 중中이다. 둘째는 '유이립柔而立'이니, 대저 부드러움에 치우치지 않고 자립으로 구제하였으니 곧 중中이다. 다섯째는 '요이의擾而毅'이니, 대저 길들임에 치우치지 않고 굳셈으로 구제하였으니 곧 중이며, 여섯째는 '직이온直而溫'이니, 대저 바름에 치우치지 않고 온화함으로 구제하였으니 곧 중이다. … 그 나머지 이른바 원이공愿而恭, 난이경亂而敬, 간이렴簡而廉, 강이색剛而塞, 강이의彊而義 등은 비록 그 자의는 분명하지 않음은 많으나, 한 쪽에 치우치지 않고 다른 쪽을 겸한다는 뜻이다. 그리고 끝을 맺으면서 '그 항상됨(常)이 나타나니, 길하다'라고 하였으니, 구덕九德은 중中이며, 항상됨(常)은 용이다. 중용中庸 두 글자는 어찌 요순 이후 성인과 성인이 서로 전수한 밀지密旨이자 요언要言이 아니겠는가?[14]

---

13. 『中庸自箴』1:8 참조.

14. 『中庸自箴』1:8-9. "竊嘗思之 仲尼之學 源於堯舜 …前聖後聖之言 若合符節 奚

이렇게 다산은 '중용'이란 요순에서 유래하여 공자에게 전해진 밀지이자 요언이라고 말하면서, 이는 『서경』 「고요모」에서 유래한다고 말한다. 나아가 그는 "'불편不偏' 두 글자는 비록 『중용』에는 나타나지 않지만, 『서경』 「홍범」의 입극立極이란 원래 요순이 중中을 잡아서 편당偏黨이 없도록 한 것이 입극의 요체이다. 그러므로 주자가 '불편不偏'이란 두 글자를 더한 것은 전거가 없다고 할 수 없다"[15]고 말한다. 그러나 그는 다음과 같이 말하여 주자의 용에 대한 해석을 강력하게 비판한다.

지금 사람들이 성인이 되고자 하나 될 수 없는 것은 세 가지 단서가 있다. 하나는 천天을 이치로 인식하는 것, 또 다른 하나는 인仁을 만물을 낳는 이치로 인식하는 것, 또 다른 하나는 용庸을 평상平常이라고 인식하는 것이다.[16]

즉 다산에 따르면, '용庸'이란 ① 항상恒常(『서경』 「고요모」의 '彰厥有常', 「입정

獨中庸二字 爲仲尼所刱建 而堯舜之世無此說乎 今案臯陶謨臯陶陳九德之目 其一曰寬而栗 夫不偏於寬而濟之以栗則中也 其二曰柔而立 夫不倚於柔而濟之以立則中也 其五曰擾而毅夫不過於擾而濟之以毅則中也 則六曰直而溫 夫不過於直而滲之以溫則中也 餘所謂愿而恭亂而敬簡而廉剛而塞彊而義 雖其字義 今多不明 要皆不偏於此而兼之如彼之意 詳見余尙書說 今不細論末乃結之曰彰厥有常吉哉 則九德者中也 有常者庸也 中庸二字 其非堯舜以來聖聖相傳之密旨要言乎."

15. 『中庸講義補』 1:10. "臣對曰不偏二字 雖於本經無文 洪範之建極 原是堯舜之執中 而無偏無黨 爲建極之要 則夫子之增言不偏 不可曰無所據矣."

16. 『心經密驗』 2:40. "今人欲聖而不能者 厥有三端 一認天爲理 一認爲生物之理 一認庸爲平常.

立政」의 '克用常人'), ② 경상經常(萬歲 常行의 법칙, 五常), ③ 평상平常, 이 세 가지 의미가 있다. 그런데 '중용'이란 천하의 제1의 의리로서 지덕至德이기 때문에, 항상恒常·경상經常의 의미이지, 결코 평상平常이 될 수 없다고 말한다. 즉 평상平常이란 말은 조주화상이 남천선사에게 수행하던 중 '도란 무엇입니까?'라고 물었을 때, 남천 선사가 '평상심이 곧 도이다(平常心 是道也)'라고 말한 데에서 유래한 불교적 용어라는 것이다. 그래서 그는 '중용이란 평상한 이치이다'고 말한다면, 후세에 비루함이 이보다 더 심한 것은 없다'라고 단언한다.[17] 그리고 '용庸'의 해석에서는 주자보다는 정자의 설을 따라야 한다고 말한다.

백성으로서 중용에 능할 사람이 드물다는 말은 무엇 때문인가? 정자의 구행설久行說에 대해서는 주자는 잘못된 기록이라고 했다. … 『논어』에 의하면, '민선구의民鮮久矣'라 하여 … 이는 '선구의鮮久矣' 세 글자로써 구두를 삼아야 할 것이다. 그렇다면 이 경전의 글 또한 당연히 정자의 구행설久行說을 따라야 할 것이다. '용庸'이란 항상됨이 있는 것(有常)이다. 「고요모」에 의하면, 단지 '중화의 덕'을 말하면서 '유상有常'이란 말로 결론지었다. 『주례』「대사악」에 따르면, 중中·화和·지祇·용庸의 덕으로 교육을 시켰다. 정현의 주에서는 '용庸'을 '항상됨이 있음(有常)'이라고 새겼으니, 이것이 중용의 정의正義이다. 그런데 주자는 '용庸'을 평상平常이라고 새겨, 마침내 이 절에서 정자의 구행설久行說을 버렸으니,

17. 『中庸講義』1:9-10참조.

'항상됨이 있음'의 의미가 이에 어두워졌다.[18]

요컨대 다산에 따르면, "'용庸'이란 항구히 끊어지지 않는(恒久不斷) 덕
이다. 도가 잠시도 떠날 수 없다'는 것은 용庸이고, '능히 행할 수 있는
사람들이 드문지 오래다(久)'는 것은 용庸이다. …『서경』「고요모」의 구
덕九德의 조목에서 '그 유상有常을 빛내소서' 하고 맺었으며, 「입정」의
구덕九德의 경계에 거듭 말하기를, '오직 상덕常德으로 하라'고 하였고,
『역경』 항괘恒卦에서 '능히 중中에 오래한다(久)'고 하였는데 모두 '중용'
의 의미이다. 중中을 실천하면서 능히 '용庸'할 수 있으면 곧 성인이 된
다."[19] 이렇게 다산은 '용庸' 개념을 해석하면서, 정자의 "바뀌지 않는
것을 '용庸'이라고 하며(不易之謂庸), '용庸'이란 천하의 정해진 이치이다
(庸者天下之定理)"라는 해석을 수용하고, '평상平常'으로 해석한 주장의 해
석을 비판했다.

---

18. 『中庸講義補』 1:11. "御問曰民鮮能者 何也 程子久行之說 朱子旣爲之記錄之差
今不敢更論 而呂侯諸家之說 雖以不能期月守證之 其意亦或以中庸之不可謂可能
耶 臣對曰論語曰民鮮久矣 本無能字 其將以民鮮爲句乎 自當以鮮久矣爲句 然則
此經之文 亦當從程子久行之說矣 大抵庸者有常也 皐陶謨歷言中和之德 而結之以
有常 周禮大司樂敎之以中和祇庸之德 鄭註訓庸曰有常 此是中庸之正義 而朱子訓
庸曰平常 遂於此節 棄程子久行之說則有常之義 於是乎湮晦矣."

19. 「自撰墓誌銘」(集中本). "曰庸者常久不斷之德也 道不可須臾離庸也 民鮮能久矣
庸也 不能期月守庸也 國有道不變 國無道不變庸也 半塗而廢 吾不能已庸也 庸德
之行庸言之謹庸也 至誠無息不息則久庸也 文王之純亦不已庸也 回也三月不違仁
其餘日月至焉庸也 不克終日勸于帝之迪庸也 卽皐陶九德之目 結之以彰厥有常 立
政九德之戒 申之曰其唯常德 易曰能久中也 皆中庸之義 中而能庸則聖人而已矣."

그렇다면 주자가 왜 '용庸'을 '불역不易(구久)'으로 해석하는 것을 수정하여, '평상'으로 새겼는지를 살펴보자. 주자는 『중용혹문』에서 정자의 해석을 다소 수정한 이유를 설명했다.

'치우치지 않고, 기울지도 않는다'는 것은 정자가 말한 '중에 있다(在中)'는 의미이고, '지나침과 모자람이 없다'는 것은 '중의 도(中之道)'이니 모든 일을 행함에 각각 그에 따라 중도를 얻음을 말한다. … 용庸 자의 뜻은 평상平常이기 때문에, 항상되며 바뀌지 않는 것이다. … 정자의 말은 나와 다르지만, 그 귀결되는 취지는 하나이다. 다만 '바뀌지 않는다(不易)'는 말은 반드시 오랜 세월을 필요로 한 이후에 나타나는데 비해, '평상平常'이라는 말은 곧바로 오늘날 괴이함이 없음을 징험해 볼 수 있고, 더 나아가 항구적이면서 바뀌지 않는다는 말까지 겸할 수 있는 것만 못하다.[20]

주자는 분명 '평상平常'이란 말은 '항상되며 바뀌지 않는다(可常而不可易)' 혹은 '괴이한 것이 없으면서 항구적이면서 바뀌지 않는다(無所詭異而其常久而不可易者)'라는 의미라고 말했다. 주자는 '용庸'을 '바뀌지 않는다(不易)'라고 새기면, 이는 오랜 시간 경과한 후에 징험할 수 있는 것이기 때문에, 곧바로 경험할 수 있는 것으로 괴이한 것이 없고 항구적이

---

20. 『中庸或問』"不偏不倚云者 程子所謂在中之義 … 無過不及者 程子所謂中之道也 見諸行事 各得之中之名也 … 庸字之義 …唯其平常 故可常而不可易 二說 雖殊 其致一也 但謂之不易 則必要於久後見 不若謂之平常 則直驗於今之無所詭異而其 常久而不可易者 可兼擧也."

어서 바뀔 수 없다는 의미에서 '평상'이라고 새긴다는 것이다. 여기서 주자의 '용庸'에 대한 해석은 평平(無所詭異)＋상常(恒久不斷)이란 의미, 즉 '괴이한 바가 없으면서, 부단히 항구적이어서 바꿀 수 없는 것'을 의미함을 확인할 수 있다. 그런데 다산은 주자가 '용庸'을 평상平常, 즉 일상日常 혹은 보통普通이란 의미로 새기고 있다고 비판한다. 다시 말하면, 중용이란 지덕至德으로 최상의 덕인데, 주자는 평상으로 새겨 범인凡人의 도로 귀결시키고 말았다고 비판한다.

그런데 우리가 판단할 때, 주자가 '용庸'의 의미를 해석할 때에 '평平'자를 넣은 것은 분명한 전거가 있다. 앞서 인용했던 바, 다산 또한 분명 "중中은 치우치거나 기울지도 않으며, 지나치거나 모자람이 없음이다. 이렇게 명명한 것은 경문에 구체적인 확증이 있다(단 불편不偏의 뜻은 본편에 나타나 있지 않고, 「홍범洪範」에 '무당무편無黨無偏'이라 했다)"라고 말했다. 그런데 이 『서경』「홍범」에 분명 다음과 같이 기술되어 있다.

불편부당無偏無黨 왕도탕탕王道蕩蕩, 무당무편無黨無偏, 왕도평평王道平平, 무반무측無反無側 왕도정직王道正直.

여기서 '평平'이란 여러 자전과 주석에 근거해 살피면, ① 평탄平坦, ② 공정公正, ③ 평정平正, ④ 균등均等, ⑤ 태평太平, ⑥ 평안平安 등의 의미를 지닌다. 그렇다면 주자의 평상平常으로서 용庸이란 평탄·공정·평정·균등·태평·평안 ＋ 항구부단恒久不斷이라고 할 수 있다. 그런데 다산은 주자의 해석에 분명한 전거가 되는 "무당무편無黨無偏,

왕도평평王道平平"에서 '무당무편無黨無偏'만 언급하여, '평평平平'이라는 말에 대해서는 어떠한 언급도 하지 않았다. 그리고 나아가 주자의 '평상平常'이란 해석을 오로지 일상 혹은 보통이라는 말로 해석하여, "오직 '용庸'자의 의미는 명확한 해석이 없다. 만일 평상平常의 이치라고 한다면, 성인은 평상의 이치를 지극한 덕(至德)이라고 말한 것이 되니, 아마도 그렇지 않을 것이다"라고 비판했다. 이것은 주자의 용庸에 대한 주석의 오해 내지 곡해라고 할 수 있다.

3. 부도불문, 은미, 미발에 대한 해석

　　다산은 성리학적 우주론의 근간을 이루는 이기론을 해체하고,『중용』을 실천중심의 소사상제지학 재정립했다. 이 문제는『중용』수장에서[1]부터 드러난다. 여기서 다산은 (君子 戒愼乎其所不睹 恐懼乎其所不聞 중에서) 부도불문不睹不聞, (莫見乎隱 幕顯乎微 중에서) 은미隱微와 신독愼獨, 그리고 (喜怒哀樂之未發 謂之中 發而皆中節 謂之和 중에서) 미발未發 등에 대한 해석에서 주자의 해석에 대해 강하게 비판한다. 그래서 다산은「자찬묘지명」에서『중용』의 해석에서 그동안 오해되었던 '부도불문', '은미', 그리고 '희노애락지미발' 등의 의미를 나름대로 밝혔다고 자부했다. 이제 이에 대한 해석의 차이를 살

1.『中庸』首章. "天命之謂性 率性之謂道 脩道之謂敎 道也者 不可須臾離也 可離 非道也 是故君子 戒愼乎其所不睹 恐懼乎其所不聞 莫見乎隱 幕顯乎微 故君子 愼其獨也 喜怒哀樂之未發 謂之中 發而皆中節 謂之和 中也者 天下之大本也 和也者天下之達道也."

펴보도록 하자.

주자는 문제의 중용 첫 구절(道也者 不可須臾離也 可離 非道也 是故君子 戒愼
乎其所不睹 恐懼乎其所不聞)을 다음과 같이 해석했다.

> 도란 매일 사용하는 사물에 마땅히 행해져야 할 이치(當行之理)이니, 모
> 두 본성의 덕으로 마음에 갖추어져 있어 어느 것도 도를 지니지 않음이
> 없고, 어느 때에도 그렇지 않음이 없으니, 잠시라도 떠날 수 없는 것이
> 다. 만일 떠날 수 있다면 어찌 본성에 따른다고 할 수 있겠는가? 그러
> 므로 군자의 마음은 항상 경건하고 두려워함을 보존하여, 비록 보고 듣
> 지 못하지만 또한 감히 소홀히 하지 못하여 천리의 본연을 보존하고 잠
> 시 잠깐이라도 떠나지 못하게 하는 것이다.[2]

주자에 따르면, 일상에서 우리가 사용하는 모든 사물에 마땅히 행해
져야 할 이치(當行之理)로서 도는 우리 마음에 본성의 덕으로 갖추어져
있을 뿐만 아니라, 우리가 언제 어디서 조우하는 모든 사물과 사태 또
한 도를 지니고 있다. 따라서 우리는 살아 있는 한 결코 도를 떠날 수
는 없다. 그런데 이러한 도는 우리의 감각 기관으로 확인할 수 있는
형이하의 기器적 사물이 아니기 때문에 '하학이상달下學而上達'을 통해
천명과 본성의 덕을 인식한 도덕적인 군자만이 경건함(敬)을 위주로 하

---

2. 『中庸章句』 1장에 대한 朱子註. "道者日用事物當行之理 皆性之德而具於心 無物
   不有 無時不然 所以不可須臾離也 若其可離 則豈率性之謂哉 是以君子之心常存
   敬畏 雖不見聞 亦不敢忽 所以存天理之本然 而不使離於須臾之頃也."

여 늘 깨어 있어서 천리의 본연을 보존하고 떠나지 않게 할 수 있다. 그런데 문제는 '보이지 않고 들리지 않는(不睹不聞)'의 주체와 대상이다. 주자의 표현에서는 다소 애매한 채로 남아 있다고 하겠다. 나아가 주자는 그 다음 구절(莫見乎隱 幕顯乎微 故君子 愼其獨也)을 다음과 같이 해석했다.

> 은隱은 어두운 곳이고, 미微는 작은 일이다. 독獨이란 남은 알지 못하고 자기만 아는 자리(人所不知而己所獨知之地)이다. 그윽하고 어두운 가운데 가늘고 미세한 일은 비록 그 형적은 나타나지 않지만 기미幾微는 이미 움직여 다른 사람이 비록 알지 못하지만 자기는 홀로 아니, 이것이 천하의 일이 드러나 보이고 밝게 나타남이 이보다 더 지나친 것이 없다는 것이다. 그러므로 군자는 이미 항상 계신하고, 여기에서 더욱 더 삼가는 것이니, 인욕이 장차 싹트는 데서 막아서 은미한 가운데에 잠기어 불어나고 어두운 데 자라서 도를 떠남이 먼 데 이르지 않게 해야 한다.[3]

이렇게 주자는 '은미隱微'란 어둡고 세미한 일로 자기만 알고 남들이 알지 못하는 자리, 곧 마음의 기미幾微가 움직이는 순간이라고 해석한다. 그리고 '신독愼獨'이란 위기지학爲己之學을 하는 군자가 철저히 자기 책임 하에서 홀로일 때에 삼가 조심하여, 마음의 기미가 일어날 때 인욕이 싹트는 것을 막아 도를 떠나지 않는 것을 말한다. 요컨대 주자는

3.『中庸章句』1장에 대한 朱子註. "隱暗處也 微細事也 獨者人所不知而己所獨知之地也 言幽暗之中 細微之事 跡雖未形 而幾則已動 人雖不知 而己獨知之 則是天下之事 無有著見明顯而過於此者 是以 君子旣常戒懼 而於此 尤加謹焉 所以遏人欲於將萌 而不使其潛滋暗長於隱微之中 以至離道之遠也."

부도불문不睹不聞을 자신이 볼 수도 들을 수 없음을, 독獨은 다른 사람은 알지 못하고 자기만 홀로 아는 것이라고 해석했다. 이에 대해 다산은 우선 "부도불문不睹不聞이란 남이 깨닫지 못한 것이 아니다"라고 말하고 나서, 다음과 같이 항변한다.

> 보이지 않는 것이란 무엇인가? 하늘의 본체이다. 들리지 않는 것이란 무엇인가? 하늘의 소리이다. 어떻게 그런지를 아는가? 『경』에서 말하기를, '귀신의 덕이 성대하다! 보아도 보이지 않고, 들어도 들리지 않으니, 만물의 본체가 되니 빠뜨릴 수 없다(「귀신장」)라고 했으니, 보이지 않고 들리지 않은 것이란 하늘이 아니고 무엇이겠는가? 사람이 태어나면 욕심이 없을 수 없다. 그 욕심에 따라 채우기 위해 방벽사치를 일삼지 않음이 없지만, 백성들이 감히 드러내 놓고 죄를 범하지 못하는 것은 계신공구하기 때문이다. 누구를 계신하는 것일까? 위에 관장이 있어 법을 집행하기 때문이다. 누구를 공구하는 것일까? 위에 군왕이 있어 형벌로 다스리기 때문이다. … 군자가 어두운 방에 있어도 전전긍긍하면서 감히 악을 짓지 못하는 것은 거기에 상제가 그에게 임해 있음을 알기 때문이다. 이제 명, 성, 도, 교를 모두 하나의 이치로 귀결시킨다면, 이치란 본래 지각이나 위엄이 없는 것인데, 어찌 계신공구하겠는가? [4]

---

4. 『中庸自箴』1:4-5. "箴曰所不睹者何也 天之體也 所不聞者何也 天之聲也 何以知其然也 經曰鬼神之爲德 其盛矣乎 視之而弗見 聽之而弗聞 體物而不可遺 … 見下章不睹不聞者 非天而何民之生也 不能無慾 循其慾而充之 放辟邪侈 無不爲已 然民不敢顯然犯之者 以戒愼也以恐懼也 孰戒愼也 上有官執法也 孰恐懼也 上有君能誅殛之也…君子處暗室之中 戰戰栗栗 不敢爲惡 知其有上帝臨女也 今以命性道

여기서 다산은 『경經』에 근거하여 『경』을 해석한다는 해석학적 원칙을 드러내고 있다. 즉 『중용』「귀신장」에 근거해 볼 때, '부도불문不睹不聞'하는 것은 하늘, 곧 영명한 주재천으로서 상제를 의미한다는 것이다. 군자는 영명한 상제가 임재 · 조응하고 있음을 알고 있기에 계신공구하는 것이지, 위엄이나 권위가 없는 맥리 혹은 조리 때문에 전전긍긍하거나 악을 행하지 않는 것이 아니라는 것이다.

나아가 다산은 은미隱微와 신독愼獨의 해석에서도 주자와 다른 입장을 취하면서 비판한다.

> 은미隱微란 상천의 주재를 말한다. 보아도 보이지 않고 들어도 들리지 않으니, 어찌 은隱이 아닌가? 그 작은 것으로 말하면 천하가 능히 깨뜨리지 못하는 것이라고 했으니, 어찌 미微가 아닌가? 숨겨져 있는 듯 하지만 지극히 나타나 보이므로 보이지 않는 것에서도 삼가고, 미세한 듯 하지만 지극히 뚜렷하므로 들리지 않는 것에서도 두려워하는 것이다. 만일 어두운 곳과 미세한 일을 은미라고 한다면, 어두운 곳과 미세한 일이란 몸이 보이지 않도록 가리어 숨어서 끝내 드러나지 않은 것이 있을 것이니, 아래로는 사람들을 속일 수 있고, 위로는 군왕을 속일 수도 있을 것이다. … 제帝가 강림함을 믿지 않는다면, 필시 그 홀로 삼감이 없을 것이다.[5]

教 悉歸之於一理 則理本無知 亦無威能 何所戒而愼之 何所恐而懼之乎."

5. 『中庸自箴』1:5. "箴曰隱微者上天之載也 視之而弗見 聽之而弗聞 豈非隱乎 其小則天下莫能破焉 豈非微乎… 似隱而至現 故戒愼乎不覩也 似微而至顯 故恐懼乎

주자는 '은미'란 어둡고 세미한 일(暗處, 細事)이며, '신독'이란 자기만 아는 자리로서 곧 마음의 기미가 일어날 때 삼가는 것이라고 해석했다. 그런데 다산은 『중용』 본문에 근거하여 '은미'란 형이상자이기 때문에 우리의 감각기관을 지각할 수 없고(隱), 그 작은 것으로 말하면 천하의 그 무엇으로도 깨뜨릴 수 없는(微) 상제의 주재작용을 지칭하는 것이며, 따라서 '신독'이란 이런 상천의 주재 혹은 감림을 자각하는 군자의 모습을 형언한 것이라고 해석한다.

다음으로 '희노애락지미발喜怒哀樂之未發'에 대한 해석의 차이를 살펴보자. 이에 대한 주자의 해석은 다음과 같다.

> 희노애락은 정情이고, 그 미발未發은 성性이니, 치우치고 기울어지는 바가 없는 까닭에 중中이라고 이르고, 발發하여 모두 절도에 맞는 것은 정의 바름이니, 어그러지는 것이 없는 까닭에 화라고 이른다. 대본이란 천명의 성이니 천하의 이치가 모두 이로 말미암아 나오니 도의 본체요, 달도란 성을 따름을 이르니, 천하고금이 함께 말미암는 것이니, 도의 작용이다. 이는 성정의 덕을 말하며, 도를 가히 떠날 수 없는 뜻을 밝힌 것이다.[6]

所不聞也 若云暗處微事 是爲隱微 則暗處微事 有終身掩諱而未嘗發露者 下可以欺人 上可以欺君…不信降監者 必無以愼其獨矣."

6. 『中庸章句』1장에 대한 朱子註. "喜怒哀樂 情也, 其未發則性也 無所偏倚故 謂之中 發皆中節 情之正也 無所乖戾故 謂之和 大本者 天命之性 天下之理 皆由此出 道之體也 達道者 循性之謂 天下古今之所共由 道之用也 此言性情之德 以明道不可離之意."

주자는 성 · 정에 대한 체용론에 입각하여, 희노애락의 미발 · 이발을 해석했다. 즉 희노애락이 아직 발하지 않은 본체로서의 성은 불편 · 불의하기 때문에 중中이라 하고, 그 본성이 발현되어 정이 되는데 그 정이 모두 절도에 맞는 것을 화和라고 한다는 것이다. 그런데 주자는 이 구절(喜怒哀樂之未發謂之中)을 해석함에 있어 그 주체에 대한 명시가 없다. 아마도 일상인들의 '희노애락의 미발'인 상태 일반일 지칭하여 '중中'이라고 말하는 듯하다. 이에 대해 다산은 다소 강하게 비판한다.

이 구절은 신독한 군자가 마음을 보존하고 본성을 양성한 지극한 공부이지, 일반인들의 성정을 통론한 것이 아니다. 무엇으로 그런 줄 알 수 있는가? 앞의 구절에서 군자의 계신과 신독을, 뒤의 구절에서 군자의 중용과 시중時中을 말했다. 앞 구절을 잇고 뒤 구절과 접속되는 이 구절이 갑자기 일반인들의 성정을 논할 리가 없다. … 미발未發의 중中과 이발已發의 화和는 오직 신독한 자만이 그것에 해당한다. 신독할 수 없는 자는 미발시에 먼저 심술이 이미 사벽邪辟하고, 이발할 이후에는 행사 또한 편벽할 것이니, 어찌 중화라는 두 글자를 그 사람에게 허여할 수 있겠는가? 중화를 이루면, 천지가 제자리를 잡고 만물이 육성된다고 하니, 중화 두 글자는 성인의 지극한 공부를 밝힌 것인데, 어떻게 일반인과 함께 할 수 있겠는가? 만약 이발已發시에는 선악이 있고, 미발未發시에는 선악이 없다고 한다면, 이는 일반인들은 비록 화和할 수는 없지만 일찍이 中하지 않는 적이 없다는 것이며, 비록 화和를 이루지는 못하였으나 일찍이 중中을 이루지 않은 것이 없다는 것이 되니 … 통할 수 있겠는가?[7]

　이렇게 다산은 중화를 이루는 주체는 신독군자로 보고, 중화란 신독군자의 지극한 공부의 결과라고 주장한다. 즉 희로애락이 아직 발현되지 않았을 때에 중을 이루고, 이미 발현했을 때에 화를 이루는 것은 오직 신독군자만의 지극한 공부(極功)의 결과로 가능한 것이지, 일반인들의 성·정을 통론한 것이 아니라는 것이다. 여기서 다산은 '희로애락의 미발(喜怒哀樂之未發)'을 다음과 같이 해석한다.

　미발未發이란 희로애락의 미발이지, 마음의 지각과 사려(心知思慮)의 미발이 아니다. 미발일 때에는 조심하여 상제를 밝게 섬기되 항상 신명神明이 옥루를 조명照·임재臨하듯 계신공구하여, 오직 과격한 행동을 하지 않을까 두려워하고, 편벽되고 기운 감정이 싹트지 있을까 두려워하여, 그 마음을 공평하게 하고 일에 대처하는 마음도 지극히 바르게 유지하여 밖의 사물이 이르기를 기다린다면, 이 어찌 천하의 지극한 중(至中)이 아니겠는가? 이발已發할 때에 마땅히 기뻐해야 할 것이라면 기뻐

---

7. 『中庸自箴』1:6-7. "箴曰此節 卽愼獨君子存心養性之極功 非通論天下人之性情也 何以知其然也 上節曰君子戒愼 曰君子愼獨 下節曰君子中庸 曰君子時中 此節承上接下 而忽論天下人之性情 必無是理…未發之中已發之和 惟愼獨者當之 不能愼獨者 方其未發之時 心術先已邪辟 及其旣發之後 行事又復偏陂 安得以中和二字許之於此人乎 況致中和則天地位焉 萬物育焉 明中和二字爲聖人之極功 安得爲衆人之所與乎 若云已發有善惡 未發無善惡 則是衆人雖不能皆和 未嘗不皆中 雖不能致和 未嘗不致中…而可通乎."

하고, 노해야 할 것이라면 노하고, 마땅히 슬퍼해야 할 것이라면 슬퍼하고, 마땅히 즐거워할 것이라면 즐거워하는 것이니, 이는 신독의 잠재된 공부로 말미암는 것이다. 그러므로 사태에 조우했을 때 발현하여 절도에 맞지 않음이 없으니, 이 어찌 천하의 지극한 화(至和)가 아니겠는가?[8]

다산은 희로애락의 미발은 '마음의 지각과 사려의 미발'이 아니라고 말하여, 아직 발현되지 않았을 때에도 마음의 지각과 사려는 활동하여 중中을 이루어야 한다고 주장한다. 따라서 군자는 아직 발현되지 않았을 때에는 상제가 조명照·임재臨해 있듯이 마음의 지각과 사려에서 계신공구하면서, 마음을 지평至平·지정至正하게 유지하여 외적 사물이 도래하기를 기다리는 것이 바로 '아직 발현되지 않았을 때의 중(未發之中)'이라고 말한다. 그리고 아직 발현되지 않았을 때의 중을 이룬 군자가 일상의 사태에 조우했을 때 마땅히 기뻐할 것은 기뻐하고, 마땅히 노할 때는 노하는 것과 같이 모두 절도에 맞을 때, '이미 발현했을 때의 화(已發之和)'를 이루었다고 말한다.

이상에서 논의된 주자와 다산의 주요한 해석의 차이를 요약하면 다음과 같다.

---

8. 『中庸自箴』 1:6-7. "未發者喜怒哀樂之未發 非心知思慮之未發 當此之時 小心翼翼 昭事上帝 常若神明照臨屋漏 戒愼恐懼 惟恐有過 矯激之行 偏倚之情 惟恐有犯 惟恐有萌 持其心至平 處其心至正 以待外物之至 斯豈非天下之至中乎 當此之時 見可喜則喜 見可怒則怒 當哀而哀 當樂而樂 由其有愼獨之潛功 故遇事而發 無不中節 斯豈非天下之至和乎."

첫째, "보이지 않는 바에서 계신하고(戒愼乎其所不睹), 들리지 않는 바에서 공구한다(恐懼乎其所不聞)"의 '보이지 않는 바와 들리지 않는(不睹不聞)' 대상과 연관하여 주자의 해석은 다소 애매하지만, 결국 천명의 본성이자 일용사물에서 마땅히 행해야 하는 이치(當行之理)를 의미한다고 할 수 있다. 이에 대해 다산은 이치란 위엄과 권위가 없다는 점에서 계신공구의 대상이 될 수 없다고 주장하면서, "보이지 않는 것이란 하늘의 본체이며, 들리지 않는 것이란 하늘의 소리이다."라고 해석했다.

둘째, (莫見乎隱 幕顯乎微의) 은미隱微 및 신독愼獨에 대해서 주자는 '은隱'이란 암처暗處, '미微'란 세사細事, 그리고 '독獨'이란 '남이 알지 못하지만 자기만 아는 자리'라고 해석하면서, 결국 신독이란 마음의 기미幾微가 움직일 때 삼가여 인욕이 싹트는 것을 막고 천리의 본연을 보존하는 것이라고 해석한다. 이에 대해 다산은 주자의 이런 해석에 대해 강하게 비판하면서, 『중용』본문에 근거하여, 은미란 상천의 주재 작용을 말하며, 신독이란 이러한 상천의 주재 및 조명照·임재臨를 자각한 군자가 계신공구하는 것이라고 반박한다.

셋째, '미발지중未發之中'과 '이발지화已發之和'와 연관하여 주자는 체용론에 입각하여 미발지중이란 성의 본연이며, '이발지화'란 감정의 올바름(情之正)이라고 해석하였지만, 미발지중의 주체에 대해서는 일반인을 지칭하는 것으로 오해될 수 있는 해석을 했다. 이에 대해 다산은 "이 구절은 신독군자의 존심양성의 지극한 공부"을 논한 것이지, 일반인들의 성·정을 통론한 것이 아니기 때문에, 미발지중未發之中하는 주체는 신독군자라고 단정한다. 그리고 그는 '희로애락의 미발(喜怒哀樂之未發)'은 '심지사려心知思慮의 미발未發'이 아니라는 점을 강조하면서, 미발시에 상제가 조명·임재하듯이 계신공구하면서 지평·지정한 마음을 유지하여 사물이 이르기를 기다리는 것이 미발지중이라고 말한다. 그리고 이러한 미발지중의 공부를 지극히 하여 사태와 조우했을 때, 마땅히 기뻐해야 할 때에 기뻐하고, 마땅히 노해야 할 때에 노하는 것과 같이, 모든 감정의 발현이 절도에 맞는 것이 바로 이발지화己發之和라고 해석한다.

여기서 첫 번째 '보이지 않고(不睹), 들리지 않는(不聞)' 대상이 누구(무엇)인가에 대한 해석의 차이는 주자와 다산 철학을 구분하는 중요한 특징을 드러낸다. 즉 주자는 보이지 않고 들리지 않는 궁극자를 '천 = 태극 = 이치'라는 관점에서 해석하였고, 다산은 영명한 '주재천 = 상제'라는 관점에서 해석했다. 성리학의 이기론을 해체하고 소사상제지학昭事上帝之學으로 『중용』을 해석하는 다산의 관점이 여기에서도 나타났다. 그런데 가장 큰 차이점은 두 번째에 있다.

다산은 보이거나 들리지 않는(不睹不聞) 대상을 상제라고 하고, 은미하게 작용하는 것 또한 상제라고 말하여, '신독'은 보이거나 들리지 않는 대상인 상제에 대한 계신공구일 뿐만 아니라, 은미한 주재 작용을 통해 가장 밝게 드러나는 상제의 주재에 대한 태도라고 말했다. 그러나 주자는 다산과는 달리 보이거나 들리지 않는 대상에 대한 계신공구와 은미한 가운데에서 수행되는 신독을 분리시켜 해석했다.[9] 그래서 주자는 군자의 계신공구는 천명의 성인 이치에 관한 것이지만, 신독이란 군자의 절대책임을 강조한 것이기 때문에 은隱은 암처暗處이

---

9. 『中庸或問』 참조.

고, 미微는 세細事이며, 독獨이란 남은 알지 못하고 자기만 홀로 아는 자리(人所不知而己所獨知之地)라고 해석했다. 그래서 주자는 다음과 같이 말했다.

'도를 떠날 수 없다(道不可離)'는 것은 곧 존양存養하지 않을 수 없음을 말한 것이니, '이렇게 때문에(是故)' 하는 사람들에게 계신공구하여 존양하는 공부를 하도록 가르친 것이다. '어두운 것보다 더 잘 드러난 것이 없고, 미세함보다 더 잘 나타남은 없다(莫見乎隱 幕顯乎微)'는 것은 곧 성찰省察하지 않을 수 없음을 말한 것이니, '그러므로 군자(故君子)'라고 한 이하는 바로 사람들에게 신독하여 삿된 의지가 일어나는 곳을 성찰하여 막도록 가르친 것이다. 두 개의 '고故' 자만 살펴보아도 알 수 있다. … 이것은 분명히 두 단락이다. 앞 단락에 '시고是故'라는 글자가 있고, 뒷 단락에 '고故' 자가 있으며, 또한 두 번이나 '군자'라는 글자를 제기했으니, 만약 한 단락으로 말한 것이라면 또한 무엇 때문에 이렇게 글을 썼겠는가? 묻기를, 이와 같이 두 절의 공부로 나눈다면 '치중致中'과 '치화致和'의 공부가 각각 귀착될 곳이 있게 되고, '천지위天地位'와 '만물육萬物育'이 또한 귀착지가 있게 되는 것입니까? 대답하시길, 옳은 말이다. … 계신공구는 곧 미연未然에 방지해서 그 본체를 온전히 하는 것이며, '신독'은 곧 장차 그렇게 될 것을 살펴서 그 기미를 살피는 것이다.[10]

10.『中庸集註』朱子細註. "朱子曰 … 道不可離 是說不可不存養 是故以下 是敎人戒懼 做存養工夫 莫見莫顯 是說不可不省察 故君子以下 是敎人謹獨 察私意起處防

다산은 '부도불문不睹不聞'과 '은미隱微'한 것을 모두 형이상자인 천(=上帝)으로 해석하여, 신독을 '지성至誠'으로 간주한다. 그러나 주자는 우선 문단이 '이런 까닭에 군자(是故君子)'와 '그러므로 군자(故君子)'로 나누어진다는 점에서, 이 구절들은 두 단락으로 나누어 보아야 한다고 지적한다. 나아가 그는 앞의 구절은 '도는 떠날 수 없다(道不可離)'는 구절에 이어지는 것이며, 도는 본성의 덕으로 주어져 있다는 점에서 계신공구의 존양공부를 말했다고 해석한다. 그리고 뒤의 구절은 "남이 알지 못하고 자신만이 아는 기미의 순간에 성찰하여 삿된 의지가 피어나는 것을 막고, 천리를 보존하는 군자의 신독을 말한 것"이라고 해석한다. 나아가 주자는 이렇게 두 단락으로 나누어 보았을 때, 앞 단락의 존양存養 공부는 다음에 이어지는 '미발지중未發之中'·'치중致中'·'천지위天地位'와 연결되며, 뒤의 성찰省察 공부는 '발이개중절위지화發而皆中節謂之和'·'치화致和'·'만물육萬物育'과 연결된다고 해석한다. 주자의 이 해석을 『중용』 원문의 앞뒤를 논리적으로 잘 연결 짓는 정치한 해석이라고 할 수 있다.

주자의 이 해석은 스스로 『중용혹문』에서 "제가들의 학설은 모두 '보이지 않고 들리지 않는 곳(不睹不聞)에서 계신공구戒愼恐懼하는 것을 신독의 뜻으로 해석'하였는데, 선생(朱子)만은 이를 나누어 두 가지 일로

之 只看兩故字 可見 … 此 分明是兩節事 前段 有是故字 後段 有故字 且兩提起君子字 若作一段說 亦成是何文字 問如此分兩節工夫 則致中致和工夫 方各有著落而天地位萬物育 亦各有歸著 曰是 … 戒懼 是防之於未然 以全其體 謹獨 是察之於將然 以審其幾."

삼은 것은 지나치게 지리멸렬한 것이 아닙니까?"[11]라고 자문하고 있는 데에서 볼 수 있듯이, 당시에도 주자만의 독특한 새로운 견해였다. 그런데 다산은 주자의 이 견해를 나름으로 『중용』 원문에 입각하여 반박하고 있지만, 다산은 아마도 주자가 이 구절을 왜 두 단락으로 나누었는지에 대한 충분한 검토를 하지 않은 듯하다. 아마도 다산은 주자가 성·정을 체용관계로 본 것을 부정하려는 입장에서 이러한 비판을 한 것으로 보이지만, 주자의 해석은 『중용』의 원문에 입각한 논리적인 것으로 이어지는 중·화 및 천지·만물에 대한 언명과 연관해서 볼 때 매우 설득력이 강한 정치한 해석이라고 판단된다.

다음으로 다산이 (喜怒哀樂之未發謂之中에서) '미발지중未發之中'의 주체는 일반인이 아니라 신독군자이며, 여기서 '미발'은 희노애락의 미발이지, 심지사려心知思慮의 미발이 아니라고 해석한 것에 대해 살펴보자. 물론 『중용장구』에서 주자의 해석을 보면, 주자는 미발의 주체를 명시하지 않아 일반인으로 해석할 수 있도록 했다. 그런데 한국의 명유 율곡栗谷 이이李珥는 이 점과 연관하여 다음과 같은 해석을 내놓고 있는데, 이해에 참고가 될 수 있다.

> 미발의 본체에도 또한 선악으로 말할 수 있다는 것은 심히 잘못된 것이다. 희노애락의 미발을 중中이라 한다. 중은 (천하의) 대본이니, 어찌 선악이 있다고 말할 수 있겠는가? 일반 사람들(衆人)의 마음은 어둡지 않으면, 필시 혼란스러워 대본을 정립하지 못하기 때문에 중中이라고

---

11. 『中庸或問』 참조.

할 수 없다. 그러나 다행히 한순간이라도 가끔 미발일 때가 있다. 이렇게 미발일 때 마음의 온전한 본체는 매우 맑아서 성인과 다르지 않다. 다만 순식간에 다시 그 본체를 잃어버리고 어둡고 혼란에 빠지기 때문에, 중을 얻지 못하게 된다. 마음이 어둡고 혼란에 빠지는 까닭은 기질의 구애를 받기 때문이다. 만약 '기질의 구애를 받아 그 대본을 정립할 수 없다'고 말한다면 옳지만, '미발일 때에도 악의 맹아와 조짐이 있다'고 말한다면 잘못이 심하다. 마음이 어둡고 혼란에 빠진 것을 두고 '미발'이라 할 수는 없기 때문이다.[12]

율곡의 해석에 따르면, 비록 일반 사람들은 "한순간이라도 가끔 미발일 때가 있어, 그때에는 마음의 온전한 본체는 매우 맑아서 성인과 다르지 않는" 순간이 있다고 할지라도, "순식간에 다시 그 본체를 잃어버리고 어둡고 혼란에 빠지기 때문에" 중을 얻지 못한다. 즉 일반 사람들은 미발지중未發之中의 가능성을 지닌다고 할 수 있지만, 중으로 자기정립을 이루지는 못한다는 것이다. 그런데 주자 또한 『중용혹문』에서는 '미발지중'의 주체는 군자임을 분명히 했다.

---

12. 『栗谷全書』권9, 「答成浩原」. "未發之體 亦有善惡之可言者 甚誤 喜怒哀樂之未發 謂之中 中也者 大本也 安有善惡之可言耶 衆人之心 不昏昧則必散亂 大本不立 故不可謂之中也 幸於一瞬之間 或有未發之時 則卽此未發之時 全體湛然 與聖人不異矣 惟其瞥然之際 還失其體 昏亂隨之 故不得其中耳 其所以昏且亂者 由其拘於氣質故也 若曰拘於氣質而不能立其大本則可也 若曰未發之時 亦有惡之萌兆則大不可 蓋其或昏昧 或散亂者 不可謂之未發也."

천명의 본성이란 순수하고 지극히 선하여 사람의 마음에 갖추어져 있는 것은 그 체용의 온전함이 본디 모두 이와 같기에 성인과 우인의 차이로서 가감이 있을 수 없다. 그러나 고요한(靜) 데서 이를 존양存養할 줄 모르면 천리가 혼매하여 대본은 성립되지 못한 것이며, 움직임(動)에 있어 절제할 줄 모르면 인욕이 횡행하여 달도를 행할지 못할 것이다. 오직 군자만이 보이거나 들리지 않는 이전(不睹不聞之前)부터 계신공구하여 더욱 엄하고 더욱 경敬하여 한 터럭이라도 치우친 것이 없으며, 이를 지켜 항상 잃지 않는 데에 이르면 그 중中을 다하여 대본의 성립이 날로 더욱 견고하게 될 것이다. 여기에 더욱 은미하고 그윽할 즈음에, 그 선악의 기미를 삼가고 더욱 정밀히 하여 한 터럭이라도 어긋나거나 잘못됨이 없어 행함에 항상 어김이 없으면, 이는 그 화和를 다하여 달도達道의 행함이 날로 더욱 넓게 될 것이다. … 이는 온갖 변화의 본원이고, 일심의 묘용이며, 성신聖神의 능사요, 학문의 극공이니, 참으로 초학자가 논할 수 있는 경지가 아니다.[13]

여기서 주자가 "희로락의 미발에서 중中을 이루고, 발하여 모두 절

---

13. 『中庸或問』 "盖天命之性 純粹至善 而具於人心者 其體用之全 本皆如此 不以聖愚而有加減也 然靜而不知所以存之 則天理昧而大本有所不立矣 動而不知所以節之 則人欲肆而達德有所不行矣 惟君子 自其不睹不聞之全 而所以戒謹恐懼者 愈嚴愈敬 以至於無一毫之扁倚 以守之常不失矣 則爲有以致其中 以大本之立 日以益固矣 尤於隱微幽獨之際 而所以謹其善惡之幾者 愈精愈密 以至於無一毫之差謬 而行之 每不違焉 則爲有以致其和 而達道之行 日以益廣矣 … 此萬化之本源 一心之妙用 聖神之能事 學問之極功 固有非始學所當議者."

도에 맞아 화和를 이루는" 주체는 일반인이 아니라, 오직 군자만의 능사라고 말하고 있음을 확인할 수 있다. 그리고 다산은 『중용』의 '미발未發'이란 희로애락의 미발이지, 마음의 지각과 사려(心知思慮)의 미발이 아니라고 주장하면서 마치 성리학자들 혹은 당시의 여러 사람들이 미발을 적멸寂滅의 상태로 잘못 이해한다고 비판했다. 그런데 적어도 이러한 해석은 주자의 경우에는 적용되지 않는다. 왜냐하면 우선, 주자는 그의 「격물보전」에서 말하고 있듯이, 마음이란 항상 지각의 상태(莫不有知), 즉 현대 현상학자의 표현대로 지향성을 지니고 있음을 분명히 말하고 있기 때문이다.[14]

둘째, 주자는 그의 이른바 「기축지오己丑之悟」 이후 '주일무적主一無適' 혹은 '상성성常惺惺' 등으로 정의되는 '(持, 居)경敬'을 "사유와 학문을 겸하고(兼思學) 고요할 때와 움직일 때를 관통하고(貫動靜), 안과 밖을 합일 시키고(合內外), 나타남과 은미함을 하나로 연결하는 도(一顯微之道也)" 라고 정의했다는 점에서, 주자 역시 미발 시에 경공부, 즉 존양(存心·養性)이 필요하다고 말하였지, 결코 적멸의 상태로 이해하지 않았다고 하겠다. 나아가 주자는 "마음이 본성과 감정을 통괄·주재한다"는 '심통성정心統性情說'을 주장하여, 미발 시의 본성뿐만 아니라 감정이 발현하는 순간에서도 마음이 주재적인 작용(省察)을 해야 한다고 주장했다는 점에서, 사유과 방법을 겸하고(兼思學)·동정을 일관하고(貫動靜)·안밖을 합체시키고(合內外)·현미를 일관하는(一顯微) 공부방법을 제시했다고 할 수 있다.

---

14. 『大學章句』朱子의 「格物補傳」 "蓋人心之靈 莫不有知 而天下之物 莫不有理."

어쨌든 주자와 다산은『중용』의 미발未發을 마음의 지각 활동이 정지해 있거나 적멸의 상태가 아니라고 말하면서, 여기서도 존양의 경 공부가 필요하다는 점을 인정했다는 점에서는 일치한다. 나아가 미발 시에 정립한 중中이란 단순히 일반이 우연히 한 번 도달한 마음 상태가 아니라, 치열한 존양공부의 극치로서 오직 신독군자만이 도달할 수 있는 최상의 결과라는 점에 대해서도 일치를 보이고 있다고 하겠다.

4부

맹자

7장

다산의 『맹자』 심성론 해석 :
주자와 대비를 통해

1. 다산과 『맹자』

　　다산 정약용1762~1836은 유학의 수기치인의 정신에 입각하여 총232
권에 달하는 수많은 경학관련 저술을 하고, 이를 근본으로 경세를 논
하고자 했다. 그래서 회갑의 「자찬묘지명」에서 그는 "육경사서로 수기
를 이루고, 일표이서로 천하국가를 다스림으로써 본말을 갖추었다"[1]
고 자부했다. 그런데 유가 역사상 사서를 표창하고 가장 중시했던 주
자과 마찬가지로,[2] 다산 또한 상당히 중시하여 "사서는 우리 도의 지

---

1. 『與猶堂全書』1, 卷16卷 18面(이하 『全書』로 표기), 「自撰墓誌銘(集中本)」, 여강출
　판사, 1992. "六經四書以之修己 一表二書以之天下國家 所以備本末也." 원문은
　『한국고전종합DB』를, 번역서로는 다음을 참조하고 다소 수정하기도 했다. 전남
　대호남학연구소 역, 『국역여유당전서』 전주대출판부, 1986. 李篪衡, 『譯註茶山孟
　子要義』, 현대실학사, 1994.

2. 최진덕에 따르면, 『朱子語類』140권 중 50권이 四書에 관한 토론이고, 六經에 관
　한 토론은 28권에 불과하다. 최진덕, 「『맹자』에 대한 두 해석: 『맹자집주』와 『맹자
　요의』」, 『다산학』 8, 53쪽 각주1 참조.

남철이다"[3]라고 말했다. 다산의 사서에 대한 대표적인 저술들은 학문의 절정기에 순차적으로 이루어졌음을 「연보」는 말해 주고 있다.

1813년(순조 13, 52세) 겨울에 『논어고금주』가 완성되었다. 이 책은 여러 해 동안 자료를 수집하여 이해 겨울에 완성했는데 40권이다. 이강회와 윤동 등이 도왔다. 『논어』에 대해서는 이의異義가 워낙 많아 「원의총괄」 표를 만들어 「학이」편에서 「요왈」편까지 원의를 총괄한 것이 175조가 된다. … 1814년(순조14년, 53세) 여름에 『맹자요의』가 완성되었다. 가을에 『대학공의』 3권이 완성되었다. 『중용자잠』 3권이 완성되었다. 『중용강의보』가 완성되었다. 겨울에 『대동수경』이 완성되었다. 또 이여홍(李汝弘, 汝弘은 이재의李載毅의 字)의 편지에 답하여 학문과 사변의 공효를 논했다.[4]

주자1130~1200는 사서 가운데 특히 『대학』을 가장 중시했다. 그래서 37세에 초고를 준비한 이후 끊임없이 수정하고 자문을 구하다가, 이순耳順(1189)에 이르러 비로소 「대학장구서」를 썼으며(『論孟集註』가 48세 (1177)에 이루어졌던 것과 비교하면 13년 더 걸린 것), 생의 마지막까지 「대학장구」의 수정에 매달렸다. 주자의 다음 말은 이를 잘 설명해 준다.

나는 이 문자를 보아 투철하게 통하여 전현들이 미처 보지 못한 것을 보았다. 사마온공이 『통감』을 짓고 평생의 정력을 모두 이 책에 모았다

---

3. 『全書』2, 권13, 20, 「論語古今註」 "四書者 吾道之指南也"
4. 송재소, 「사암선생연보(俟菴先生年譜)」 『다산시연구』, 창작과비평사, 1986.

고 하였는데, 나 또한 『대학』에 있어 그렇게 했다. 먼저 모름지기 이 『대학』을 읽은 연후에 비로소 다른 책을 읽을 수 있다. … 『대학』은 학문의 강목이 되고 … 『대학』은 학문의 처음과 끝을 통틀어서 말한 것이다.[5]

다산은 사서 가운데에도 『논어』를 특히 중시했다. 그래서 "후학이 높이 믿고 체득하여 실천할 것은 오직 『논어』 한 권뿐이다"[6] 혹은 "육경이나 여러 성현의 글은 모두 읽어야 하겠지만 오직 『논어』만은 종신토록 읽음직하다"[7] 그리고 "예지가 있고 성스러워 어떠한 하자도 없는 것이 『논어』이다"[8]라고 말했다. 이와 같이 『논어』를 중시한 다산이 학문의 최전성기에 연구성과를 집대성한 『논어고금주』를 완성하고, 바로 다음 해에 『맹자』를 주석했다는 것은 맹자를 공자의 정통 계승자로 인정하며 중시했다는 사실을 방증한다.

다산은 17세 때 겨울에 둘째 형 약전若銓과 함께 동림사에서 『맹자』를 읽고 "학문의 희열을 느끼고"[9] 학문에 대한 확고한 입지를 다진 것으로 알려져 있다. 그래서 그는 출사한 이후 「맹자책」에서 다음과 같이 말했다.

---

5. 『大學章句』「讀大學法」, "又曰 某一生 只看得這文字透 見得前賢所未到處 溫公作通鑑 言平生精力盡在此書 某於大學 亦然 先須通此 方可讀他書. …若大學却只統說 …大學 是爲學綱目 …大學 是通言學之初終."
6. 『全書』2, 권16, 39, 『論語古今註』, 「論語對策」, "後學之尊信體行 惟論語一部是已."
7. 『全書』1, 권18, 「爲尹惠冠贈言」, "六經諸聖書皆可讀 唯論語可以終身讀"
8. 『全書』1, 권11, 「五學論3」, "叡聖無瑕疵者 論語."
9. 『全書』1, 권13, 「東林寺讀書記」 참조.

신은 일찍이 성현의 도통은 위로는 무왕에서 그치고 아래로는 맹자에서 그쳤으므로 그분들의 기상도 서로 비슷하다고 여겨 왔습니다. 지금 만약 『맹자』의 글로 무왕의 도를 구한다면, 또한 거의 잘못이 없고 근사할 것입니다.[10]

다산의 맹자 관련 저술로는 29세 때의 『맹자강의』에서 시작하여 『맹자책』(30세 경), 『맹자요의』(53세), 「자찬묘지명(집중본)」 중의 『맹자』 관련 언명(61세), 그리고 기타 여러 『시문집』에 산재해 나타난다. 이 가운데 대표적인 저서는 단연 『맹자요의』라고 할 수 있으며,[11] 다산이 이 저서를 집필한 직후 그 핵심 개념과 내용과 대해 이재의와 의견을 교환한 「답이여홍」[12]은 이 저술을 보완해 주는 역할을 한다.

다산이 유배생활(1801~1818) 중에 완성한 『맹자요의』(1814)는 『맹자』 전체 260장 중 153장에 대해 다양한 고증을 통해 자신의 의견을 개진한 것으로, ① 인용문(맹자 원문과 조기趙岐, 주자朱子 등 주요 주석가들의 해석 제시), ② 용안鏞案(다산 자신의 해석), ③ 인증, ④ 고이考異(이

10. 『全書』1, 「시문집」, 권8,31. 「맹자책」. "臣對曰 臣嘗謂聖賢之統 上焉而止于武王 下焉而止于孟子 故其氣象 亦大槪相近 今若因孟子之書 而求武王之道 則亦庶乎 其無悖矣近."

11. 이에 대해서는 다음을 참조. 정일균, 「다산 정약용의 사서관계저술」, 『다산 사서경학 연구』, 일지사, 2000, 150-1쪽 주67. 『孟子講義』는 독립된 저서가 아니라 『孟子要義』에 7곳에 분산된 형태로 남아 있으며, 『自撰墓誌銘(集中本)』의 『孟子』 관련 언명들은 『孟子要義』에 대한 자평이라고 할 수 있다.

12. 이 서신들은 다음의 역서로 편집, 출판되었다. 실시학사경학연구회 편역, 『다산과 문산의 인성논쟁』, 한길사, 1996.

설에 대한 고찰), ⑤ 어문신대御問臣對(정조와의 문답), ⑥ 부론附論으로 구성되어 있다.

일반적으로 『맹자』는 크게 '천도와 심성'을 논한 부분과 '인정仁政의 왕도정치 이념'을 역설한 부분으로 등으로 대별할 수 있다. 그런데 다산의 『맹자요의』는 심성론 및 수양론에 관한 것이 많고, 왕도정치를 논한 부분에서는 주로 사상적인 측면이 아니라 제도의 구체적인 실시 방안 및 오류의 고증에 주력했다. 그래서 후에 다산이 회갑을 맞아 서술한 「자찬묘지명」에서 "『맹자요의』에서는 ① 만승지국과 천승지국의 분전제록分田制祿의 실상, ② 불기살인不嗜殺人의 의미, ③ 하夏 · 은殷의 정전제의 실제, ④ '무시뇌야無是餒也'(「공손추상」 2장)의 해석, ⑤ 성性 개념, ⑥ 본연지성의 유래와 성격, ⑦ 만물개비어아萬物皆備於我(「진심상」 4장)의 해석, ⑧『맹자』에서 성과 이기의 관계, ⑨ 기질의 청탁과 선악의 관계 등에 대해 밝혔다"[13]고 자평했다.

맹자는 유가 역사상 심성론(인성론)에 대한 최초의 체계적인 정립을 시도하면서[14] 인성론에 토대를 둔 인정의 왕도정치 이념을 주창했다. 그래서 다산은 맹자를 "성과 도의 본체를 참으로 인식하여 줄기와 가지를 조리 있게 분석한 자"[15]라고 평가했다. 이 글은 다산의 『맹자요

---

13. 「自撰墓誌銘(集中本)」「맹자요의」에 관한 條 참조.

14. 이는 心, 性, 그리고 氣란 용어가 출현하는 빈도로도 확인할 수 있다. 먼저 '心' 은 『論語』 6회, 『孟子』 121회, 『大學』 13회, 그리고 『中庸』에는 보이지 않는다. 그 리고 '性'은 『論語』 2회, 『孟子』 36회, 『大學』 1회, 『中庸』 9회이다. '氣'는 『論語』 6회, 『孟子』 19회, 『中庸』 1회, 그리고 『大學』에서는 나오지 않는다.

15. 『全書』 2, 권11, 31, 「五學論三」 "眞知性道之體而劈析枝經者孟子."

의』와 그 보완이 되는 자료(「答李汝弘」 등)를 중심으로 다산의 맹자 심성론 해석을 살펴보고자 한다. 그런데 여기서 우리는 '성즉리性卽理'로 대표되는 주자의 성리학적 입장과 대비하여, 그 특성을 명확히 제시하고자 한다.

2. '마음'이란 무엇인가?

　어떤 철학자가 지적했듯이, 모든 물음은 '인간에 의해' 제기될 뿐만 아니라 결과적으로 '인간을 위해' 제시된다는 점에서 인간 자신의 정체 해명은 가장 중요한 문제로 다른 제반 학문의 토대가 된다. 그런데 "인간이란 무엇인가?"라는 문제에 직면하여 철학자들은 실로 다양한 정의를 시도해 왔다. 그 가운데 '이성적 동물', '정치적 동물' 등과 같은 유와 종차에 의한 정의는 고대 그리스 철학 이래 하나의 전형을 형성한다. 그런데 이 정의는 인간을 최근류(동물)와 구별되는 점에 초점을 두고 인간에게 고유한 '인간적'인 것, 즉 이른바 '인성'에 의해 인간의 이념을 규정한 것으로, 이에 대한 탐구를 통상 '인성론人性論'이라 한다.

　유와 종차에 의한 인간 정의들에서 구별되게 '인간적인 것'은 '대상적인 물리적 신체'가 아니라, 그것과 차원을 달리하는 '자기이해적인 마음'(정신, 의식, 영혼)과 연관된다는 점에서, 인성론은 통상 '심성론

心性論'으로 규명되어 왔다. 즉 고전철학에서 "인간이란 무엇인가?" 하는 물음은 인간 마음의 정체 해명과 직결되어 왔다.

다산의 마음에 대한 이해

다산은 인간이란 무엇인가 하는 문제와 연관하여, 우선 다음과 같이 말했다.

> 정신(神)과 신체(形)가 오묘하게 결합하여 인간이 된다. 그러므로 고경古經에서 있어 그것을 총괄하여 말하기를, 자기自己·자신自身이라고 했다.[1]

다산은 근원적인 관점에서 본다면, 인간존재에서 "신체와 마음은 오묘하게 결합하여 현실적으로 서로 분리될 수 없기 때문에 마음을 바르게 하는 것(正心)과 몸을 바르게 하는 것(正身)이 별개의 공부일 수 없다"[2]고 하는 심신묘합론心身妙合論을 피력한다. 다산의 이러한 인간 이해는 물과 그릇의 관계로 비유되는 성리학적 심신관계론과 다소 구별된다고 하겠다.

---

1. 『全書』2, 권2. 25. 「心經密驗」, "神形妙合 乃成爲人 故其在古經 總名曰身 亦名曰己."
2. 『全書』2, 권1. 29. 「大學公議」 "議曰身心妙合 不可分言 正心卽所以正身 無二層 工夫也."

인간을 유와 종차에 의해 동물과 구별하면, 인간됨의 근거를 우리는 마음에서 찾을 수밖에 없다. 존재론적인 관점에서 본다면, 인간이 먼저 존재하고, 그 속성 혹은 그에 부속되는 기관으로 마음을 가지는 것이 아니다. 주관과 객관이 분리되기 이전의 근원적인 관점에서 본다면, 인간이 먼저 존재하고 그 속성 혹은 기관으로 마음을 지니고 있는 것이 아니라, 인간이 마음의 방식으로 자신을 실현했다고 하겠다. '나'라는 불변의 자아가 존재한 이후에 '사유'라고 하는 속성을 지니는 것이 아니라, 내가 바로 사유라는 방식으로 삶을 영위한다고 할 수 있다.

인간은 마음을 갖고 있는 존재자가 아니라, "인간이 곧 마음이다." 정신과 신체를 분리하는 이원론적 망상에서 벗어나기만 한다면 "나의 존재는 곧 나의 마음이다"는 데카르트의 주장에는 하등의 비난할 바가 없다. 대상으로 사물화되기 이전의 인간, 인간으로서의 인간의 존재 방식을 추구하는 것을 기본임무로 하는 철학은 결국 마음의 존재 방식을 탐구하는 것을 주 임무로 부여 받은 셈이라고 하겠다.[3] 다산 다음 언명은 바로 이러한 의미라고 할 수 있다.

인간이 인간이 되는 까닭은 마음일 뿐이니, 마음을 인식하면 인간이 되고, … 마음을 다스리면 인간이 된다.[4]

---

3. 신오현, 『자아의 철학』, 문학과지성, 1986, 256쪽.
4. 『全書』1, 권19, 「答李汝弘」. "人之所以爲人者心而已 認心則爲人 …治心則爲人." 『茶山과 文山의 人性논쟁』, 한길사, 130쪽.

이렇게 인간의 자기 정체성을 마음에서 확인한 다산은 이제 마음의 정체 해명으로 나아간다. "독서란 의리를 구할 따름이지만, 자의에 밝지 않으면 의리에도 어두워진다"는 다산의 지론에 따라, 다산의 '심心' 자에 대한 훈고를 먼저 살펴보자.

> 신神과 형形이 잘 조화하여 인간이 된다. 신神은 형체가 없고 또한 이름도 없다. 그 형체가 없기 때문에 이름을 빌려 신神이라 부른다(귀신鬼神의 신神을 빌린 것이다). 심心은 피를 주관하는 장기로서 신神과 형形이 잘 조화된 기관이다. 그래서 이름을 빌려 심心이라고 부른다(심心은 오장의 하나이며 간·폐와 같은 것이다). 죽어서 형체를 떠나면 혼魂이라 부른다. 맹자는 이것을 대체大體라 하였고, 불가에서는 법신法身이라 하는데 문자상 일정한 명칭은 없다.[5]

다산에 따르면, 허령하여 지각하는 마음은 한 글자로만 오로지 지칭할 수 없기 때문에 후세 사람들이 다른 글자들 차용하여 심心·신神·영靈·혼魂 등으로 지칭했다. 『맹자』에서는 마음을 유형의 소체와 구별하여 대체라 했으며, 불교에서는 유형의 색신色身과 구별하여 법신이라 했다. 우리 속에 함축하여 밖으로 운용하는 것을 심心이라 하는데, 진실로 오장가운데 혈기를 주장하는 것이 심心(臟)이고, 정신과 신

5.「全書」2, 권5, 32.「孟子要義」"鏞案神形妙合 乃成爲人 神則無形 亦尙無名 以其無形 故借名曰神 借鬼神之神心爲血府 爲妙合之樞紐 故借名曰心 心本五臟 字與肝肺同 死而離形 乃名曰魂 孟子謂之大體 佛家謂之法身 其在文字 無專名也."

체가 오묘하게 결합하여 발용하는 자리는 모두 혈기와 상수하므로, 이에 혈기를 주관하는 것(心)으로써 속마음을 통칭했다.[6]

다산은 '심心'이라는 글자의 용례를 세 가지 유형으로 구별한다. 그것은 ① 오장의 하나로서의 심心(심장心臟), ② 영명한 마음(靈明之心), ③ 영명한 마음의 발현으로서 심心(心之所發之心; 惻隱之心으로 대표되는 四端 등)이 바로 그것이다. 오장의 하나로서 심장은 인간과 동물이 함께 지닌 것이지만, 영명한 마음은 인간에게만 고유한 것이다. 그런데 오장의 하나인 심장과 영명한 마음은 전체로서 하나이지만, 영명한 마음에서 발현되어 나오는 현상으로서 마음은 무수히 많을 수 있는데, 그것은 줄기와 가지의 관계(幹-枝)에 있다.[7] 즉 다산은 인간됨의 근거를 영명한 마음에서 찾고, 그 마음을 맹자의 용어에 따라 인간의 대체라고 말했다.[8] 그리고 그는 그 마음이 형체가 없다는 측면에서 '신神'이라

---

6. 『全書』2, 권2, 25, 「心經密驗」 "神形妙合 乃成爲人 故其在古經 總名曰身 亦名曰己 而其所謂虛靈知覺者 未有一字之專稱 後世欲分而言之者 或假借他字 或連屬數字 曰心曰神 曰靈曰魂 皆假借之言也 孟子以無形者爲大體 有形者爲小體 佛氏以無形者爲法身 有形者爲色身 皆連屬之言也 若古經言心 非大體之專名 惟其含蓄在內 運用向外者謂之心 誠以五臟之中 其主管血氣者心也 神形妙合 其發用處 皆與血氣相須 於是假借血氣之所主 以爲內衷之通稱."

7. 『全書』1, 권19, 30, 「答李汝弘(載毅)」 "心之爲字 其別有三 一曰五臟之心 若云比干剖心 心有七竅者是也 二曰靈明之心 若商書曰各設中于乃心 大學曰先正其心者是也 三曰心之所發之心 若孟子所云惻隱之心 羞惡之心是也 第一第二 皆全言之者也 其第三則可一可二可三可四可五可六可百可千 孟子特拈其四心 以證仁義禮智之本 在於人心 與靈明本體之心 有幹枝之別耳." 『茶山과 文山의 人性논쟁』, 한길사, 42-43쪽.

8. 『全書』2, 권6, 39, 「孟子要義」 "心者吾人大體之借名也."

고 하며, 나아가 영명하여 지각할 수 있을 뿐만 아니라, 외부로 발현될 수 있다(四端)고 말한다.

다산의 마음에 대한 이러한 서술은 고전 철학자들이 마음은 그 인식의 방법에서 대상적인 물리적 사물(신체)과 개념(사유)상 변별된다는 것을 언표하기 위하여 자기반성 · 자기 반조 · 근원적 반성 · 자기의식 · 지향성 · 대자존재 · 일심一心 · 본각本覺－시각始覺 · 자신해自神解, 그리고 유가에서 양지良知(陽明) · 허령명각虛靈明覺(朱子)[9] 등으로 표현한 것과 맥락을 같이 하면서 한층 발전시킨 것이라고 하겠다. 이는 고전적 심성론에서 흔히 시도한 마음을 신체로부터 개념(사유)상으로 구별하여 마음의 본성을 그 자체로 고유하게 해명하는 작업의 일환인 동시에, 다산의 새로운 사유(心身妙合論)를 반영한 것이있다.

모든 만물은 인간 마음에 주어지는 한에서, 즉 마음에 지향 혹은 의도되는 한에서만 존재의 의미와 현실성을 지닌다. 이러한 대상화하기 이전의 마음 자체, 즉 모든 존재자에 의미를 부여하는 마음 그 자체는 대상을 지시하는 언어로 형용할 수 없다. 따라서 귀신이란 명칭에서 신神, 형체를 여읜다는 점에서 혼魂, 신체를 주관하고 대상에 의미를 부여하여 자신을 실현한다는 점에서 심心으로, 그리고 맹자에 따라 소체인 신체와 대비되게 대체라고 지칭한다. 다산이 마음의 대체를 형용하기 위해 사용한 단어, 즉 신, 허령지각, 영명 등은 모두가 마음이란 물리적인 사물처럼 형체나 사물적인 속성을 지니지 않지만(虛) 신령

---

9. 朱子,「格物補忘章」 "蓋人心之靈 莫不有知 而天下之物 … 而吾心之全體大用 無不明矣 此謂物格 此謂知之至也."

스럽게 밝게 깨닫고 있어 만물을 관조하며 외적으로 자신을 실현하는 주체라는 것을 나타낸다.

마음이란 본래 훤하게 밝게 깨달아 아는 존재이다.[10] 즉 마음은 사물처럼 하나의 밋밋한 덩어리 또한 질량으로 존재하는 것이 아니라, 자기 자신과 만물을 밝게 관조하며, 몸을 통하여 자신을 실현하는 주체이다. 이런 맥락에서 다산은 인간 마음을 '신명이 사는 집(神明之舍; 神明이 마음을 집으로 삼아 편안하는 머문다)'이라는 성리학적 마음과 신명의 관계를 재음미한다. 그는 맹자가 인仁을 사람의 마음이라 말하고, 사람의 평안한 집이라고도 말하여, 사람의 마음이라는 뜻으로 사람의 집이라는 표현을 쓰고 있음을 지적한다.[11]

그것은 마치 신명이 주인이 되어 마음을 머무르는 수단으로 삼는다는 뜻이 아니라, 인仁이 마음을 바탕으로 삼아 마음을 통해 실현되는 것을 의미하듯이 사람의 마음이란 신명이 실현되는 바탕이며 주체가 된다는 것이다. 따라서 신명이 인간 마음의 주인이라는 것이 아니라, 마음이 활동하는 양상이 바로 신명, 즉 형체가 없으면서 밝게 깨달음(자기이해와 만물관조)의 방식으로 존재한다는 것이다.[12]

---

10. 意識으로 번역되는 'Consciousness(함께 앎)'와 독일어의 'Bewusstsein(이미 알고 있는 존재)'라는 말은 바로 이런 사정에서 형성되었다고 할 수 있다.

11. 『全書』2, 권6, 28. 「맹자요의」 "余謂心者吾人神明之所宅也 神明以心爲宅 以爲安居 此云仁人心也者 猶言仁人宅也 仁者人之安宅 義者人之正路 固亦孟子之所言此章彼章 豈得異解乎."

12. 금장태, 「다산 심성론의 체계와 쟁점」, 『한국문화』20, 209~210쪽 참조.

주자의 마음 개념에 대한 비판

그렇다면 다산의 마음에 대한 정의를 그의 비판의 표적이었던 주자의 관점과 비교해 보자.

주자는 "마음이란 기氣의 정상精爽이다"[13]고 규정했다. 여기서 '정상精爽'이란 인간 마음이 신체와 혹은 다른 사물보다 질적으로 탁월한 어떤 존재임을 뜻하는데, 마음은 기의 정수精髓(精華)로서 밝게 깨닫고 있어(爽=明) 모든 이치를 온전히 갖추고 밝게 조명할 수 있다는 것이다. 그래서 기의 정상으로서 마음을 주자 또한 허령명각虛靈不昧(明昭·知覺·明覺)·신명神明 등과 같은 용어로 설명하며, 심心·성性·이理·궁리窮理 등의 관계를 같이 규정했다.

> 마음(心)은 사람의 신명이니, 온갖 이치를 갖추고 만사에 응하는 것이다. 성性은 마음에 갖추어진 이치이며, 천은 또한 이치가 따라서 나오는 것이다. 사람이 지니고 있는 이 마음은 전체가 아님이 없지만 이치를 궁구하지 않으면 가려진 것이 있어 이 마음의 한량을 다하지 못한다.[14]

기의 정상으로서 신령스런 우리 마음은 여타 존재자에 비해 탁월한

---

13. 『朱子語類』 5:29. "心者 氣之精爽."
14. 『孟子集註』 7상:11의 朱子註. "心者人之神明 所以具衆理而應萬事者也 性則心之所具之理 而天 又理之所從以出者也 人有是心 莫非全體 然 不窮理 則有所蔽而無以盡乎此心之量."

존재자로서 ① 모든 이치를 구유하고, ② 선천적인 앎을 지니는 동시에 지각 작용을 수행한다. 그래서 그는 "지각되는 것은 마음의 이치이며, 지각하는 것은 기의 영명함이다"[15] 혹은 "성은 마음이 지닌 이치이고, 마음은 이치가 모이는 자리이다"[16]라고 말한다. 그런데 주자는 마음을 기氣로 보고 있기 때문에, "마음은 형상이 없는 형이상자인 성性과 비교할 때, 미세하나마 형적이 있다"[17]고 말했다.

이에 대해 다산은 "심心은 우리 인간의 대체를 지칭하기 위해 차용한 명칭이고, 성性은 심心이 기호하는 바이니, 허虛와 기氣나 지각으로는 분명하게 밝히기 어려울 것이다"[18]라고 비판했다. 나아가 다산은 "인간 마음이 만물의 이치를 모두 구유했다"는 주자의 마음에 대한 정의를 다음과 같이 직접 힐난한다.

> 만물은 반드시 이와 같이 광대한 말로 할 필요가 없다. 천지만물의 이치는 각각 만물 자신에게 있는 것이니, 어찌 나에게 갖추어져 있겠는가? 개에게는 개의 이치가 있고, 소에게는 소의 이치가 있으니, 이것은 분명 나에게 없는 것인데, 어찌 억지로 큰소리를 쳐 모든 나에게 갖추어져 있다고 할 수 있겠는가?[19]

---

15. 『朱子語類』5:28. "所覺者 心之理也 能覺者 氣之靈也."

16. 『朱子語類』5:46. "性 便是心之所有之理 心 便是理之所會之地."

17. 『朱子語類』5:51. "心比性 則微有跡."

18. 『全書』2, 권6, 39. 「孟子要義」. "心者吾人大體之借名也 性者心之所嗜好也 虛氣知覺 亦恐欠分曉."

19. 『全書』2, 권6, 40. 「孟子要義」. "鋪案萬物不必如是作廣大之言 天地萬物之理 各

나아가 다산은 심心을 기氣로 규정하는 주자의 주장을 다음과 같이 논박한다.

> 첫 번째 오장의 한 기관으로서 심장은 기氣라고 할 수 있지만, 두 번째 영명한 심을 어떻게 기라고 할 수 있겠는가? 선유들은 '심心이 성性·정情을 통어(통괄)한다'고 하였으니, 심을 기라고 여긴다면 이것이 기가 이치와 기를 통어하는 꼴이 된다. 그렇지는 않을 것이다.[20]

이렇게 다산은 주자가 "마음은 기의 정상"이기 때문에 여전히 형적을 지니고 있다는 규정을 명시적으로 거부함으로써, 인간의 대체로서의 마음은 어떤 형체도 지니지 않는 '단적인 초월'이라고 말했다. 다산이 말하는 '단적인 초월'로서의 마음은 일체의 존재는 마음의 대상이지만, 마음은 오직 그 자신의 대상이라는 절대적인 차원으로서의 마음을 말한다. 이러한 마음은 신체를 통해 자신을 표현하지만, 신체로 환원되거나 신체적인 방식으로 확인될 수 없다.

이러한 마음은 존재 세계에 의미를 부여하고 구성적으로 창출하는 절대주체이기 때문에 시간의 지배를 받으면서도 영원자와 공속의 관계에 있으며, 변화하면서도 불생불멸하며, 세계 내재적이면서도 세계

在萬物身上 安得皆備於我 犬有犬之理 牛有牛之理 此明明我之所無者 安得強爲大談曰皆備於我乎."

20.『全書』1, 권19, 30.「答李汝弘(載毅)」"第一五臟之心 謂之氣可也 第二靈明之心 何以謂之氣也 先儒謂心統性情 而以心爲氣 則是謂氣統理氣 恐不然也."『茶山과 文山의 人性논쟁』, 한길사, 43쪽.

초월적이라고 할 수 있다. 그렇기에 이 마음은 그 무엇이라고 할 수도, 그렇다면 '아무것도 아닌 것'이라고 할 수 없는 비의秘義라고 하겠다. 바로 그렇기에 다산은 마음을 기로 환원될 수 없는 '영명함 그 자체'라고 표현했다고 하겠다. 영명한 마음은 인식 주관 앞에 고정된 하나의 심리현상이 아니라, 인식 주관의 존재 근원을 이루는 주체성이다. 따라서 이 마음은 실증적인 대상을 확인하는 심리과학의 차원으로는 해명이 불가능한, 말하자면 비대상적 절대적 차원의 것이다. 나아가 다산은 인간 마음이 사물이 지닌 모든 이치의 담지자가 아니라, 사물의 이치는 사물 자체가 지니고 있다고 주장했다는 것은 단순한 인간중심주의를 벗어나 사물을 그 자체의 고유한 이치에 따라 탐구할 수 있는 길을 열어 놓고 있다.

3. '마음'의 구성과 양상

주자와 다산의 견해

앞 장에서는 절대적인 차원의 '마음 그 자체'에 대한 다산의 해명과
정의를 살펴보았다. 이제 다산이 제시하고 있는 마음의 구성과 그 전
개양상에 대해 살펴보자. 마음 그 자체에 대한 해명이 마음을 그 자체
로 절대적인 차원에서 바라본 것이라면, 마음을 신체 및 대상 세계와
연관해서 상대적인 차원에서 볼 필요성이 제기되는데, 그것이 바로
마음의 구성과 전개양상이라고 할 수 있다.

성리학적 심성론에서는 일반적으로 천명(=理)을 인간 본성의 덕으로
규정하고, 그 본성을 마음(心)의 본체라고 하고, 감정(情)을 그 발용이
라고 말한다. 그리고 한 마음이 성·정을 함께 갖추고(包得) 통어한다
는 심통성정설心統性情說(張載-朱子) 혹은 "심·성·정·의가 경계를 지
닌 하나의 길이다"는 심성정의일로설心性情意一路說(境界說; 율곡)로 심과

성·정·의의 관계를 설명한다. 『서경』「대우모」에 제시된 인심과 도심에 대해서는 그 발생의 근원에 따라 형기의 사사로움(形氣之私)과 성명의 올바름(性命之正)으로 나누면서 도심에 주안점을 두고 '인심도심종시설人心道心終始說'을 제시하기도 한다. 이러한 성리학적 심성론에 비판적이었던 다산은 심성론의 보고인 『맹자』를 해석하면서, 성리학적 심성론의 체계가 지닌 정적주의靜寂主義적인 성격을 전면적으로 비판하고, 실천을 통한 덕의 구현에 주안점을 두는 체계로 전환하고자 한다.

주지하듯이 공자의 '자기정립의 학문(爲己之學)'을 계승한 맹자는 "학문의 길은 잃어버린 마음을 구하는 데에 있다(求放心之學)"고 주장하여 심성의 수양론을 제일학문으로 정립했다. 그래서 맹자는 "만물은 모두 나에게 갖추어져 있다"는 점에 입각하여 학문의 길이란 잃어버린 마음을 구할 것일 따름이라고 말했다.

> 구하면 얻고 버리면 잃으니, 이 구함은 얻음에 있어 유익함이 있으니 나에게 있는 것을 구하기 때문이다. 구함에 도가 있고, 얻음에 명이 있으니 이 구함은 유익함이 없으니 밖에 있는 것을 구하기 때문이다. 만물은 모두 나에게 갖추어져 있으니, 자신을 돌이켜 성실하면 즐거움이 그보다 큼이 없다. 힘써 서恕를 행하면 인仁을 구함에 그보다 더 가까운 것이 없다.[1]

---

1. 『孟子』7상:3-4. "孟子曰 求則得之 舍則失之 是求有益於得也 求在我者也 求之有道 得之有命 是求無益於得也 求在外者也孟子曰 萬物皆備於我矣 反身而誠 樂莫大焉 强恕而行 求仁莫近焉."

성리학자의 집대성자인 주자는 맹자의 "구하면 얻고, 버리면 잃는 나에게 있는 것"을 인의예지로 대표되는 우리 본성의 덕이며, 그리고 "구함에 도가 있고 얻음에 명이 있는 외부의 것"이란 '부귀와 이달利達 등으로 표현되는 우리의 욕망의 대상'이라고 해석했다. 나아가 절대 주체의 정립을 표현하는 "만물이 모두 나에게 갖추어져 있다"는 말은 "(소우주인) 인간 본성에 모든 만물의 이치가 가장 온전히 갖추어져 있다"고 해석한다.[2] 따라서 '모든 만물의 이치를 온전히 갖추고 있는 군자는 자기에게 구하고, 자기에게 성실하여 자기완성을 이루고, 나아가 서恕(＝如+心)의 원리를 통해 타자까지 완성시키면 즐거움이 그보다 더 클 수 없다는 것이다. 그리고 주자는 '나에게 있는 인의예지'라는 대체를 추구하는 자는 대인이 되고, 소체인 우리의 신체와 그 욕망의 대상인 '나의 밖에 있는 부귀와 이달'을 추구하는 사람은 소인이 된다고 주장했다. 대체와 소체에 대한 맹자의 언명을 살펴보자.

> 인仁은 사람 마음이며, 의義는 사람의 길이다. 그 길을 버리고 따르지 않고 그 마음을 잃고 구할 줄 모르니 슬프다. 사람이 닭과 개가 도망가면 찾을 줄 알면서도 마음을 잃고 구할 줄 모른다. 학문의 길은 다른 곳에 있는 것이 아니라, 그 잃어버린 마음을 구하는 것일 따름이다. … 손가락이 남과 같지 않으면 싫어할 줄 알되, 마음이 남과 같지 않으면 싫

---

2. 『孟子』 7상:3-4에 대한 朱子註. "在我者, 謂仁義禮智, 凡性之所有者. 有道, 言不可妄求. 有命, 則不可必得. 在外者, 謂富貴利達, 凡外物皆是…. 此言理之本然也. 大則君臣父子, 小則事物細微, 其當然之理, 無一不具於性分之內也."

어할 줄 모르니 이를 일러 류類를 알지 못한다고 말한다. …잘 기르고 잘못 기르는 것을 상고하는 근거는 어찌 다른 곳에 있겠는가? 자기에 게서 취할 따름이다. 몸에는 귀천과 대소가 있으니, 작은 것으로 큰 것을 해치지 말고, 천한 것으로 귀한 것을 해치지 말며, 그 작은 것을 기르는 자는 소인이 되고, 그 큰 것을 기르는 자는 대인이 된다. … 음식을 밝히는 사람은 사람들이 천하게 여기니, 작은 것을 기르고 큰 것을 잃기 때문이다. … (맹자) 말하기를, 귀와 눈은 생각하지 못하여 사물에 가리어지니, 사물이 이 물(오관)과 교차하면 사물에 끌려갈 따름이다. 마음은 생각(思)할 수 있으니, 생각하면 얻고, 생각하지 않으면 얻지 못한다. 이는 하늘이 우리 인간에게 부여한 것이니 먼저 그 큰 것에 정립한다면 그 작은 것이 빼앗지 못할 것이니 이것이 대인이 되게 한다.[3]

주자는 "반성의 능력(反思)을 지닌 우리 마음이 대체인 인의에 뜻을 두고 정립하면 대인이 되고, 감각적인 기호에 수동적으로 이끌리어 물화되면 소인이 된다"고 이 구절을 해석했다. 이에 대해 다산은 맹자의 대체·소체를 다음과 같이 해석했다.

---

3. 『孟子』3하:11−15. "孟子曰 仁 人心也 義 人路也 舍其路而不由 放其心而不知求 哀哉 人有雞犬放 則知求之 有放心而不知求 學問之道 無他 求其放心而已矣 … 指不若人 則知惡之 心不若人 則不知惡之 此之謂不知類也 … 所以考其善不善者 豈有他哉 於己 取之而已矣 體有貴賤 有小大 無以小害大 無以賤害貴 養其小者爲 小人 養其大者爲大人 … 飮食之人 則人賤之矣 爲其養小以失大也 … 曰 耳目之官 不思而蔽於物 物交物 則引之而已矣 心之官則思 思則得之 不思則不得也 此天之 所與我者 先立乎其大者 則其小者不能奪也 此爲大人而已矣."

대체는 형체가 없는 영명함이요, 소체는 형체가 있는 몸뚱이다. 대체를 따른다는 것은 성을 따르는 것(率性)이요, 소체를 따른다는 것은 욕구를 따르는 것이다. 도심은 항상 대체를 기르고자 하지만, 인심은 항상 소체를 기르고자 한다. 천명을 즐거워하고 알면 도심을 배양하게 되고, 자신의 사욕을 극복하고 예를 회복하면 인심을 제어할 수 있다. 여기에서 선과 악이 판결난다. … 혹 따르기도 하고 어기기도 하는 것은 마음의 직책이 능히 생각할 수 있기 때문이다. 만일 한결같이 생각한다면 반드시 소체를 따르면서 대체를 어김으로 인해서 소체를 기르면서 대체를 해치게 할 수 없다. 만일 생각하지 않는다면, 반드시 그 마음을 사욕에 빠지게 하여 따르고 어김의 바름을 잃게 된다. 마음이 능히 생각할 수 있는 것이다. 어찌 다행한 일이 아니겠는가?[4]

다산은 대체와 소체의 관계를 성性과 욕欲, 도심과 인심의 관계로 전환시켜 해석한다. 인간은 능히 사유(思)할 수 있는 능력이 있기 때문에 경중을 헤아려 대체와 도심을 따를 수 있으며, 나아가 천명으로 부여받은 '선을 좋아하고 악을 싫어하는(樂善而恥惡) 기호로서의 성을 확충할 수 있다고 주장한다. 그렇다면 다산은 성과 욕, 인심과 도심의 관계를 어떻게 주자와 다르게 해석하고 있는가?

---

4. 『全書』 2 권6, 29. 「孟子要義」. "鏞案大體者 無形之靈明也 小體者 有形之軀殼也 從其大體者 率性者也 從其小體者 循欲者也 道心常欲養大 而人心常欲養小 樂天知命則培養道心矣 克己復禮則制伏人心矣 此善惡之判也 …其能或從而或違者 以心官之能思也 苟一思之 必不可從小而違大 養小而害大 苟不思之 必至陷溺其心而失其從違之正 心之能思 豈非幸歟."

첫째, 주자는 인간의 본성의 덕인 인의예지를 대체로 보고 있지만, 다산은 "인간 마음에는 본래 덕이 없다"[5]는 입장에서 단지 마음의 영명함을 대체라고 한다. 둘째, 성의 개념에 대해 주자는 형이상학적인 존재론의 관심에서 본체의 이치라고 해석하고 있지만, 다산은 성이란 대체의 기호일 뿐이라고 해석했다. 셋째, 도심과 인심의 관계를 주자는 성명지정性命之正과 기질지사形氣之私에서 발생하는 것으로 파악하고 있는데 비해, 다산은 대체와 소체의 관계를 도심과 인심의 관계로, 그리고 도심의 기호와 인심의 기호를 갈등의 구조로 파악하면서 성리학적 정적주의를 탈피하고 실존론적인 동적 구조로 해석했다.

다산의 주자 비판

먼저, 본성의 덕과 연관하여 주자의 입장을 살펴보자. 주자에 따르면, 기氣의 정상精爽인 인간 마음에는 본성으로서의 이치가 가장 온전하게 구유되어 있고, 그 이치는 소리도 형적도 없는 형이상자이다. 그렇다면 소리도 형적도 없는 마음의 이치를 어떻게 인식할 수 있는가? 여기서 주자가 추구한 방법은 현상학자들처럼 마음은 비록 대상화할 수 없지만, 대상화하는 활동 속에 자신을 드러내고 있기 때문에 그 작

---

5. 『全書』2, 7-8, 「大學公議1」, "又按孔疏 雖不悖古義 而微啓後弊可也 心本無德 惟有直性 能行吾之直心者 斯之謂德 (德之爲字直心) 行善而後 德之名立焉 不行之前身 豈有明德乎."

용을 전반성적으로 의식할 수 있다는 것이다. 즉 지향적으로 대상화하는 활동 가운데 드러난 마음의 단서를 증험함으로써 우리는 마음의 본성의 덕(仁義禮智)을 추론할 수 있다고 주자는 말한다.[6] 요컨대 사단四端은 어떤 대상에 대해 계산에서 조건적으로 드러난 것 아니라, '무조건적이며 자발적으로' 마음의 본성에서 순수하게 드러난 것으로, 이 순수한 마음의 작용은 그 존재를 함축한다는 것이다. 즉 마음 자체(본성)와 그 작용은 체용의 관계로서 하나가 아니면서 둘도 아닌(不一而不二), 혹은 하나이면서 둘(一而二)인 관계(同卽異, 異卽同)에 있다(體用一源, 顯微無間). 그러므로 우리는 무조건적이며 자발적으로 마음의 본성에서 발출한 사단이라는 순수한 마음의 현상이 있다는 사실을 미루어 추론하여 그 마음의 본성인 사덕이 있음을 알 수 있다는 것이 주자의 입장이다.

이에 대해 다산은 "인간 마음에는 본래 덕이 없다"는 입장에서 이른바 인의예지라고 하는 사덕은 행사 이후에 실천적인 입장에서 성립하는 개념이라고 말한다. 그래서 다산은 주자의 본성의 덕이 생득적으로 갖추어져 있다는 입장에 대해 다음과 같이 비판한다.

사람을 사랑한 다음에 인이라 하고, 사람을 사랑하기 이전에는 인이란

---

6. 『朱子大全』卷65, 「尙書 · 大禹謨」 "然四端之未發也 所謂渾然全體 無聲臭之可言 無形象之可見 何以知其燦然有條若此 蓋是理之可驗 乃依然就他發處驗得 凡物必有本根 性之理 雖無形 而端緖之發 最可驗 故由其惻隱 所以必知其有仁 由其羞惡 所以必知其有義 由其恭敬 所以必知其有禮 由其是非 所以必知其有智 使其本無是理于內 則何以有是端于外 由其有是端于外 所以必知有是理于內 而不可誣也."

명칭이 성립하지 않는다. … 어찌 인의예지의 알맹이가 복숭아씨나 살구 씨와 같이 사람의 마음속에 덩어리로 엎드려 있는 것이겠는가?[7]

이런 이유에서 다산은 "인의예지는 밖으로부터 나를 녹여서 들어온 것이 아니라, 내가 본래 지니고 있었다(人義禮智 非由外鑠我也 我固有之也; 『맹자』「6상」)"라는 구절을 다음과 같이 해석한다.

'밖으로부터 나를 녹여서 들어오는 것이 아니다'는 말은 나의 안에 있는 사심四心(四端)을 미루어 바깥에 있는 사덕四德을 성취하는 것을 말하는 것이며, 바깥에 있는 사덕四德을 끌어당겨 안에 있는 사심四心을 발동하게 하는 것은 아니다. 이 측은지심에 나아가면 바로 인을 얻을 수 있고, 이 수오지심에 나아가면 바로 의를 얻을 수 있다. 이것이 인성이 본래 선함의 증험이다. … 인의예지의 이름과 같은 것은 반드시 일을 행한 뒤에 이루어지는 것이다. … 사덕이란 것은 사심四心의 확충이다. 아직 확충하지 않았다면, 인의예지의 이름은 끝내 성립될 수 없다.[8]

---

7. 『全書』2. 권5. 22. 「孟子要義」 "鏞案仁義禮智之名 成於行事之後 故愛人而後謂之仁 愛人之先 仁之名未立也… 豈有仁義禮智四顆 磊磊落落 如桃仁杏仁 伏於人心之中者乎."

8. 『全書』2. 권6. 23. 「孟子要義」 "鏞案非由外鑠我者 謂推我在內之四心 以成在外之四德 非挽在外之四德 以發在內之四心也 卽此惻隱之心 便可得仁 卽此羞惡之心 便可得義 此人性本善之明驗也. …若其仁義禮智之名 必成於行事之後 …四德者四心之所擴充也 未及擴充則仁義禮智之名 終不可立矣."

요컨대 다산은 주자와 반대 방향으로, 사심四心(사단)을 미루어 확충함으로써 인의예지의 사덕을 성취하는 것이라고 주장한다. 이렇게 다산은 맹자의 사단四端에서 '단端'을 주자처럼 '단서端緒'로 해석하여 내면의 사덕을 확인해 주는 증거로 삼은 것이 아니라, 사덕四德을 성취하는 '단시端始·단초端初'로 해석한다. 그래서 다산은 "인의예지근어심仁義禮智根於心" 일곱 글자는 조기가 확고한 증거로 삼았던 것이다. … 그것은 마치 가지·잎·꽃·열매가 땅에 뿌리를 두고 피어나듯이, 인의예지가 마음에 뿌리를 두고 실현되는 것임을 확인하는 것이다"[9]라고 말했다.

　다음으로 "대저 천天이란 이의 자연으로서 사람이 말미암아 생겨나는 바이고, 성性이란 이치의 온전한 본체(全體)로서 사람이 얻어서 생겨나는 바이다. 심心이란 사람 몸을 주재하면서 이 이치를 갖추고 있다"[10]라고 말하여, "인간의 본성은 천리이다(性卽理)"라는 주자의 주장에 대한 다산의 반론을 살펴보자. 다산은 우선 '이理'의 자의를 해석하여, "이理란 본래 옥과 돌의 결을 가리킨다. … 고요히 그 뜻을 고찰하면 모두 결이나, 다스림, 법이라는 뜻을 빌려다 사용한 의미이다"[11]라

9. 『全書』1. 권19. 31. 「答李汝弘」 "仁義禮智根於心七箇字. 正是趙邠卿之大援確證. 伏惟老兄秉心至公. 於此一句. 庶幾豁悟. 何以未然也. 根者草木之本也. 其枝葉華實猗儺蕃廡. 在土壤之外. 而其根在內. 故曰枝葉華實根於土也. 仁義禮智之根於心. 猶枝葉華實之根於土." 『茶山과 文山의 人性논쟁』, 한길사, 47쪽.

10. 『朱子大全』67:15. "蓋天者 理之自然 而人之所由以生者也 性者 理之全體 而人之所得以生者也 心則人之所以主於身 而具是理者也."

11. 『全書』2. 권6. 36. 「맹자요의」 "理者本是玉石之脈理… 靜究字義 皆脈理治理法理之假借爲文者."

고 말하여 이치의 실체성을 부정하여, 단지 의부지품依附之品일 뿐이다고 말한다. 이렇게 이치의 선재성과 독립성, 그리고 주재성을 부정되면, 그것은 인간의 본성이 될 수도 없다고 말한다.

> 천하에 영성이 없는 물건은 주재가 될 수 없다. 그러므로 한 집안의 가장이 어둡고 어리석어 지혜롭지 못하면 집안의 모든 일이 다스려지지 않는다. 한 고을의 우두머리가 어둡고 어리석어 지혜롭지 못하면 한 고을의 모든 일이 다스려지지 않게 된다. 하물며 텅 비고 허탕한 태허의 일기一理가 천지만물의 주재가 된다면 천지간의 일이 다스려지겠는가?[12]

> 대저 이치란 어떤 것인가? 이치는 애증도 없고 희로도 없고, 텅 비고 막막하여 이름도 없고 형체도 없는데, '우리들이 이치에서 품부된 성을 받았다'고 한다면, 그것은 도가 되기 어렵다.[13]

이렇게 정주程朱의 '인간의 본성은 천리이다(性卽理)'라는 명제를 비판하고, 다산은 "성이란 우리 인간의 대체에 대한 전칭全稱은 아니다. 나는 성이란 기호에 중점을 두고 말한 것으로 생각한다. … 모두 기호를

---

12. 『全書』2, 권6, 38, 「孟子要義」 "凡天下無靈之物 不能爲主宰 故一家之長 昏愚不慧 則家中萬事不理 一縣之長 昏愚不慧 則縣中萬事不理 況以空蕩蕩之太虛一理 爲天地萬物主宰根本 天地間事 其有濟乎."
13. 『全書』II, 권6, 37, 「孟子要義」 "夫理者何物 理無愛憎 理無喜怒 空空漠漠 無名無體 而謂吾人稟於此而受性 亦難乎其爲道矣."

가지고 성이라고 한 것이다. 성의 자의가 본래 이와 같기 때문에 맹자가 성을 논함에 반드시 기호로써 설명했다"[14]라고 말한다. 그리고 다산은 『맹자』(진심상)에서 군자가 좋아하는 일의 깊이를 구분하여 가장 얕은 단계를 욕欲(廣土衆民), 그 다음을 요樂(中天下而立 定四海之民)이라 하며, 가장 깊은 단계를 성性(雖大行不加焉 雖窮居不損焉)으로 제시한 사실을 들어 성기호설의 증거로 삼는다.[15] 그런데 다산의 '성기호설'은 도심뿐만 아니라, 인심에도 적용된다. 바로 이 점에서 주자와 차이난다.

　　『서경』「소고」에 "성性을 절제하여 오직 날마다 매진한다"라고 하였고, (채침이 이르기를 "교만스럽고 지나친 性을 절제하는 것이다"라고 했다.) 『예기』「왕제」에 "육예六禮를 닦아 백성의 성을 절제한다"라고 하였고, 맹자는 "마음을 분발시키고, 성을 참게 한다"라고 했다. 여기서 이른바 성은 인심의 기호를 말한 것이다. 「상서」에서 조이의 말에 "백성이 천성을 헤아리지 못한다"라고 하였고, 자사는 "성을 따른다"라고 하

---

14. 『全書』2, 권5, 32. 「孟子要義」. "性非吾人大體之全名也 余謂性者 主於嗜好而言. … 以嗜好爲性. 性之字義 本如是也 故孟子論性 必以嗜好言之."

15. 『全書』2, 권6, 42「孟子要義」. "廣土衆民 君子欲之 晬面盎背章 附論]余嘗以性爲心之嗜好 人皆疑之 今其證在此矣 欲樂性三字 孟子分作三層 最淺者欲也 其次樂也 其最深而遂爲本人之癖好者性也 君子所性 猶言君子所嗜好也 但嗜好猶淺 而性則自然之名也 若云性非嗜好之類 則所性二字 不能成文 欲樂性三字 旣爲同類 則性者嗜好也." 다산의 性 개념에 대해서는 더 많은 논의가 있어야 하지만, 지면관계상 다음을 기약한다. 필자의 기존의 성리학과 다산의 성개념 비교는 다음을 참조하라. 임헌규, 「다산 정약용의 『논어』 해석(1): 性 개념을 중심으로」, 『동양고전연구』38, 2009, 33−59쪽.

였고, 맹자는 "성은 선하다"라고 했다. 여기서 이른바 성은 도심의 기호이다. 비록 주안점을 둔 것은 같지 않지만, 기호로써 성을 말한 것은 같다.[16]

다산은 "대저 사람이 지각능력과 활동능력, 음식과 성에 대한 욕망은 금수와 조금도 다를 바가 없다. 오직 도심의 발현은 형체도 없고 물질도 아닌 영명하고 통달한 지혜가 기질에 깃들여 육신의 주재자가 된다"[17]고 말하여, 도심이 인심을 주재해야 한다고 주장한다. 그런데 주자 또한 "마시고 먹는 것은 인심이고, 그 도가 아니고 그 의가 아니면 아무리 많은 재물이라도 취하지 않는 것이 도심이다. 도심이 위주가 되고 인심은 매번 도심의 명령을 들어야 한다"[18]고 말한 바 있다. 즉 "인심은 졸도이고 도심은 장수"[19]인 관계가 유지되어야 한다는 것이 주자의 관점이었다. 그리고 이렇게 도심과 인심간의 정일精一을 이루어 도심이 인심이 통솔하면, 자연히 모든 행위와 처사處事가 집중執中을 이루게 된다고 말했다.

---

16. 『全書』2, 권5, 33, 『孟子要義』. "召誥曰 節性惟日其邁蔡云 節其驕淫之性. 王制曰 修六禮以節民性 孟子曰 動心忍也. 此所云性者 人心之嗜好也. 商書祖伊之言曰 不虞天性 子思曰 率性 孟子曰 性善. 此所云性者 道心之嗜好也. 雖其所主不同 其以嗜好爲性則同."

17. 『全書』2, 권6, 20, 「孟子要義」2. "大抵人之所以知覺運動 趨於食色者 與禽獸毫無所異 惟其道心所發 無形無質 靈明通慧者 寓於氣質 以爲主宰."

18. 『朱子語類』78:24. "飮食 人心也 非其道非其義 萬鐘不取也 若是道心爲主 則人心聽命於道心耳."

19. 『朱子語類』78:29. "人心如卒徒 道心如將."

그런데 "우리의 영체靈體 내에 본래 원하는 욕망(願欲)의 일단一端이 있다. 만일 이러한 욕심이 없다면 천하의 어떤 일도 전혀 할 수 없을 것이다…. 사람으로서 욕심이 없을 수 있겠는가? 맹자가 줄여야 한다고 말하는 것은 리록利祿의 욕심이다"[20]고 주장하는 다산은 인간의 원욕願欲을 이록과 도의에 대한 것으로 나누고, 이록에 대한 사욕은 줄여야하지만 도의를 위한 공욕公欲은 오히려 늘려야 한다고 말한다. 나아가 다산은 『맹자』의 "군자가 다른 사람과 다른 까닭은 마음을 보존한다는 것이다(君子所以異於人者 以其存心; 4하:28)"을 해석하면서, 자신의 '도심의 보존'에 대한 관점을 성리학적 도심의 보존과 다음과 같이 대비시키고 있다.

도심이 보존됨이 있는 자는 사람이고, 도심이 보존된 것이 없는 자는 금수이며, 도심이 온전히 보존되어 없어지지 않으면 성인이다. … 이 도심을 보존하고자 하면, 무릇 어버이를 섬기고, 어른을 섬기고, 임금을 섬기고, 친구와 사귀고, 백성을 다스리고 사람을 가르칠 때 그 마음을 다하고, 성실하게 함을 힘써 행하여, 한 터럭만큼이라도 속이거나 정성스럽지 못함이 없게 된 뒤에라야 바야흐로 잃지 않는다고 할 수 있다. … 후세 사람들이 말하는 정존靜存·묵좌黙坐라는 것은 생각함도 없

20.『全書』2, 권2.「心經密驗」2:29. "案吾人靈體之內 本有願欲一端 若無此欲心 卽天下萬事 都無可做 唯其喩於利者 欲心從利祿上穿去 其喩於義者 欲心從道義上穿去 欲之至極 二者皆能殺身而無悔 所謂貪夫殉財 烈士殉名也 余嘗見一種人 其心泊然無欲 不能爲善 不能爲惡 不能爲文詞 不能爲産業 直一天地間棄物 人可以無慾哉 孟子所指 蓋利祿之慾耳."

고, 말도 하지 않고, 웃지도 않고, 눈을 감고 마음을 모아 오로지 발하기 전의 기상을 보아 본체로 하여금 허명·통철하여 한 티끌도 물들지 않게 해서 생동감 넘치는 경지를 구하는 것이니, 이것이 옛날과 지금의 다름 점이다.[21]

다산은 도심의 보존에서 성리학적 정적주의를 지양하고, 실천지향의 새로운 심성론체계를 지향했다. 나아가 다산은 인심의 기호와 도심의 기호가 충동하여 선악이 분기되는 상황에서도 인간 마음에는 자주의 권형이 있기 때문에, 선악을 분별·실천할 수 있는 능력이 있다고 주장하면서, 바로 그 때문에 인간이란 자신의 도덕적 의무와 선악의 행위에 대해 궁극적으로 책임을 지는 주체적 존재라고 말한다.

만약 "선악이 섞여 있다"라고 한 말이 하늘이 성을 부여함이 이미 이와 같다고 한다면, 하늘이 사람에게 자주의 권형을 주었다. 가령 선을 하려고 하면 선을 하고, 악을 하려고 하면 악을 하여, 향방이 유동적이고 그 권능이 자신에게 있으며, 금수가 (본능에 따른 필연적인) 일정한 마음을 갖고 있는 것과는 같지 않다. 그러므로 선을 행하면 실제로 자신의 공이 되고 악을 행하면 자신의 죄가 된다. 이것은 마음의 권형이요

---

21. 『全書』2, 권6, 24. 「孟子要義」 "道心猶有存者則人也 道心無攸存者則禽獸也 道心全存而不亡則聖人也 存與不存 所爭只是此物 欲存此物則凡事親事長事君交友牧民教人之際. 勉行其忠信 無一毫欺詐不誠之差 然後方可曰不失也 存者保其將亡之意 讀之如齊桓存衛之存 後世所云靜存默存者 無思無慮 不言不笑 瞑目疑心 專觀未發前氣象 使本體虛明洞澈 一塵不染 以求活潑潑地 此古今之異也."

성이 아니다.[22]

　다산이 이렇게 인간 마음에 자주의 권형이 있음을 명시적으로 지적하고, 이를 통해 인간에게 도덕적 책임을 부여한 것은 유가사상 가장 획기적인 시도 중의 하나라고 하겠다. 다산이 인간 마음에 대한 정의에서 보여준 여러 용어들은 그 자체 고전철학의 답습이라고 하더라도, 이러한 인간의 자주권에 대한 주장은 그의 인간이해가 새로운 시대를 지향함을 보여주고 있다고 하겠다.

---

22. 『全書』 2, 권5, 34-5, 『孟子要義』. "若所謂善惡渾者 天之賦性旣如此 … 故天之
　　於人 予之以自主之權. 使其欲善則爲善 欲惡則爲惡 游移不定 其權在己 不似禽獸
　　之有定心. 故爲善則實爲己功 爲惡則實爲己罪. 此心之權也. 非所謂性也."

4. 맹자 성선설과 다산의 마음

　　일반적으로 다산은 "인간존재를 새롭게 인식함으로써 인간과 세계
의 관계를 새롭게 이해하고, 이를 통해 인간적 가치질서를 새롭게 구
축하고자 했다"고 말해진다.[1] 바로 이런 차원에서 다산이 『맹자』에 나
타난 심성론을 주자의 성리학과 어떻게 다르게 해석을 하였는지를 살
펴보았다.

　　다산에 따르면, 인간이 인간되게 하는 것은 마음이다. 절대적 차원
에서의 마음은 일체 존재를 포괄하며, 일체 존재에게 의미를 부여한
다는 점에서 마음은 어떤 존재자일 수 없다. 그리고 마음은 영명한 깨
달음의 존재로 신체를 주관하고, 만물을 관조하며, 세계에 자신의 의
미를 실현하는 주체이다. 다산은 마음의 주재성을 나타내기 위해 심
장心臟에서 심心 자를 차용했으며, 형체를 지니지 않는다는 점에서 신

---

1. 금장태, 「다산 심성론의 체계와 쟁점」, 『한국문화』 20, 201쪽.

神 혹은 혼魂이라는 용어를, 그리고 맹자는 형체를 지니는 소체와 구별하여 '대체'라는 말을 써서 동물과 구별되는 인간의 고유특성을 나타내었다고 말한다. 나아가 다산은 마음을 영명, 혹은 신명으로 형용하기도 한다. 이 용어를 통해 다산은 마음이란 그 어떤 사물은 아니지만, 그 자체 깨달음의 존재로서 만물을 관조하면서 세계에 그 의미를 부여하는 절대 존재라는 것을 나타내고자 하였다.

주자 또한 기氣의 정상精爽으로서 "마음은 사람의 몸을 주재하는 것이고, 하나이지 둘이 아니며, 주체가 되어야지 객체가 되지 않으며, 사물에 명령을 내리지 사물의 명령을 받지 않는 것이다"[2]라고 말하여 마음의 주체성을 인정했다. 그런데 주자는 마음을 무형의 존재로 정의하면 불교적인 정적에 빠질 것을 염려하여 마음은 기질이기 때문에 성과 비교하면 이직도 형적이 남아 있다고 말했다. 물체성을 완전히 사상捨象한 다산의 마음과 달리, 주자가 말하는 마음은 여전히 아직도 형적을 지니고 편전偏全 · 통색通塞 · 명암明暗 등과 같은 기질의 용사用事를 받는 상대적인 차원을 완전히 벗어날 수는 없다고 할 수 있다.

절대적인 차원의 마음은 상대적인 신체를 통해 그 의미를 세계를 실현한다. 그래서 마음과 신체, 인간과 세계라는 상대적인 차원에서 성즉리설性卽理說과 인심도심종시설人心道心終始說 등으로 제시된 성리학적 심성론을 염두에 두고, 다산의 대체 · 소체설, 사단과 사덕의 관계, 인심 · 도심과 성기호설의 관계에 대한 설명을 대비적으로 살펴보았

---

2. 『朱子大全』 卷67, 「觀心說」 "心者 人之所以主乎身者也 一而不二者也 爲主而不爲客者也 命物而不命於物者也."

다. 앞서 살폈듯이 다산은 주자의 심성론이 내성적 정적주의에 빠질 우려가 있다고 지적하면서, 주자의 형이상학적인 실체로서의 이치에 대비되는 개념으로서 (상제上帝와 직통直通하는) 도심 및 우리의 영명한 대체로서 본심개념을 제시했다. 다산은 성이 내재적 실체로 오인되면 향내적으로 본성의 덕만을 추구하고, 인간들 간의 인륜의 실현이라는 유교가 지닌 본래의 취지를 상실할 수 있다고 주장한다. 그래서 그는 문산文山과의 서신에서 맹자의 인의예지 및 성론은 실천적인 행사와 관련된 것이라는 점을 거듭 강조한 것이다. 그리고 주자학과 자신의 체계의 차이를 다음과 같이 간명하게 해명했다.

> (주자학자인) 문산은 "인의예지의 명칭은 밖에서 이루어지지만, 인의예지의 이理는 마음속에 구비되어 있다"고 말한다. 다산은 "인의예지의 명칭은 밖에서 이루어지지만 인으로 되고(可仁), 의로도 되고, 예로도 되고, 지로도 되는 이치가 마음속에 구비되어 있다"고 말한다. 다산과 문산의 설은 서로 일치하지만 다산은 '가可' 자가 더 있을 뿐이다. 이 '가可' 자를 없애도 통하지 않는 것은 아니다. 그러나 이 생명이 붙어 있은 '가可' 자를 없애지는 않을 것이다. … 만약 '가可' 자를 없애면 그 표리와 본말이 뒤섞인다. … '가可' 자를 없애면 단端 자의 수미首尾·본말本末이 명백하지 못하고, '가可' 자를 두면 단端 자는 수首이며 본本이다.[3]

---

3. 『全書』1, 권19, 「答李汝弘」, "文山曰仁義禮智之名成於外 而仁義禮智之理具於內 茶山曰仁義禮智之名成於外 而可仁可義可禮可智之理具於內 跋曰二山之說相合 惟

그런데 이렇게 인간 본성의 인의예지라는 실체적인 이치가 아니라, 인의예지를 할 수 있는 이치를 지니고 있을 따름이며, 나아가 인의예지는 외적 실천에 의해 실현될 뿐이라는 다산의 입장을 문산은 무성론無性論을 주장한 고자적인 자연주의라고 말했다.

첫째는 다산이 인의를 밖에 있는 것으로 생각하여 고자의 주장에 가까워질까 염려하였기 때문에 직언을 꺼렸던 것이다.[4]

그렇다면 과연 인의예지는 사단의 마음을 확충함으로 외적으로 실현된다고 말하는 다산은 고자적인 자연주의자일까? 만일 다산이 성론性論에서 다산이 '형구形軀의 기호로서의 성'만을 말했다면 다산은 순수 자연주의자라고 할 수 있다. 그런데 다산은 영명한 대체와 선을 지향하는 도심을 인정했다는 점에서 도덕주의자이지, 한갓 자연주의자가 아니다. 즉 본심의 기호로서의 선한 성을 말했을 뿐만 아니라, 도의를 지향하는 영명한 대체 및 그 대체가 발동하는 도심을 인간이 하늘로부터 부여받고 태어났다고 말한다는 점에서 다산은 맹자의 성선설을 계승한 도덕주의자라고 할 수 있다.

茶山多可字而已 去此可字 未常不通 然其所以至死爲限 不去可字者…去可字則端字之首尾本末 不能明白 存可字則端者首也本也.”『다산과 문산의 인성논쟁』 89쪽.

4.『文山集』권11,『茶山問答』“一則或慮老兄以仁義爲在外 而恐近於告子之論 故直言不諱者 此也.”『다산과 문산의 인성논쟁』 137쪽.

8장

다산의 주자학적 심성론 비판 :
『맹자요의』와 『답이여홍』을 중심으로

1. 서론

인간 본성(人性)이란 인간의 탄생과 더불어 타고난 것으로 인간 의지로써 인위로 만들기 이전에 선재하는 천天 혹은 자연의 작품이자 소여이다. 성개념의 확립은 인간이 자기정립을 가능하게 하는 단서를 제공해 준다는 점에서 철학사에서 가장 중요한 사건이 아닐 수 없다. 이 개념의 출현시킨 인물은 바로 공자였다. 일상에서 궁행과 호학에 힘썼던 공자는 천도·천명 등과 같은 고원한 형이상학적인 개념에 대해서는 가급적 언급을 자제하면서[1] "성품은 서로 가깝지만, 습관은 서로 멀다"[2]는 간명한 언명을 제안하여 후대 다양한 논의의 단서를 제시했다. 이러한 성개념은 당시에 생소했을 뿐만 아니라, 천도와 같은 형이

---

1. 『論語』5:12. "子貢曰 夫子之文章 可得而聞也 夫子之言性與天道 不可得而聞也"
   9:1. "子 罕言利與命與仁."
2. 『論語』17:2. "性相近 習上遠也."

상학적 개념과도 결부되는 것이었기에 자공과 같은 뛰어난 제자들도 이해하기 쉽지 않았던 것으로 보인다.

『논어』에서는 단 2회밖에 출현되지 않은 성性(心+生) 개념은 『중용』(9회)을 거치면서, 마침내 『맹자』(36회)에 심心 개념과 결부되면서[3] 중요한 철학 개념으로 정착했다. 특히 『중용』의 수장은 성을 천명으로 확인하고, 이를 다시 도 및 교와 결부지어 하늘의 명령과 사람이 가야하길, 그리고 배워야 할 것 등이 모두 성과 연관된다는 것을 분명히 해준다.

> 천명을 성이라고 하고, 성에 따르는 것을 도라고 하고, 도를 닦는 것을 교라고 한다.[4]

유가의 종지를 나타내는 이 선언 이래 '성' 개념은 인간의 정체성 문제를 가장 중요시한 유가 내에서, 그리고 유가와 다른 학파를 변별하는 하나의 기준이 되어왔다.

이 글은 성性 개념에 대한 다산 정약용의 해석과 그 특징을 제시하는 것을 목적으로 한다. 그런데 다산은 당시 학문적–이념적 상황과 연관하여 교조적 성리학을 그 표적으로 하여 비판하면서 새로운 유학 이념을 제시하여 새로운 시대를 예비하였다. 따라서 다산의 '성性' 개

---

3. '심(心)' 개념은 『論語』에서 6회밖에 제시되지 않았지만, 『孟子』에서는 121회 나타난다.

4. 『中庸』 1장. "天命之謂性 率性之謂道 修道之謂敎."

념 또한 성리학과 대비를 통해 고찰할 때 그 특징이 잘 드러날 수 있다고 판단하여, 이와 연관하여 찬반 논쟁에 개입하고 우리의 입장을 제시하려고 한다.

다산의 성리학적 '성' 개념에 대한 비판은 주로 성리학의 가장 중요한 명제인 '성즉리性即理'와 '본연本然 · 기질지성氣質之性'이라는 용어에 집약되어 있다. 먼저, '성즉리'라는 명제에 대한 다산의 비판과 대안으로서 다산의 성기호설을 제시하고, 나아가 다산의 성기호설에 대해 논의할만한 비판적 논구를 다루어보고자 한다. 그리고 다산의 성리학적 '본연 · 기질지성'개념에 대한 비판 및 대안을 살펴보면서 그 타당성 여부를 검토함으로써 다산 인성론의 특징을 살펴보고자 한다.

2. 성즉리설의 비판과 성기호설

『설문해자』에서는 '성性'이란 "심心 자에 의미 중심으로 두고 생生 자에 따라 발음하는데, 사람의 양의 기운(陽氣)으로서 성은 선하다"라고 해석하여 한대의 음양론과 결부시키고 있다.[1] 그런데 성性이 사유능력이나 도덕적 판단능력을 의미하는 '심心'과 태어나면서부터 지니게 되는 자연적 욕구(혹은 본능)를 의미하는 '생生'의 결합이라는 점에서 어느 쪽에 비중을 두느냐에 따라 그 의미가 달리 해석될 소지를 제공해주고 있다.[2] 역사상 성性 개념은 공자에 의해 출현하여, 맹자에 의해 정립 · 옹호되었다.

---

1. 湯可敬 撰, 『說文解字今釋』, 岳麓書社, 2005, 1439쪽. 『性』자부. "人之陽氣性善也. 從心 生聲."
2. 안영상, 「본연지성 기질지성」『조선유학의 개념들』, 예문서원, 2003, 171−172쪽 참조.

맹자에 의한 유교 성性개념 정립과 옹호는 ① 선善의 잠재성이 인간 본성에 있다고 주장하면서, 그 증거로 사단四端을 제시하고(7상:15, 6상:10, 2상:6), ② 인성이 선하거나 악할 수도 있다는 주장에 반대하여 그 정情이 선할 수 있다(乃若其情 可以爲善)고 말하고(6상:5, 6상:8, 6상:10), 그리고 ③ 반성의 능력을 지닌 마음이 신체적 욕구와 도덕성이 충돌했을 때 상대적 중요성을 사량思量하여 큰 것(大體)을 선택하여 인간의 가능성을 온전히 실현할 수 있다(6상:14-15)고 말하는 방식으로 제시되었다.[3] 맹자가 이렇게 성선설을 주장하며 존심存心 · 양성養性의 자발적 수양론을 제시하자, 순자는 현실의 악한 인간을 직시하며 인간의 본성은 예를 통해 교화시켜야 한다(化性起僞)고 주장했다. 그 후 양웅楊雄, 기원전 52 ~ 기원후 18과 한유韓愈, 768~824가 각각 선악혼재설과 성삼품설 등을 제안하여 유교의 인성론 형성에 나름으로 기여했다. 그런데 양웅의 선악혼재설은 맹자와 순자를 절충한 비교적 온건한 입장이고, 한유의 성삼품설은 공자의 간략한 언명을 재차 답습한 것에 불과했다는 점에서, 한대 이후 유교의 인성론은 이론적으로 크게 발전하지 못했다. 그 결과 유교의 인성론은 체 · 상 · 용으로 전개된 불교의 정교한 이론체계의 적수가 되지 못하는 실정에 놓이게 되었다.

그런데 북송시대의 정이程頤는 "인간의 본성은 곧 천리이다(性卽理)"고 선언하여, 이후 유가 인성론 정립에 결정적인 공헌을 했다. 이 문제를 깊이 연구한 그레이엄은 인성론의 정립에서 그의 업적에 대해 다음과 같이 정당하게 평가했다.

---

3. A. C. Graham, 위의 논문, 29-36쪽 참조.

이치에 의한 (인성人性) 문제의 재 진술은 토마스 쿤T. Kuhn이 서양 과학 사에서 증명했던 패러다임 변환에 유비될 수 있는 사건이었다.[4]

정자의 이 간명한 언명이 왜 이렇게 중대한 의미를 지니는 것일까? 다음과 같은 이유에서 그렇다. 즉 "인간이란 무엇인가?" 하는 문제를 다루는 '인성론'에서 인간 본성을 무엇으로, 어떻게 규정하느냐에 따라 인간의 자기정체성과 우주 내에서 인간의 지위가 결정된다. 적어도 정자의 이 언명이 있기 전에 유가의 형이상학은 단지 인성론의 배경으로 이차적인 의미만을 지니고 있었다. 불교의 정교한 형이상학과 비교했을 때, 유가의 인성론은 형이상학적 기반이 없는 단순한 도덕적 훈계에 지나지 않는 불완전한 것으로서, 사회사상으로서도 큰 역할을 하지 못하는 실정에 놓여 있었다.

정자의 이 언명은 유가의 인성론을 형이상학적으로 정초할 수 있게 하는 결정적인 계기를 마련해 주었다. "인성이 곧 천리이다"는 말은 ① 인간 본성은 우주의 궁극자인 천리에 근원을 두며, ② "인성의 실현이 곧 우주적 조화에 능참하는 것이다"는 주장을 함축하기 때문이다. 그런데 다산 정약용은 당시의 상황과 연관하여 다음과 같이 성리학적 개념체계를 강하게 비판한다.

지금 사람들이 성인이 되고자 하지만, 될 수 없는 것은 세 가지 단서가

---

4. A. C. Graham, 「What Was New in the Ch'en-Chu Theory of Human Nature」, (eds.) Wing-tsit Chan, Chu Hsi and Neo-Confucianism, UH Press, 139쪽.

있다. 하나는 천을 이치로 인식하는 것이고, 또 다른 하나는 인仁을 만물을 낳는 이치로 인식하는 것이고, 또 다른 하나는 용庸을 평상平常이라고 인식하는 것이다.[5]

다산은 성리학에서 '인간의 본성은 천리이다'고 말하여, 이치를 신비적으로 실체화하고, 그것을 인간 마음에 내재하는 인의예지의 덕으로 규정함으로서, 내면에만 몰두하여 정적에 빠져 사공事功을 경시했다고 간주한다. 이러한 시폐를 교정하고 실천중심의 개념체계를 제시하려고 시도한 다산은 "신독으로 하늘을 섬기고, 서恕에 힘써 인仁을 구하기를 항구적으로 오래토록 하여 쉬지 않게 행하면 성인이 된다"[6]고 하는 소사상제지학을 표방한다.

다산의 실천지향의 성 개념은 『중용』 수장에 대한 해석에서부터 잘 드러나 있다. 주자는 이 구절에 대해 "천이 음양 · 오행으로 만물을 화생할 때에 기질이 형상을 이루고, 이치 또한 부여되니 명령과 같다. 이렇게 사람과 만물이 생겨남에 각각 부여받은 이치로 건순健順 · 오상五常의 덕으로 삼으니 이른바 성이다"[7]고 주석했다. 이른바 조선의 삼

---

5. 『全書』 2, 권2, 40, 『心經密驗』, "今人欲聖而不能者 厥有三端 一認天爲理 一認爲生物之理 一認庸爲平常. 원문은 『한국고전종합DB』를, 번역서로는 다음을 참조하고 다소 수정하기도 했다. 전남대호남학연구소 역, 『국역여유당전서』 전주대출판부, 1986. 李篪衡, 『譯註茶山孟子要義』, 현대실학사, 1994.

6. 『全書』 2, 권2, 40, 『心經密驗』, "若愼獨以事天 强恕以求仁 又能恒久而不息 斯聖人矣.

7. 『中庸章句』 1장에 대한 朱子註. "天以陰陽五行化生萬物 氣以成形而理亦賦言 猶

대논쟁 중의 하나인 「인물성동이론쟁」에서 동론을 주장했던 학자들의 논거가 되었던 주자의 이 언명에 대해 다산은 다음과 같이 비판한다.

주자가 성과 도를 말할 때 매번 사람(人)과 사물(物)을 겸하여 말했다. 그 렇기 때문에 막히고 통하기 어려운 바가 많다. …주자는 매번 명·성· 도·교 네 가지를 사람과 사물을 겸하여 말한다. 그러나 이른바 천명의 성은 사람의 성이며, 솔성의 도는 사람의 도이며, 수도의 교는 사람의 교이다.[8]

주자는 『중용』 수장을 인간과 사물을 겸하여 통괄하는 이기론에 의 한 우주론적 해석을 시도하였다면, 다산은 도덕과 그 교육은 도의를 행할 능력을 지닌 인간에게만 가능하다는 인본주의적 접근을 한다. 다산의 인본주의적 접근법은 그의 경학을 일관한다. 그래서 그는 "유 가의 도를 사람과 사람들 간의 만남에서 교제를 잘하는 것에 불과하 다(不過爲善於其際耳)"[9] 혹은 "인도는 인仁을 구하는 데에서 벗어나지 않 고, 인을 구하는 것은 인륜을 벗어나지 않는다. 경례 삼백과 전례 삼

命令 於是人物之生 因各得所賦之理 以爲健順五常之德 所謂性也."

8. 『全書』 2, 권3.2 「中庸自箴」 "朱子曰天以陰陽五行 生萬物 以成形 理亦賦焉… 朱 子於性道之說 每兼言人物 故其窒礙難通 多此類也… 朱子曰…每以命性道教四者 兼人物而言之 然所謂天命之性 是人性也 率性之道 是人道也 修道之教 是人教也."

9. 『全書 2, 권13, 43, 「論語古今註」 "吾道何爲者也 不過爲善於其際耳…不可究學 要其歸 不過日善於際也."

천에서 천하만사와 만물에 이르기까지 모두 인륜에서 일어난다"[10]고 말하기도 했다. 다산이 도덕과 윤리의 문제에서 인본주의적 접근법을 취한 것은 인간과 금수는 그 본성상 현격한 본질적인 차이가 있다고 간주한 데에서 나온 논리적인 귀결이다. 즉 다산은 도덕과 인륜의 문제는 본능에 따라 살아가는 금수에게는 제기되지 않고, 오로지 영명한 대체와 자주의 권형, 말하자면 자유의지를 지닌 인간에게만 문제가 되는 것으로 보고 있다. 그래서 다산은『맹자』의 "사람이 금수와 다른 것은 극히 드무나, 군자는 보존하고 서민은 버린다"는 말을 다름과 같이 해석한다.

『순자』에서 말하기를, '물과 불은 기氣는 있으나 생명이 없고, 초목은 생명은 있으나 지각이 없고, 금수는 지각이 있으나 의義가 없는데, 인간은 기 · 생명 · 지각, 그리고 도의도 있다"고 했다. 대개 성을 부여 받은 품등에는 네 등급이 있는데 인간과 금수는 가장 서로 가까워 귀로 듣고 눈으로 보는 것, 코로 냄새 맡고 혀로 핥는 것, 식생과 안일의 욕심도 차이가 없다. 다른 것은 오직 하나 도심일 뿐인데 도심은 형질이 없고 지극히 미홀하다. 만약 여기에서 떠나면 금수일 뿐이니, 장차 무엇으로 구분하겠는가? … 사람은 기 · 생명 · 지각 · 도의를 모두 갖추고 있으니, 이것이 바로 존귀한 품류가 되는 까닭이다. … 사람의 몸이 운동, 지각을 가지고 있으나, 운동과 지각 위에 또 도의의 마음이 있어

10.『全書』2, 권14, 15,『論語古今註』"人道不外乎求仁 求仁不外乎人倫 經禮三百 典禮三千 以至天下萬事萬物 皆自人倫起."

서 주재를 하니, 사람의 성을 논하는 자는 도의를 위주로 하는 것이 옳다.[11]

다산의 "금수는 도의를 행할 수 없다"는 주장은 단순히 '인간중심주의'를 주창하는 것은 아니라, 금수초목과 같은 만물을 존재하는 그 자체로 보자고 말하는 것일 따름이다. 다산의 이러한 입장은 맹자의 "만물이 모두 나에게 갖추어져 있다(萬物皆備於我矣)"라는 구절을 朱子가 "인간 마음이 만물의 이치를 모두 구유했다"고 해석한 것에 대해 다음과 같이 비판하고 있는 것으로 확인된다.

만물은 반드시 이와 같이 광대한 말로 할 필요가 없다. 천지만물의 이치는 각각 만물 자신에게 있지, 어찌 나에게 갖추어져 있겠는가? 개에게는 개의 리가 있고, 소에게는 소의 이치가 있으니, 이것은 분명 나에게 없는 것인데, 어찌 억지로 큰소리쳐 모든 나에게 갖추어져 있다고 할 수 있겠는가?[12]

---

11. 『全書』2, 권5, 59, 「孟子要義」 "荀子曰水火有氣而無生 草木有生而無知 禽獸有知而無義 人有氣有生有知有義 蓋其受性之品 凡有四等 而人與禽獸最相近 耳聽目視無以異也 鼻嗅舌舐無以異也 食色安逸之欲無以異也 所異者惟是一箇道心 而道心爲物 無形無質 至微至忽 道經云道心惟微若于是從而去之 則禽獸而已 將何以自別乎."

12. 『全書』2, 권6, 40, 「孟子要義」 "鏞案萬物不必如是作廣大之言 天地萬物之理 各在萬物身上 安得皆備於我 有犬之理 牛有牛之理 此明明我之所無者 安得強爲大談曰皆備於我乎."

이렇게 다산은 "기氣의 정상精爽으로서 인간 마음은 다른 여타 존재자에 비해 우월하여 모든 이치의 갖추고 만물에 응한다(具衆理而應萬事)"[13]고 주장하는 전통 성리학의 인간 중심주의적 사유방식을 거부하고, 사물의 이치는 사물 자체가 지니고 있기 때문에, 인간의 본성이 아니라 사물 자체의 고유한 이치에 따라 탐구해야 한다고 주장했다. 다산의 이러한 사유는 음양오행설에 묶어있던 전통적인 동양의 자연관을 극복하고, 새로운 방식으로 발전시킬 단서를 제시했다고 할 수 있다.

좀 더 구체적으로 다산의 성리학적 인성론에 대한 비판을 살펴보자. 주지하듯이 성리학자들은 모든 형이상적 개념들을 이치에 귀속시켜 풀이했다(天卽理, 命卽理, 性卽理). 이렇게 '이일분수理一分殊'설에 바탕을 두고 천, 명, 성 등과 같은 형이상학적 제 개념을 모두 이치로 환원하는 성리학적 체계에 대해 다산은 "이렇게 하면 『맹자』가 '그 마음을 극진히 하는 자는 그 성을 알고, 그 성을 알면 하늘을 안다'고 하였는데, … 맹자도 마땅히 '그 이치를 극진히 하는 자는 그 이치를 알고, 그 이치를 알면 그 이치를 안다'고 하여야 할 것이다. 만 가지로 다른 것을 묶어서 하나의 이치에 귀속시켰다가 다시 뒤섞어 혼돈을 이루게 되면 천하의 일은 불가사의할 뿐만 아니라 분별할 수도 없게 되어" 선불교와 아무런 차이가 없다고 비판한다.

---

13. 『朱子語類』5:29. "心者 氣之精爽". 『孟子集註』7상:11의 朱子註. "心者人之神明所以具衆理而應萬事者也 性則心之所具之理 而天 又理之所從以出者也 人有是心莫非全體."

후세의 학문(성리학)은 천지와 만물에서 무형한 것과 유형한 것, 영명한 것과 무지한 것을 모두 '일리一理'에 귀결시키니, 다시 대소와 주객이 없게 된다. 이른바 일리에서 시작하여 중간에 흩어져 만수萬殊가 되고 끝에서 다시 일리에 합하는 것이니, 이것은 조주趙州의 만법귀일설萬法歸一說과 털끝만큼의 차이도 없다.[14]

다산의 이 비판은 과연 정확한 것이라고 할 수 있을까? 만일 성리학이 '이일理一'만을 주장했다면 다산의 비판처럼 대소와 주객이 없게 되었다고 말할 수 있겠지만, '이일'의 현실적 현현으로 개별적인 '분수지리分殊之理'를 함께 말했다는 점에서 보편자과 개별자의 문제를 해결하려고 했다고 할 수 있다. 일견 다산의 비판은 문자상 성리학적 명제를 정당하게 희화戱畵한 것처럼 보이지만, 이는 체용론에 입각하여 엄밀하게 전개된 성리학적 용어와 진술들을 정당하게 비판한 것으로 보이지 않는다.

나아가 다산은 전통적인 성리학적 태극 및 음양오행설에 입각한 자연관을 비판한다. 그에 따르면, 성리학적 태극은 공공탕탕空空蕩蕩하고 불가사의不可思議하며, 영지가 없기 때문에 주재가 될 수 없으며, '음양'은 본체와 형질이 없이 단순히 햇빛의 비치고 가려진 상태를 가리키며, '오행五行'은 만물과 같은 부류에 속하는 하나의 사물에 불과하

---

14. 『全書』2. 권6, 23. 「孟子要義」. "程子曰心也性也天也 一理也 自理而言謂之天 自稟受而言謂之性 自存諸人而言謂之心 鏞案後世之學 都把天地萬物無形者有形者靈明者頑蠢者 並歸之於一理 無復大小主客 所謂始於一理 中散爲萬殊 末復合於一理也 此與趙州萬法歸一之說 毫髮不差."

기에 만물의 궁극원인이 될 수 없다.[15] 이러한 비판을 통해 전통적인 인간 및 자연관을 극복하고자 한 다산은 결국 주자학적 인성론에서 결정적인 언명인 '성즉리性卽理'를 부정한다. 다산은 먼저 '이理'의 자의를 해석하여, "이理란 본래 옥과 돌의 결을 가리킨다. … 고요히 그 뜻을 고찰하면 모두 맥리脈理·치리治理·법리法理(獄理)라는 뜻을 가차한 글자이다"[16]라고 말하면서, 성리학이 주장했던 이의 실체성·선재성·독립성·주재성 등을 모두 부정하고, 다음과 같이 말한다.

> 대저 이치란 어떤 것인가? 리는 애증이나 희로가 없고, 텅 비고 막막하여 이름이나 형체도 없는 것인데, '우리들이 이치에서 품부된 성을 받았다'고 한다면, 그것은 도가 되기 어렵다.[17]

> 이치는 저절로 그러한 것(自然)인데, 저절로 그러한 것을 성이라고 할 수 없다.[18]

다산은 "성즉리"로 정의된 성리학적 인성론의 가장 중요한 명제를

---

15. 『全書』2, 권6, 38쪽 「孟子要義」참조.

16. 『全書』2, 권6, 36, 「孟子要義」 "理者本是玉石之脈理… 靜究字義 皆脈理治理法理之假借爲文者."

17. 『全書』2, 권6, 37, 「孟子要義」 "夫理者何物 理無愛憎 理無喜怒 空空漠漠 無名無體 而謂吾人稟於此而受性 亦難乎其爲道矣."

18. 『全書』2, 권5, 51, 「孟子要義」 "且性 非理也 理之爲物 歸于自然 自然豈可以爲性乎."

거부하고 나서 '성'에 대해 직접 정의한다. 성이란 말이 처음 나타난 곳은 『서경』「서백감여」에서 조이가 "천성을 근심하지 않는다(不虞天性)"라고 말한 데에서 비롯되었으며, 그 후 『주역』「설괘전」의 "궁리진성이어명窮理盡性以至於命", 『맹자』「진심상」의 '지성知性', 그리고 『중용』수장의 '천명지위성天命之謂性'의 성性 등은 모두 조이가 말한 '천성'과 같은 뜻이다.

> 성性자의 본의에 의거하면 말하면, 성이란 마음이 기호嗜好하는 것이다. … 천명의 성 또한 기호로써 말한 것이다. 사람의 잉태함이 이미 이루어지면, 하늘이 영명하고 형상이 없는 본체를 부여하는데, 그 본체라는 것은 선을 즐거워하고 악을 미워하며, 덕을 좋아하고 욕됨을 부끄러워하니, 이를 일러 성이라고 하고, 이를 일러 성이 선하다고 한다.[19]

그런데 이렇게 성을 마음의 기호로 정의한 다산은 『서경』「대우모」에 착안하여 마음을 그 발출근거와 지향처에 따라 인심과 도심으로 나누고, '인심의 기호(形軀之嗜好)로서 성'과 '도심의 기호(靈知之嗜好)로서 성'이 있다고 말하면서, 후자가 인간을 인간답게 하는 성이라고 말한다.

---

19. 『全書』2. 권3. 2.「中庸自箴」"箴曰天性二字 始發於西伯戡黎不虞天性一語 易傳盡性之句 孟子知性之訓 皆後於是也 …此經天命之性 卽祖伊所言之天性也 然據性字本義而言之 則性者心之所嗜好也… 天命之性 亦可以嗜好言 蓋人之胚胎旣成 天則賦之以靈明無形之體 而其爲物也 樂善而惡惡 好德而恥汚斯之謂性也 斯之謂性善也."

『서경』「소고」에서 '성을 절제하여 오직 날마다 힘쓴다'고 하고, 『맹자』
「고자상」에서 '마음을 격동시키고 성을 참게 한다'고 언급한 구절의 성
은 인심의 기호이다. 자사가 '성에 따른다(率性)'고 하고, 맹자가 '성은
선하다'고 했는데, 여기서 말한 성은 도심의 기호이다. 비록 그 위주로
하는 것은 같지 않지만, 기호로써 성으로 삼은 것은 같다.[20]

이렇게 다산은 천명으로 인간이 부여받은 인간다운 성이란 '형이상
학적 실재로서의 성리학적 이치'가 아니라, 단지 "선을 즐거워하고 악
을 미워하며, 덕을 좋아하고 욕됨을 부끄러워하는 선한 도심의 기호
이다"고 정의했다. 그렇다면 이렇게 다산이 인간다운 성이란 '도심의
기호'라고 말하는 까닭은 무엇인가? 그것은 바로 성리학적 인성론이
인간에게 품부된 이치를 실체화하고, 그것을 인의예지라고 하는 내면
의 덕으로 간주하여 내적 정적주의에 빠질 우려가 있었기 때문이다.

주자와 다산의 인성에 대한 입장의 차이

주자에 따르면, 마음은 '기의 정상(精=神 ↔ 粗, 爽=明 ↔ 昧)으로 공적空
寂한 것이 아니라 구체적인 어떤 탁월한 존재자이다. 그래서 그는 마

20.『全書』2, 권5, 33.「孟子要義」."召誥曰節性惟日其邁 蔡云節其驕淫之性 王制曰
修六禮以節民性 孟子曰動心忍性 此所云性者 人心之嗜好也 商書祖伊之言曰不虞
天性 子思曰率性 孟子曰性善 此所云性者 道心之嗜好也 雖其所主不同 其以嗜好
爲性則同."

음을 '허령불매'하다고 규정하는데, 여기서 '허령虛靈'이란 마음이 사물처럼 어떠한 물상을 지니지 않지만(虛) 주재작용을 하는 영특한 존재자(靈)라는 것을, 그리고 '불매不昧·명각明覺·명소明昭라는 말은 인식론적 개념으로 마음이 온갖 이치를 갖추고 만물을 조명·자각할 수 있다는 것을 나타낸다. 이렇게 온갖 이치를 갖추고 만물을 조명·자각할 수 있는 탁월한 존재자이기 때문에, 주자는 마음은 주체이지 객체가 아니며, 물物을 통솔해야 하며 물로부터 사역을 당하지 말아야 한다고 말한다.[21] 그런데 이理와 기는 현실에서 서로 떨어질 수 없다(不相離)는 점에서 본다면, 기의 정상으로서 탁월한 존재자인 마음은 천리가 가장 온전하게 갖추어져 있는데, 바로 마음의 본체이자 온갖 선의 근원이 되는 인의예지의 성이다. 즉 인간 마음은 신명神明하여 온갖 이치를 갖추고 만사에 응대할 수 있는데, 성이란 이런 마음이 갖춘 이치이다.[22] 요컨대 주자에게서 인간 마음은 성·정을 함께 갖추고 통어(心統性情)하며, 모든 이치를 갖추고 만사에 응대하는 통일적 주체라고 할 수 있다.

다산 또한 인간의 마음은 신명·영명·허령하여, 모든 일에 신묘하게 응할 수 있다고 말한다. 그런데 다산은 인간 마음을 이기론으로 환원하여 해석하지 않는다. 그래서 그는 "오장의 한 기관으로서 심장은 기라고 할 수 있지만, 영명한 마음을 어떻게 기라고 할 수 있겠는가? 선유들은 '마음이란 성·정을 함께 갖추고 통어(心統性情)'고 하였으니,

---

21. 『朱子大全』65, 「尙書·大禹謨」 "心者 人之知覺 主於身 而應事物者也."
22. 『孟子集註』7상:1의 朱子註 참조.

마음을 기라고 여긴다면 이것은 이·기를 함께 갖추고 통어하는 것이 된다. 그렇지는 않을 것이다"[23]라고 말했다. 그리고 그는 "영명한 마음은 그 가리키는 것이 전체로서 하나이지만, 영명한 마음에서 발현되어 나오는 현상으로서 마음은 무수히 많을 수 있는데, 그것은 줄기와 가지의 관계(幹-枝)에 있다"[24]고 말한다.

생각건대, 마음의 본체는 허령하여 모든 일에 신묘하게 감응하므로 형용하여 말할 수 없다. 다만 마음의 성은 선을 즐거워하고 악을 부끄러워할 뿐이다. … 그 증거가 될 수 있는 것은 셋도, 넷도, 다섯도, 여섯도, 일곱도, 여덟도 될 수 있다. 맹자는 그 중에서 특별히 네 조목만 끄집어내어 '무슨 마음' '무슨 마음'이라 하고, 이것을 선을 즐거워하고, 악을 부끄러워하는 증거라고 생각했다. 그러나 실제로는 이 네 가지 마음 이외에도 손꼽아 볼 수 있는 마음이 많이 있다. … 이제 하나의 인仁이라는 뿌리에서 발현하여 측은해 하는 마음이 되고, 하나의 의義라는 뿌리에서 발현하여 부끄럽고 미워하는 마음이 된다고 하면 이는 근

23. 『全書』1, 권19, 30, 「答李汝弘(載毅)」 "第一五臟之心 謂之氣可也 第二靈明之心 何以謂之氣也 先儒謂心統性情 而以心爲氣 則是謂氣統理氣 恐不然也." 『茶山과 文山의 人性논쟁』, 한길사, 43쪽.

24. 『全書』1, 권19, 30, 「答李汝弘(載毅)」 "心之爲字 其別有三 一曰五臟之心 若云 比干剖心 心有七竅者是也 二曰靈明之心 若商書曰各設中于乃心 大學曰先正其心 者是也 三曰心之所發之心 若孟子所云惻隱之心 羞惡之心是也 第一第二 皆全言 之者也 其第三則可一可二可三可四可五可六可百可千 孟子特拈其四心 以證仁義 禮智之本 在於人心 與靈明本體之心 有幹枝之別耳." 『茶山과 文山의 人性논쟁』, 한길사, 42-43쪽.

본적으로 네 개의 뿌리에서 다만 네 개의 가지만이 생길 뿐이어서 다섯이나, 여섯, 일곱이나 여덟이 될 수는 없다. 이는 완고하고 융통성이 없어 사태에 신묘하게 응할 수 없는 것이니, 마음의 본체가 이와 같다면 반드시 살아있는 사람이 아닐 것이다. 주자는 마음의 본체를 논하면서 '허령하여 어둡지 않으며, 뭇 이치를 갖추고 만사에 응한다'고 하였는데, 이것이 이른바 묘응이다. …마음은 하나이지만 그것이 발하여 되는 마음은 천 가지도 만 가지도 될 수 있다.[25]

여기에서 우리는 다산이 말하고자 하는 바를 명백히 알 수 있다. 즉 다산에 따르면, 인간 마음은 허령하여 만사에 신묘하게 감응할 수 있는 것이지, 그 뿌리로서 인의예지라는 네 가지 이치만을 갖추고 있어 사단을 발출시키는 것이 아니라는 것이다.[26] 그래서 다산은 주자와 자신의 '본래 갖추고 있는 이치(本具의 理)'라는 말의 차이를 다음과 같이 설명한다.

---

25. 『全書』1, 권19, 「答李汝弘」. "竊謂心體虛靈 妙應萬物 不可名言 惟其性樂善恥惡 而已 有私諱 故言樂善 自其觸物感動者而言之 則其可以爲樂善恥惡之證者 可三 可四可五可六可七可八 孟子特於其中 拈出四條曰 某心某心 以爲樂善恥惡之驗 其實此四心之外 尙有多心可以指數 …今若以一箇仁根 發之爲惻隱之心 一箇義根 發之爲羞惡之心 則是本以四根仍生四枝 不可五六 不可七八 木强不才 不能妙應 心體如此 定非活人 朱子論心體曰虛靈不昧 具衆理而應萬事 此所謂妙應也 …心 一而已其發而爲心者." 可千可萬". 실시학사경학연구회 편역, 『다산과 문산의 인 성논쟁』, 한길사, 1996, 47−49쪽.
26. 『全書』2, 권7, 9−10, 「論語古今註」. "今之儒者 認之爲仁義禮智四顆 在人腹中 如五臟然 而四端皆從此出 此則誤矣."

(주자학자인) 문산은 "인의예지의 명칭은 밖에서 이루어지지만, 인의예지의 이치는 마음속에 구비되어 있다"고 말한다. 다산은 "인의예지의 명칭은 밖에서 이루어지지만 인을 행할 수 있고(可仁), 의를 행할 수 있고, 예를 행할 수 있고, 지를 행할 수 있는 이치가 마음속에 구비되어 있다"고 말한다.[27]

다산에 따르면, 허령한 인간 마음에는 '그 본성으로 인의예지라고 하는 실체적인 이치가 갖추어져 있는 것'이 아니라, 인의예지와 같은 선한 행위를 실천할 수 있는 가능성으로서의 이치를 지니고 있으며, 그 마음의 성은 다만 '선을 좋아하고, 악을 미워하는 기호일 따름이다'고 주장하고 있다.

이기론을 통해 심성론을 정립하여 "성즉리"를 주장한 주자는 사단보다 오히려 인간 마음의 본성인 사덕에 초점을 두어, '순수하게 선한 사단의 정이 있다'는 사실로 미루어 그 사단을 일으키는 근거로서의 사덕(마음의 본성本性)이 있음을 추론할 수 있다고 주장했다.[28] 주자가 말하는 인간의 본성으로서 사덕은 인간됨의 근거(所以然之故)가 되며, 따라서 인간으로서 존재하는 한 마땅히 따라야 하는 도덕법칙(所當然之則)이 되는 바, 바꿀 수도 그만둘 수 없는(不可易而不可已) 이치이다. 이에

27. 『全書』1, 권19, 「答李汝弘」. "文山曰仁義禮智之名成於外 而仁義禮智之理具於內 茶山曰仁義禮智之名成於外 而可仁可義可禮可智之理具於內." 『다산과 문산의 인성논쟁』, 89쪽.
28. 『朱子大全』65, 「尙書 · 大禹謨」 참조.

비해 다산은 "사람의 몸이 운동과 지각의 기능을 가지고 있으나, 운동과 지각 위에 또 도의의 마음(道義之心)이 있어서 주재를 하니, 사람의 성을 논하는 자는 도의를 위주로 말하는 것이 옳다"고 말했다. 즉 인간 마음은 '형이상학적 실재(理)로서 도의(仁義禮智)를 지니고 태어난 것'이 아니라, 도의를 좋아하는 마음(道義之心)을 지니고 태어났으며, 이 도의의 마음이 주재가 되어 모든 인간다운 선한 행위를 할 수 있다는 점에서 동물과 구별된다고 말했다.

여기서 이 두 사람의 체계에서 어느 것이 더 설득력이 있는가 하는 문제는 이론구성에 있어 기본전제가 다르다는 점에서 쉽게 논할 수 없다. 이 두 사람은 처했던 시대적 문제와 상황과 연관해서 이들이 이러한 관점을 제기하게 된 배경에 대해서는 다음과 같이 설명할 수 있다. 주자는 도교와 불교에 비해 취약했던 유가의 인성론을 형이상학적으로 정초할 필요가 있어, "인간의 본성은 천리이다"는 주장을 수용하여 인간의 모든 선한 감정의 근거로서 본성의 이치를 정립했다고 하겠다. 다산은 '성즉리'로 규정된 인간 본성이 마음과 또 다른 실재인 이치로 이해됨으로서 정적화의 경향을 드러내자, 행사를 강조하기 위해 실체로서의 이치개념을 비판하고, 그 원의를 추적하고 다른 체계를 정립하고자 했던 것으로 판단된다. 그런데 주자의 '성즉리'를 비판하면서 성기호설을 제시한 다산의 입장에 대해 이상익은 주자학적 반론[29]을 제시하고 있는데, 심도가 있을 뿐만 아니라 많은 논란의 소지

---

29. 이상익, 「丁茶山의 性嗜好說에 대한 朱子學的 反論」, 『한국철학논집』 29, 2010, 64-76쪽 참조.

를 제공했다. 그의 여러 주장 가운데 주요한 몇 가지를 다음과 같이 요약하면서, 비평하고자 한다.

① 다산이 "이치란 본래 옥돌의 결(脈理)을 뜻하고, 여기에서 '다스림 (治理)'이란 뜻이 파생된 것이라고 설명하면서, 이치를 형이상학적 실재로 규정하는 것은 근거가 없다"고 주장하고 있지만, 모든 개념은 진화한다는 점에서 이치를 형이상학적 실재로서 만물의 표준이라고 설명한 것은 이론적 진화의 산물로서 이치의 원의(결)와 어긋나지 않는다.

② 가선가악可善可惡의 자주적 존재인 마음에 기호가 있어 '선을 즐기고 악을 미워한다'면 그 기호의 까닭(所以)'이 존재해야 하며, 따라서 성은 마음의 기호가 아니라, 마음과 구별되는 '별개의 실재'이어야 한다. 가선가악의 마음만으로는 '순선純善의 지향성'을 찾을 수 없기 때문에 성리학에서는 마음과 구별되는 별도의 존재로서 '성(=理)'을 상정했다.

③ 다산은 성을 본분本分과 같은 의미로 사용하지만, 기호는 자연적 경향성을 뜻하지만, 본문은 각자에게 부여된 '규범적 몫'을 의미한다는 점에서 구별되며, 따라서 다산학 자체에는 중대한 결함이 있다.

여기서 우리는 이상익의 ①의 주장은 상당한 설득력이 있다고 생각한다. 다산은 개념해석에서 자주 그 원의를 고찰하여, 후대에 전개된 이론체계를 해체한다. 다산의 이러한 계보학적 방법은 분명 상당한 설득력을 지니고 있다고 하더라도, 모든 개념과 이론은 역사적 시대적 산물로 진보·발전한다는 점에서 후대에 새로운 관점과 의미가 추가될 수도 있다. 따라서 원의에 없거나 혹은 맹아만 보였던 개념과 이론을 후대에 발전시켰다고 하더라도, 그 개념과 이론 전체가 잘못되었다고 할 수는 없다. 다산이 지적하듯 '옥석의 구조적 맥락이 되는 결'을 의미하던 '이치'를 성리학에서는 만물의 '소이연지고'이자 '소당연지칙'으로 발전시켰다. 옥석에는 결이 있고 그에 따라 절차탁마해야 하듯이, 인간과 만물 또한 생득적인 결이 있어 그 결에 따를 때에 온당한 삶이 실현된다고 말할 수 있는 소지가 충분한다. 사람들의 모임(倫=人+侖)에 존재하는 결(理)을 인간들의 당위규범(倫理)이라고 하고, 개개인이 타고난 본성에도 옥석의 결과 같은 윤리가 내재되어 있다고 말할 수도 있지 않을까?

이상익의 ②의 주장은 별반 설득력이 없다고 하겠다. 다산은 마음을 그 발출근거와 지향처에 따라 '인심의 기호(形軀之嗜好)'와 '도심의 기호(靈知之嗜好)'로서 '성'을 대별한다. 도심의 기호가 '선을 좋아하고 악을 미워하는 것'은 어떤 별개의 실재가 그 근거로 작용하기 때문이 아니라, 도심 그 자체가 천명으로 순선純善의 지향성을 지니고 태어났기 때문이다. 따라서 도심이 그 기호를 지니는 것에는 별개의 실재로서의 이치를 요청할 필요가 없다. 나아가 이상익은 성 혹은 이치는 마음과 구분되는 '별개의 실재'라는 표현을 하고 있는데, 이는 분명 잘못된 표현이다. 성리학에서도 성과 이치를 개념상 마음과 구분하지만, 존재론적으로 구분되는 별개의 실재가 아니다. 마치 옥석의 결이 옥석과 분리될 수 없듯이, 마음과 성은 '마음의 결'과 같은 것으로 분리될 수 없다. 그렇다면 '솔성率性'을 주자는 '타고난 결(本性으로서 理)에 따른다'고 해석하고, 다산은 '도심의 기호에 따른다'고 해석하는 것이 되는데, 이 둘은 결국 같은 것이 아닐까?

마지막으로 이상익의 ③의 주장, 즉 다산이 "성을 본분으로 풀이하지만, 본분과 기호는 다른 것이다"는 주장을 살펴보자. 이상익이 문제로 제시하고 있는 언명을 자세히 살펴보면, 우리는 다음과 같이 결론지을 수 있다고 생각한다. 다산은 "성이 곧바로 본분이라고 주장한 것이 아니라, 성에 의해 본분이 규정되며, 따라서 성에 따르면 본분이 온전히 실현된다"고 말했다는 것이다. 즉 인간은 그 성으로 도심의 기호를 지닌다는 점에서 여타 금수·초목과 구별되며, 이 도심의 기호에 따르면 인간의 도리와 본분을 다한다고 다산은 말했다. 나아가 이상익은 "기호는, 자연적 경향성을 뜻하는 본문은 각자에게 부여된 '규범적 몫'을 의미한다"는 점에서 다르다고 말하고 있지만, 이 또한 올바르지 못한 비판이다. 왜냐하면 다산에서 형구의 기호로서의 성은 자연적 경향성이라고 할 수 있지만, 도심의 기호(道義之心)로서 성은 도덕적 규범이 되기 때문이다.

3. 본연·기질지성에 대한 비판

이기론에 따르면, '무형의 이치'는 현실에서 '유형의 기질'를 통해 드러난다. 따라서 이치로서 성은 기질과 함께 말해질 때 비로소 현실적인 의미를 지니게 된다. 이정二程은 이 문제를 해결할 단서를 장재張載의 '기질지성'에서 발견하고 "성을 논하면서 기질을 논하지 않으면 갖추지 못했고, 기질을 논하면서 성을 논하지 않으면 분명하지 못하다. 둘로 하면 옳지 않다"[1]고 말했다. 정자를 계승한 주자는 맹자가 말한 선한 성을 '본연지성'으로, 그리고 기질에 타재되어 실존하는 성을 '기질지성'이라고 하여, 전래 인성론을 보완하고, 성선의 인성론에서 제기되는 현실의 악문제를 해결하려고 했다.

맹자의 논의는 모두 성이 선함만을 말하고, 불선에 이르러서는 함닉으

---

1. 『朱子語類』 4:44. "論性不論氣 不備 論氣不論性 不明 二之則不是."

로 설명했다. 이는 그 처음에는 선하지 않음이 없다가 나중에 드디어 불선이 있음을 말한다. 만일 이와 같다면, 성을 논하고 기를 논하지 않아 갖추지 못한 듯하다. 그러다가 정자가 기질을 이끌어 내어 덧붙였다. 덧붙여 수미가 있어 가지런히 온전하게 갖추어졌다.[2]

이제 주자의 본연·기질지성개념에 대한 다산의 비평을 살펴보자. 다산은 주로 '본연'과 '기질'의 연원과 의미, 그리고 "기질의 편전·통색에서 악의 가능성이 존재한다"는 주장이 초래하는 존재론적 결정론의 경향을 비판한다. 이미 『논어고금주』에서 "하늘이 속마음을 내려준 것은 반드시 신형身形이 잉태된 이후이니, 어찌 본연이라 할 수 있겠는가?"[3]라고 말하여, 이념적인 '본연'이란 말의 추상성을 비판했던 다산은 『맹자요의』에서도 주석을 붙여 '본연지성'이란 용어는 불교의 『능엄경』에서 나왔다고 적시한다.[4] 그리고 이 문제와 연관하여 다산은 『맹자요의』(1814, 53세)를 집필했던 25년 전인 경술년(1790) 과강課講에서부터 '본연지성'의 '본연'이란 말을 정주程朱와 다르게 사용하고 있었다.[5]

정주의 '본연지성'이란 비록 현실에서는 이·기가 서로 떨어질 수 없다(不相離)는 점에서 '기질지성'만 존재하지만, 이·기는 개념상 서로

---

2. 『朱子語類』4:40. "孟子之論 盡是說性善 至有不善 說是陷溺 是說其初無不善 後來方有不善耳 若如此 却似論性不論氣 有些不備 却得程氏說出氣質來接一接 便接得有首尾 一齊圓備了."

3. 『全書』2, 권15, 11, 「論語古今註」 "天之降衷 必在身形胚胎之後 何得謂之本然乎"

4. 『全書』2, 권5, 35. 「孟子要義」 "然本然之名 本出楞嚴經."

5. 『全書』2, 권16, 9. 「孟子要義」 참조.

섞일 수 없다(不相雜)는 입장에서 이치만을 단지한 것이다. 그런데 공리공담을 거부하고 행사를 중시하는 다산은 '성'이란 형신形身을 얻은 이후에 비로소 실존한다는 점에서 이치만을 단지單指하여 '본연'이라고 말하는 것은 무의미한 추상이며, 따라서 '본연'이란 '신체를 지니고 태어났을 때부터 그러함'이라는 의미로 해석한다. 따라서 도의와 기질을 함께 지닌 것이 인간의 본연이며, 기질만 지닌 것은 금수의 본연이라고 말한다.

> 본연과 기질의 설은 육경과 사서의 어디에도 보이지 않는다. 그러나 주자의 『중용』 주석에 '하늘이 음양오행으로써 만물을 화생함에 기로써 형체를 이루고 이 또한 부여해 주었다'하였으니, 이것이 이른바 본연지성이다. 생명을 부여해 주는 시초에 그 이치가 본래 그렇다는 것이니, 이것이 이른바 사람과 동물이 같이 얻었다(同得)는 것이다. 그러나 내가 생각해 보건대, 본연지성은 원래 각각 같지 않다(本然之性 元各不同). 사람은 선을 좋아하고 악을 부끄러워하여 수신하여 도를 지향하는 것이 그 본연이요, 개는 밤에 집을 지키며 도둑을 향해 짖고 똥을 먹으며 새를 쫓아가는 것이 그 본연이요, 소는 멍에를 지고 무거운 것을 나르며 풀을 먹고 되새김질을 하며 뿔로 떠받는 것이 그 본연이다. 각각 천명을 받은 것이니 옮기고 바꿀 수 없다(各受天命 不能移易). …곧 그들이 품부 받은 이치가 원래 스스로 같지 않기 때문이다(其所賦之理 原自不同).[6]

---

6. 『全書』2, 권6, 20, 「맹자요의」 참조. "伏惟本然氣質之說 不見六經 不見四書 然朱子中庸之註曰天以陰陽五行 化生萬物 氣以成形 理亦賦焉 此所謂本然之性 謂賦

여기서 우리는 다산이 ① 주자는 "본연지성은 인간과 동물이 같이 얻었다(同得)"고 주장한 것으로 해석하고, ② 인간과 만물이 천명으로 부여받은 본연지성 혹은 품부된 이치가 원래 같지 않기(不同) 때문에, 그 성과 이치를 다른 것으로 바꾸어 옮겨 갈 수 없다고 지적하는 것을 볼 수 있다. 나아가 다산은 이 논의를 인심과 도심으로 확장하여 설명한다.

　오직 그 도심이 발현함은 형체도 기질도 없으며 영명·통혜通慧한 것이 기질에 깃들어 주재가 된다. 그러므로 상고시대부터 인심과 도심의 설이 이미 있었던 것이다. 인심은 기질이 발현한 것이고, 도심은 도의가 발현한 것이다. 사람은 이 두 가지 마음을 가질 수 있지만, 금수는 본래 받은 것이 형기지성 뿐이니, 이 한 가지 성이외에 어찌 형상을 초월한 성(超形之性)이 있어 그 형체에 깃들었겠는가? 기질지성이 그 본연이다. 그렇다면 맹자가 말한 바는 도의지성(사람이 홀로 가지는 것)이요, 고자가 말한 바는 기질지성(사람과 만물이 같이 얻은 것)이니, 주자의 말은 저절로 맹자와 합치하지 않을 뿐이다. 맹자 당시에는 본연이라는 설이 없었는데, 어찌 뒤에 나온 그릇된 명칭으로 선성의 은미한 말씀을 해석하고자 하는가? 기질지성은 사람과 만물이 함께 얻은 것이 분명한데, 선유들은 각각 다르다고 말하고, 도의지성은 우리 인간이 홀로 얻

生之初 其理本然 此所謂人物同得也 然臣獨以爲本然之性 原各不同 人則樂善恥惡 修身向道 其本然也 犬則守夜吠盜 食穢蹤禽 其本然也 牛則服軛任重 食芻齕觸 其本然也 各受天命 不能移易 …乃其所賦之理 原自不同."

은 것이 분명한데 선유들은 같이 얻었다고 하니, 이 점이 내가 깊이 의혹하는 바이다.[7]

다산은 ① 주자는 천명에 의해 인간과 동물이 품부받은 이치(성)는 동일하지만(本然之性; 理同), 기질의 차이에서 기질지성이 다르게 나타나 인간과 동물, 그리고 종 내적인 차이가 발생한다고 설명하였지만(理同氣異), ② 인간과 동물은 기질 및 기질지성은 같이 얻어 지니고 태어났으며, 오직 인간만이 도심 혹은 도의지심을 지니고 태어났다는 점에서 동물과 구별된다고 말했다. 이렇게 다산은 주자의 본연지성-기질지성의 대립구조를 해체하고, 인심과 도심 즉 '기질이 추구하는 신체적 욕망'과 '도의를 추구하는 인간적인 마음' 간의 관계로 재정립하고 후자가 전자를 주재할 때 온전한 인간의 자기정립이 이루어진다고 주장했다.[8]

나아가 다산은 성리학적 기질지성론이 지닌 도덕 결정론적 경향을 강하게 비판한다. 성리학에 따르면, 천하만물은 보편적인 '이일理一'의 측면에서 보자면 차이가 없지만(理通), 각각의 만물이 품부 받은 국

---

7. 『全書』2, 권6, 20. 「孟子要義」. "惟其道心所發 無形無質 靈明通慧者 寓於氣質 以爲主宰 故粤自上古 已有人心道心之說 人心者氣質之所發也 道心者道義之所發也 人則可有此二心 若禽獸者 本所受者氣質之性而已 除此一性之外 又安有超形之性 寓於其體乎 氣質之性 卽其本然也 然則孟子所言者 道義之性也 人之所獨有告子所言者 氣質之性也 人物所同得朱子之言 自與孟子不合而已 孟子之時 本無本然之說 豈可執後出之謬名 欲以解先聖之微言乎 氣質之性 明明人物同得 而先儒謂之各殊 道義之性 明明吾人獨得 而先儒謂之同得 此臣之所深惑也."
8. 금장태, 「다산의 『맹자』 해석과 性 개념 인식」, 『인문논총』 50, 2003, 296-297쪽.

한된 기질의 청탁·후박·정편·명암·정조·통색 등에 의해 사람과 사물의 차이, 사람들 간의 종 내적인 차이, 그리고 심지어 사람들 간의 자질과 화복의 차이도 규정된다고 말하는 듯하다.

이치의 관점에서 보면, 만물은 근원을 하나로 하기에 인물과 귀천의 차이가 없다. (그러나) 기질의 관점에서 보면 정통正通한 것을 얻으면 사람이 되고, 편색偏塞한 것을 얻으면 물이 된다.[9]

사람은 통通하는 기질을 받았으나 청탁의 차이는 없을 수 없다. 정正한 기질을 받았으나 미오의 차이는 없을 수 없다. 따라서 그 품부 받은 질이 청하면 지혜롭고, 탁하면 우매하고, 미하면 현하고, 오하면 불초한 것과 같은 차이는 있을 수밖에 없다.[10]

사람에 있어 품부 받은 기질이 후하면 복이 후하고, 기질이 박하면 복이 박하다. 품부 받은 기질이 화미하면 부성하게 되고, 쇠삽하면 비천하게 된다. 기질이 장하면 장수하고, 단하면 요절한다. 이것은 필연의 이치이다.[11]

---

9. 『大學或文』經1章. "以其理而言之 則萬物一原 故無人物貴賤之殊 以其氣而言之 則得其正且通者爲人 得其偏且塞者爲物 是以或貴或賤 而不能齊也."

10. 『大學或問』經1章. "然其通也 或不能無淸濁之異 其正也 或不能無美惡之殊 故 其所賦之質 淸者智 而濁者愚 美者賢 而惡者不肖 又有不能同者."

11. 『朱子語類』4:97. "有人稟得氣厚者 則福厚 氣薄者 則福薄 則福薄 品得氣之華美 者 則富盛 衰颯者 則卑淺 氣長者 則壽 氣短者 夭折 此必然之理."

바로 이러한 구절들에 보이는 주자학의 '기질 결정론적 경향'에 대해 다산은 강하게 비판한다. 그는 "맹자는 인간의 성품이 본래 선하다고 하면서 불선함은 마음의 함닉에 돌렸는데, 송유들은 불선을 기질에서 기인한다"고 말하여 '결정론적 경향'을 보인다고 말한다.

> 마음이 함닉하는 것은 자신에게서 말미암으니 구제하는 데 방법이 있지만, 기질은 하늘로부터 말미암은 것으로 벗어날 길이 없으니, 사람이 누군들 자포자기하여 스스로 하류의 비천한 데로 돌아가는 것을 감수하지 않겠는가? 하늘이 부여한 것이 원래 고르지 않아 순비純美 · 순청純淸한 기질을 주어 요순처럼 되게 하고, 어떤 이에게는 순오純惡 · 순탁純濁한 기질을 주어 걸이나 도척처럼 되게 한다면 하늘의 불공평함이 어찌 이다지도 심하단 말인가? 과연 요순은 청한 기질을 품부 받았기 때문에 선하고, 걸과 도척은 탁한 기질을 부여받았기 때문에 악하게 되었는가?[12]

이렇게 다산은 주자학적인 '기질 결정론'이 초래하는 불합리한 결과를 거부하고, 인간이란 기질에 의해 그 행위의 선악이 결정된 존재자가 아니라, 자주의 권형을 지니고 있어 자유의지에 의해 주체적으로 선악을 헤아려 선을 가려 행할 줄 아는 능력을 지니고 있으며, 따라서 그 행위에 대해 인간 자신이 전적으로 책임져야 한다고 말한다.

---

12. 『全書』2, 권2. 65. "孟子論性 以不善歸之於陷溺 宋儒論性 以不善歸之於氣質 陷溺由己 其救有術 氣質由天 其脫無路 人孰不自暴自棄 甘自歸於下流之賤乎."

그래서 하늘은 인간에게 자주의 권형을 주었다. 인간이 선하려 하면 선을 행하게 하고 악하려고 하면 악을 하게 하여, 향방이 유동적이고 정해지지 않는데 그 권형이 자신에게 있으며, 금수가 정해진 마음을 갖고 있는 것과는 같지 않다. 그러므로 선을 행하면 실제로 자신의 공이 되고 악을 행하면 자신의 죄가 된다.[13]

이제 건순오상의 덕을 사람과 사물이 같이 얻었다(同得)고 말한다면 누가 주인이고 누가 종이겠는가? 모두 등급이 없으니 어찌 상천이 물을 낳는 이치가 본래부터 이와 같겠는가? … 불씨는 사람과 사물의 성이 동일하기 때문에 사람이 죽어 소가 되고 개가 죽어 사람이 되어 윤회 · 환전하여 낳고 낳아 끝이 없다고 한다. 대개 송나라 현인들이 성을 논함에 대부분 이러한 잘못을 범했다.[14]

그렇다면 이제 다산의 주자 본연지성-기질지성에 대한 비판을 요약하고, 그 정당성을 논구해 보자.

① 본연지성과 기질지성이란 용어는 사서육경에는 보이지 않는 것

---

13. 『全書』2. 권2, 34-5. 『孟子要義』 "故天之於人 予之以自主之權 使其欲善則爲善 欲惡則爲惡 游移不定 其權在己 不似禽獸之有定心 故爲善則實爲己功 爲惡則實 爲己罪."
14. 『全書』2, 권4, 『中庸講義補』 "今乃云健順五常之德 人物同得 孰主孰奴 都無等級 豈上天生物之理 本自如此乎 …佛氏謂人物同性 故人死爲牛 犬死爲人 輪回環轉 生生不窮 …蓋宋賢論性."

으로 불교에서 유래했다.

② 형신形身을 지닌 이후에 마음이 깃들고, 그 마음에 성性이 있다는 점에서, 이치만을 단지單指하여 '본연지성'이라고 지칭하는 것은 무의미하며, 따라서 '본연'이란 '태어나면서부터 그러함'을 말한다.

③ '태어나면서 그러함'이 '본연'의 의미라면 동물(氣質)과 인간(氣質 + 道義)의 본연지성은 서로 다르다.

④ 인심은 기질의 발현이고, 도심은 도의의 발현인데, 사람은 인심과 도심을 함께 가지고 있지만, 금수는 본래 받은 것이 형기지성뿐이기 때문에 기질지성이 바로 그 본연이다. 따라서 사람과 금수의 본연지성은 결코 같을 수 없다.

⑤ 맹자는 악은 마음의 함닉으로 설명했지만, 송유들은 타고난 기질의 청탁, 후박, 정편, 통색, 미오 등에 의해 결정된다고 오류를 범했다.

⑥ 인간에게는 자주의 권형이 있어 선하거나 악할 수 있지만, 동물은 마음이 이미 정해져 있어 죄를 논할 수 없다.

⑦ 맹자는 개와 소의 성이 다르고, 금수와 사람의 성이 구별된다고 말했지만, 송유들의 인간과 금수는 같은 이치를 부여받고, 그 본성을 같이한다(本然之性 同得說)는 잘못에 빠져 있다.

먼저 다산의 '본연'이란 말의 유례와 그에 따른 부차적인 설명(본연지성–기질지성)을 살펴보면, 다산의 이 지적은 유교 도통론의 관점에 본다면 중대한 의미를 지닐지 모르겠지만, 주자 체계 자체에 대한 정당한 평가라고는 할 수 없을 것이다. 항상 이기론의 체계로 인간과 만물 일반을 설명하는 주자는 이기의 '개념상 불상잡'과 '현실상 불상리'라는 원칙에 따라 본연지성과 기질지성을 제시했다. 그런데 다산은 주자의 이기론을 그 용어의 발생과 의미를 살피면서 해체하였기 때문에, 당연히 거기에 토대를 두고 인성론 또한 거부하였다. 개념적 추상이 아니라 행사를 강조한 다산이 이치만을 단지하여 '본연'이라고 말하는 것을 거부하고, 형신形身이 갖추어진 이후에 태어난 그대로를 '본연'이라고 말하는 것은 당연하다. 그리고 '본연'을 이렇게 정의했을 때, 인간과 금수는 본연지성에서 차이난다고 말하지 않을 수 없다. 비록 두 사람이 같은 용어(본연, 기질)를 사용하고는 있지만, 서로 다른 의미로 개념 규정을 하여 상이한 체계를 구성했다고 하겠다.

여기서 가장 중요한 논점은 두 가지 이다. 그것은 주자가 ① 악의 문제에 있어 기질결정론을 주장하였느냐 하는 문제와 ② 인간과 동물이 구별 없이 본연지성을 '동득同得'하였다고 말했는가 하는 점이다. 그런데 ①의 문제는 쉽게 풀릴 수 있는 문제이다. 주자가 비록 인간은 품부된 기질의 영향을 받는다고 할지라도, 인간은 동물과 다르게 정正한 기질을 부여받아 오상을 구유할 수 있고, 명明한 기질을 부여받아 도리를 인식할 수 있으며, 통通한 기질을 부여받아 수양을 통해 기질을 교정(矯氣質)할 수 있는 능력을 지니고 있다고 말했다는 점에서, '기질결정론'을 주장하지 않았다고 할 수 있다. 주자의 다음 말은 그 예가된다.

사람의 성은 명암明暗으로 논한다. 물의 성은 단지 편색偏塞할 따름이

다. 암暗한 것은 명明하게 할 수 있다. 그러나 이미 편색한 것은 통通하
게 할 수 없다.[15]

그리고 다산이 지적한 "악은 마음의 함닉에서 나오는 것이지, 기질
의 미오에서 나오는 것이 아니다"는 주장은 주자학자들도 주장하는
바이다. 앞서 인용했듯이, 정자도 "맹자의 논의는 모두 성이 선함만을
말하고, 불선에 이르러서는 함닉으로 설명했다."는 구절은 그것이다.

그런데 문제는 "맹자는 개와 소의 성이 다르고, 금수와 사람의 성이
구별된다"고 말했지만, 송유들은 "인간과 금수는 같은 이치를 부여받
고, 그 본성을 같이한다(本然之性 同得說)는 잘못에 빠졌는가?" 하는 문
제다. 이 문제와 연관하여 우리는 많은 논의를 해야 한다. 이 문제를
언급하면 우리는 이미 이른바 '인물성동이논쟁人物性同異論爭'에 개입
하게 때문이다. 만일 우리가 주자학이 '인물성동론'을 주장했다면, 다
산의 주장은 정당할 수 있을 것이다. 그런데 주자학이 '인물성이론'을
주장했다면, 다산의 주장은 정당할 수 없다. 여기서 다산은 '인물성
동이논쟁'에 직접 개입은 하지 않고, 주자의 입장을 '인물성동득론'으
로 간주하고 비판했다. 그런데 필자는 주자는 '인물성동득론'을 피력
했다고 생각하지 않는다. 앞서 인용한 주자의 언명과 다산의 해석을
다시 살펴보자.

15.『朱子語類』4:8. "人之性論明暗 物之性只是偏塞 暗者可使之明 已偏塞者 不可使
之通也."

주자의 원문 : 하늘이 음양오행으로써 만물을 화생함에 기질로서 형체를 이루고 이치 또한 부여해 주었다.

다산의 해설 : 이것이 이른바 본연지성이다. 생명을 부여해 주는 시초에 그 이치가 본래 그렇다는 것이니, 이것이 이른바 사람과 동물이 같이 얻었다(同得)는 것이다. 그러나 내가 생각해 보건대, 본연지성은 원래 각각 같지 않다.

여기서 주자의 "이치 또한 부여했다"는 말을 다산은 "사람과 동물이 같이 얻었다(同得)"라는 말로 치환하여, 주자가 "인간과 동물이 본성지성에 같다"는 주장을 했다고 강변했다. 필자가 볼 때, 주자의 이 주장은 다산의 다음과 같은 해석과 같은 의미일 수 있다.

다산 : 내 생각에, 만물은 일원一原으로 모두 천명을 받았으니 진실로 이것으로써 이치가 같다고 한다면 누가 옳지 않다고 말하겠는가?[16]

인물성동이론에 깊이 관여해야 하겠지만, 다음과 같은 사실은 분명하다. 즉 이미 '성'이라고 말하면 그것은 각각 인간과 금수에게 부여된 것을 말하고, 따라서 인간과 동물이 품부 받은 성은 다르다고 말할 수 있다는 것이다. 그래서 주자는 "성은 곧 이치이다. 마음에 있으면 성

16. 『全書』 2, 권6, 21, 『孟子要義』. "鋪案萬物一原 悉稟天命 苟以是謂之理同則 誰曰不可."

이고, 사물에 있으면 이치라고 한다" 혹은 "본연지성과 기질지성은 판연한 두 사물이 아니다" 그리고 "천지지성을 논할 때는 이치만을 전지專指한 것이고, 기질지성을 논할 때는 이·기를 섞어서 말하는 것이다"[17]라고 말했던 것으로 판단된다. 그래서 율곡은 다음과 같이 말한 바 있다.

> 본연지성과 기질지성은 두 가지 다른 성이 아니다. 기질에 나아가서 그 이치를 단지單指한 것이 본연지성이고, 이·기를 겸지兼指한 것이 기질지성이다.[18]

주자의 이 입장은 '인물성이론자人物性異論者'의 전거가 되었던 다음 언명으로도 분명히 알 수 있다.

> 성은 사람이 하늘에서 얻은 바의 이치이다. 생生은 사람이 하늘에서 얻은 기질이다. 인간과 물이 생겨남에 이 성이 있지 않은 것이 없고 또한 이 기질이 있지 않은 것도 없다. 그러나 기질을 가지고 말하면 지각운동은 사람과 물이 다르지 않고, 이치를 가지고 말하자면 물이 인의예지를 품부 받은 것이 어찌 온전하랴. 이것이 사람의 성이 선하지 아니함

---

17. 『性理大全』권29, 6. "性卽理也 在心喚做性 在事喚做理." 권44, 19. 本然之性與氣質之性 亦非判然兩物也. 권2, 20. 論天地之性 則專指理而言 論氣質之性 則以理與氣雜而言之.

18. 『栗谷全書』권20, 51. 本然之性氣質之性 非二性也 就氣質上單指其理 曰本然之性 合理與氣而名之 曰氣質之性.

이 없고 만물의 영장이 되는 바이다. … 고자는 다만 지각운동의 움직임이 사람과 물이 같다는 것만 알고, 인의예지의 순수함은 사람과 물이 다르다는 것을 몰랐다.[19]

그런데 다산은 "인간과 금수는 각각 그 부여된 바의 이치가 원래부터 스스로 같지 않다(乃其所賦之理 原自不同)" 혹은 "천이 부여한 명 자체가 원래 다르다(天賦之命 原自不同)"는 입장에서 '인간과 물이 성을 동등하게 얻었다'는 입장을 비판한다.

금수 가운데 족이 다르고 형체는 같지만 성은 같지 않은 것을 이루 헤아릴 수 없다. 이리와 개는 형체는 같지만 성은 똑같을 수 없다. 꿩과 닭도 형체는 같지만 성은 똑같을 수 없으니 하늘이 부여한 명이 원래 같지 않기 때문이다.[20]

기실 주자 또한 각각의 만물에 부여된 명命 자체가 다르다고 말했다. 명과 성은 동일자의 다른 이름으로 체용관계를 형성하는데, 하늘

---

19. 『孟子集註』6상:3에 대한 朱子註. "性者 人之所得於天之理也 生者, 人之所得於天之氣也 性 形而上者也 氣 形而下者也 人物之生 莫不有是性 亦莫不有是氣 然以氣言之, 則知覺運動 人與物若不異也 以理言之 則仁義禮智之稟 豈物之所得而全哉? 此人之性所以無不善, 而爲萬物之靈也. 告子…蓋徒知覺運動之蠢然者, 人與物同; 而不知仁義禮智之粹然者, 人與物異也."

20. 『全書』2, 권5, 35. 「孟子要義」 "乃其所賦之理 原自不同 故禽獸之中 其異族同形而其性不同者 不可勝數 狼與犬同形而其性不能相通 雉與鷄同形而其性不能相通 天賦之命 原自不同故也."

이 부여한다는 측면에서 보면 명이고, 인간이 부여받았다는 측면에서 말하면 성이다. 따라서 주자 또한 다산과 마찬가지로 비록 '하늘이 부여했다'고 하는 근원의 측면에서 보자면 같지만(理同), "하늘이 사람과 물에게 각각 부여한 명이 원래 같이 않고, 각각 부여받은 이치 또한 원래 같지 않다"는 입장을 피력했다. 이는 주자가 천·명·성·심의 관계를 임금·고차(告勅)·직무·직무를 부여받은 사람 등에 자주 비유하고 있는 것으로 확인된다.

> 명은 임금이 내리는 고칙과 같고, 성은 직무와 같으며, 정은 직무를 수행하는 것이고, 마음은 직무를 수행 받은 사람이다.[21]

임금의 모든 명령은 그 유래에서 살펴본다면 임금이 내렸다는 점에서는 같다. 그러나 그 명령은 다양한 관인들에게 그 관직에 따라 각각 다르게 내려지며, 나아가 그 명령에 의해 그 관인의 직무(性)가 규정된다. 이렇게 본다면, 주자 또한 하늘이 인간과 동물에게 부여한 명과 인간과 동물이 각각 부여받은 성이 서로 다르다고 말했음을 알 수 있다.

---

21. 『朱子語類』 3:3. "命猶告勅 性猶職事 情猶施設 心則其人也." 또한 4:40, 4:38 등 참조. 에에 대해서는 다음을 참조. 이승환, 「주자의 형이상학에 담긴 사회철학적 함의」 『유가사상의 사회철학적 재조명』, 고대출판부, 2001, 335-340.

4. 다산의 성 개념

　지금까지 유교철학사에서 성개념의 출현과 발전, 그리고 성리학자들이 이 개념을 어떻게 사용했는지를 살펴보고, 다산의 성리학적 성性 개념에 비판과 대안을 살펴보았다.

　다산은 성리학의 '성즉리'라는 명제에서 제기되는 이의 실체화와 그 귀결로서의 정적주의를 경계하고, 실천중심의 성기호설을 제시하였다. 이기론을 통해 인성론을 정립하여 '성즉리'를 주장한 주자는 당시의 도교와 불교에 비해 미약했던 유가의 인성론을 정립하기 위해 "인간 마음에 본성의 덕이 존재한다"는 것을 증명하는 형이상학적 정초에 초점을 두었다면, 다산은 행사를 강조하기 위해 그 원의를 추적하여 실체로서의 이치개념을 비판하고, 내면적 덕이 아니라 그 외적 실현에 중심을 두는 체계로 전환하고자 했다. 우리는 다산의 '성즉리'에 대한 비판의 정당성에 대해서는 논외로 하고, 개념이 지녔던 원의에 의해서만 후대 발전된 이론체계 전체를 해체하는 것에 대해서는 의문을 표시했다. 그리고 다산의 성기호설에 대한 탁월한 한 반론에 대해 이견을 제시하면서, 결국에는 '솔성率性'을 '타고난 결(本性으로서 理)에 따른다'고 해석하는 주자의 체계와 '도심의 기호에 따른다'고 해석하는 다산은 체계는 결과적으로 큰 차이가 없지 않는가 하는 의문을 제기했다.

다음으로는 성리학의 본연−기질지성 개념에 대한 다산의 비판을 살펴보았다. 여기서도 우리는 이기론에 입각한 주자학자들이 왜 본연지성과 기질지성의 개념을 제시하지 않을 수 없었느냐 하는 점을 살피면서 이에 대한 다산의 비판을 살폈다. 다산은 주로 '본연'과 '기질'의 연원과 의미, 그리고 기질 결정론의 경향, 그리고 인물성동득론人物性同得論 등에 대해 비판했다. 이에 대해 우리는 본연−기질이란 어원의 연원에 대해서는 주자학의 이론체계 자체에 대한 비판은 아니라고 판단하여 유보하면서, 주자학이 그 본의에서 보면 기질 결정론을 주장하지 않았으며, 나아가 인물성동득론 또한 피력하지 않았음을 증시하려고 했다.